| 세미오시스 학술총서 08 |

매체와 장르

이 저서는 2010년도 대한민국 교육부와 한국연구재단의
인문한국(HK)지원사업의 지원을 받아 수행된 연구임(NRF-2010-361-A00013).

| 세미오시스 학술총서 08 |

semiosis

매체와 장르

세미오시스 연구센터

HU:iNE

목차

매체와 장르

머리말

"세계, 언어, 삶의 세미오시스"를 인문한국(HK) 아젠다로 삼고 있는 한국외국어대학교 세미오시스연구센터에서는 제3단계 아젠다를 "변용과 유희의 미디올로지"로 설정하고 이에 관한 여러 사업을 추진하고 있다. 그 일환으로 <세미오시스 학술총서>를 간행하고 있는데, 지금까지 모두 여섯 권을 출판하였고 이제 여기에 두 권을 더 보태려고 한다. 그 여덟 번째 책이 될 『매체와 장르』는 일곱 번째 책 『세미오시스의 매체성과 물질성』과 함께 '미디어 세미오시스' 연구의 연장선 위에 자리매김하고자 한다. '미디어 세미오시스' 연구는 매체 일반 또는 미디어 장르를 둘러싼 여러 문제를 기호 및 기호작용의 관점에서 근본적으로 다시 성찰해 보려는 기획이라고 할 수 있다. 알다시피 뉴미디어 시대, 디지털 미디어 시대로 불리고 있는 21세기의 커뮤니케이션 환경은 조망하기 힘들 정도로 급변하고 있고, 이러한 변화에 인문학적인 이해와 성찰의 필요성도 커지고 있다. 매체는 역사와 문화를 이끌어가는 동력이 되어 왔고 이로써 인간의 사유 및 존재 방식을 바꾸어 온 만큼 이에 대한 근원적인 성찰이 어느 때보다 절실한 것으로 보인다.

『매체와 장르』에서는 매체, 기호, 언어에 의한 세미오시스를 고찰하는 데 있어서 새로운 관점 제공을 통해 중요하게 부각되고 있는 장르의 문제를 다루어 보고자 한다. 장르는 엄밀한 규정이 필요하겠지만 우선적으로 말해 어떤 대상들(우리의 경우에는 복잡한 기호현상, 커뮤니케이션)에서 찾아지는 특정한 '결', 곧 전형성, 유형성, 패턴성이라고 할 수 있을 것 같다. 장르는 전통적으로 미술, 음악, 영화 등과 관련하여 많이 논의되어 왔고, 언어와 관련해서는 주로 문학에서 다루어져 왔다. 그러나 좀 더 근본적인 차원에서 언어 현상에 주목해 볼 때 장르는 문학과 글(텍스트)에만 국한되는 범주가 아니다. 종래의 텍스트언어학이 글로 된 '텍스트종류'에 주목해 온 것이 사실이지만, 바흐친이 '말하기 장르(speech genre)'를 주목한 이래로 오늘날 장르는 글말과 입말로 이루어지는 일상의 '커뮤니케이션 장르'로까지 확장되고 있다. 나아가 장르는 사회적 행위 장르(예컨대 식사 대화, 인터뷰, 면접, 설교, 세례, 커피 잡담, 증언, 회의, 장보기, 미용실 가기), 매스미디어의 '포맷(format)' 등을 아우르는 포괄적인 개념이 되고 있다. 이제 장르의 문제는 문학과 언어학의 접점을 넘어서 기호학, 수사학, 매체학, 인류학, 사회학, 문화학 등에서도 중요하게 다루어지고 있는 것이다.

종래의 장르 개념이 대체로 형식적이고 기술(記述)적인 성격을 띤 정태적인 것이었다면, 새로운 장르 개념은 기능적이고 설명적인 성격을 갖는 역동적인 것이라고 할 수 있다. 이제 장르는 언어적-커뮤니케이션적인 대상, 과정에만 국한된 것이 아니라, 언어적인 것과 비언어적인 것이 통합되어 이루어지는 상호작용적 행위 전반에도 적용된다. 이러한 행위 장르는 우리의 사회적 삶에서 길잡이, 곧 자신과 타인의 행동을 특정한 유형의 행위로 인식, 해석할 수 있게 하는 기준이 될 것이다. 이로써 우리는 어떤 사회적 행위 틀에서 어떤 행위자 역할을 맡게 되는지를 전제함으로써 협동적인 행위를 할 수 있게 된다. 곧, 장르는 우리의 생활세계를 구조화하고 조작하고 해석하는 매(개)체가 된다고 하겠다.

이러한 확장된 장르 개념을 토대로 하여 매체와 장르의 관계를 고찰해 보는 일은 큰 의미가 있다고 본다. 매체가 어떻게 장르의 가능성을 열어 주거나 제약하는지, 세미오시스 과정에 있어서 기호 운반체로서의 매체와 장르가 콘텐트를 어떻게 수용하는지, 새로운 커뮤니케이션 매체의 출현에 따라 인지공간이 어떻게 새롭게 확장되는지 등 미디어와 장르의 상호작용을 고찰해 보고자 한다.

제1장 「매체장르의 지형도 – 텍스트언어학 및 체계이론의 관점에서」(박여성)에서는 오늘날 다변화되고 있는 매체장르의 유형화가 논의된다. 전통적으로 문[예]학을 필두로 예술 분야에서 다루어온 '장르'라는 주제는 텍스트언어학 및 기호학 분야에서는 '텍스트종류'나 '대화유형'과 관련하여 연구되고 있다. 이 글에서는 텍스트언어학 및 매체이론과 체계이론 그리고 인지심리학적 원형이론을 반영하여 제반 기호산출물, 이른바 매체장르의 유형화를 시도하며, 몇 가지 예시(TV, 영화, 라디오, 블록버스터 등)를 통해 연구 지형도를 전망한다. 이로써 매체장르의 유형학과 더불어 중요한 향후의 쟁점이 부각된다. 즉, '뉴미디어' 장르는 '소통[에 참여]한다는 그 사실' 자체가 더욱 중요해지는 이른바 체험구매 같은 오늘날의 소비문화와 연동되며, 그 결과 우리는 리얼리티 프로그램, 소셜 네트워크 서비스, 다중분할 역할게임(MMORPG) 등으로 짜인 현실보다 더 진짜 같은 가상 속에 살게 된다. 이 모든 변인의 출발점은 기술 발전으로 극단화된 상호기호성, 상호매체성, 상호텍스트성에 있을 것이다.

제2장 「여행 내러티브 세미오시스 – 일인칭 관점에서 본 여행 내러티브의 매개성과 장르 그리고 해석」(이윤희)에서는 여행자의 경험과 서술자의 서술 행위 사이의 관계를 살펴보고, 혼종성, 경험성, 스토리텔링의 삼원적 관계가 내러티브성의 세 가지 특성인 매개성, 매개화, 초점화와 맺는 관계를 고찰한다. 매개성은 여행 내러티브의 수사학적 기능을 통해 여행 내러티브 기호 과정에서 여행의 개념과 자아의 개념을 연결한다. 이런 측면에서 여행 내러티브는 자아 내러티브 장르가 된다. 찰스 퍼스의 "I, IT, THOU"의 범주적 개념은 여행 내러티브의 일인칭 관점을 통해 자아가 구성되는 과정을 고찰하게 한다. "여행 내러티브 세계"에서 자아는 자서전적 자아, 전기적 자아, 해석 대행자로서 재현된다. 따라서 여행 내러티브의 장르는 나를 표현하는 자서전적 장르, 타자를 재현하는 전기적 장르, 그리고 세계 속의 나를 해석하는 자아 내러티브 장르로 해석할 수 있다. 이런 의미에서 여행 내러티브는, 자아가 "여행 내러티브 세계"에서 주인공이자, 관찰자이자, 해석 대행자의 역할을 수행하는 여행 내러티브 세미오시스의 주체이자 객체라는 점을 드러낸다.

제3장 「인문강좌의 발화 장르와 세미오시스 – 도스토옙스키 소설 인문강좌를 중심으로」(조준래)는 국내의 도스토옙스키 인문강좌를 사례로 들면서 문학 인문강좌의 발화 장르적 측면을 분석하고 있다. 소설이 일상적 언술에 대한 2차적 발화이듯이, 소설을 소재이자 주제로 하며 소설 속 세계를 청중과의 상호작용 속에서, 청중이 살아가는 시공간 속에서 새롭게 재구성하는 인문강좌 또한 소설을 1차적 발화로 사용하여 구축되는 2차적 발화 장르이다. 고차원적 발화 장르로서

의 인문강좌는 소설작품을 단순히 반영하지 않고 새로운 의미적 현실을 생성한다. 번역으로 말하면 과감한 의역처럼 소설작품에 대한 축자적 해석에 얽매이지 않고 사유의 고리를 무한히 확장할 수 있는 자유로움을 특징으로 하는 인문강좌의 특수성은 그 장르적 메타성에 기인한다. 2차적 발화 장르로서의 인문강좌에서 발생하는 세미오시스는 강연자와 청중 사이의 소통뿐 아니라, 고전 텍스트와 청중 사이, 고전 텍스트와 오늘날 사회 현실 사이의 대화적 관계 등 다가적인 입장을 전제하는 독특한 대화 관계를 연출하며, 이런 기호학적 소통 속에서 예기치 못한 새로운 의미가 생성된다.

제4장 「로고 스토리텔링」(김요한)은 미디어 학자인 볼터와 그루신이 '재매개(remediaition)'와 '재목적화(repurposing)'라는 개념을 통해 시대에 따라 새롭게 등장하는 미디어의 특성을 설명하는 데서 출발한다. 이들에 따르면 '재매개'란 하나의 미디어가 다른 미디어의 표상 양식, 인터페이스, 사회적 인식이나 위상을 차용하거나 나아가 개선하는 미디어 논리를 말한다. '재목적화'란 한 미디어가 갖고 있는 속성을 취해 그것을 다른 미디어에서 재사용하는 것을 의미하는데, 이러한 '재매개'와 '재목적화'가 강하게 드러나는 지점은 이미지를 문자화하려는 노력에서다. 고대 수사학에서는 이러한 노력을 '에크프라시스(ekphrasis)'라는 개념으로 설명한다. 에크프라시스는 명료한 회화적 구상성을 언어로 표현해내는 기술 또는 텍스트 장르를 말한다. 볼터는 이를 '시각 예술과 맞서려는 문자의 시도'로 정의한다. 시각적 이미지를 언어적으로 재현하려는 것을 말하는데, 인쇄기술의 발명 이후 언어를 통해 세계를 포착하려고 했던 지난 세기까지의 욕망을 대

변하는 개념으로 이해할 수 있다. 하지만 이러한 욕망은 시각 미디어가 지배적인 현재의 미디어 환경에서는 '역 에크프라시스(reverse ekphrasis)'라는 역전된 형태로 나타난다. 거꾸로 언어적 이미지를 시각적으로 표현하려는 욕망이 커지고 있는 것이다. 이 논문은 역 에크프라시스의 관점에서 신화를 기반으로 디자인된 몇몇 로고(logo)의 사례를 분석하고, 미디어로서 로고가 가지고 있는 특성을 중심으로 브랜딩의 관점에서 로고를 관찰한 것이다.

제5장 「매체 간의 교차하는 상상력 – 고전 『겐지이야기』의 만화화 전략」(김정희)은 우선 1990년대 일본의 만화비평이 선과 커트에 대한 논의를 중심으로 한 기호학적 비평이 주류를 이루면서 텍스트 외부의 요소를 가지고 만화를 비평해 온 기존의 비평을 비판한 역사에 대해서 검토한다. 만화라는 매체는 필연적으로 독자와의 커뮤니케이션, 즉 외재적 요소를 의식해야만 하는 것으로, 만화표현 자체뿐만 아니라 텍스트 외부에 있는 요소와의 조화가 필수적이다. 이러한 만화 비평사는 고전문학의 만화화 과정을 분석하는데 중요한 시사점을 제공하여, 이를 바탕으로 이 글에서는 만화의 표현법의 발달과 독자의 기호의 습득이 맞물려 소녀만화라는 장르가 발전해 왔다는 점을 분석한 후, 이러한 배경을 바탕으로 고전작품을 소녀만화로 탄생시킬 수 있었다는 점을 논한다. 또한 고전 『겐지이야기(源氏物語)』를 소녀만화인 『아사키유메미시(あさきゆめみし)』로 탄생시킬 때 대중의 스토리텔링 리터러시(Storytelling literacy)와 소녀만화라는 장르의 특징을 이용한 다양한 전략이 사용되었다는 점을 다각적으로 고찰한다.

제6장 「뉴미디어와 장르 – 인터넷 통신을 중심으로」(안미경)는 20세기 후반에 인터넷의 대중화로 인해 대중매체가 사람들의 삶에서 더 이상 분리할 수 없게 되었고 그 안에서 이루어지는 언어사용 또한 사람들의 삶을 이끌며 언어변화를 주도하는 힘을 갖고 있다는 사실에 주목하여 뉴미디어로서의 인터넷과 새롭게 출현한 장르인 인터넷 통신에 관해 살펴보고 있다. 이 글에서는 이 인터넷 통신언어의 다양한 특성을 표기적, 음운적, 의미, 화용적인 측면에서 논의하고 있다. 특히 인터넷 통신 언어의 글말, 즉 문어적인 특성인 그래픽적인 면을 살펴보고, 감정을 나타내는 그림기호(pictorial sign)와 같은 그래픽적인 요소를 이용하여 화자의 태도나 관점, 생각, 혹은 감정을 인터넷에서 어떻게 표현하는지 분석 한 부분과 인터넷 통신 언어에서 소리의 길이나 억양과 같은 입말, 즉 구어의 특성이 어떤 그래픽적인 요소와 기호로 표현되는지 분석한 부분이 흥미롭다. 끝으로, 인터넷에서 다양하게 사용되고 있는 이모티콘(감정 그림 기호)이 언어의 서로 다른 방식, 즉 입말과 글말 형식을 혼합한 인터모댈러티(intermodality)와 어떤 연관성이 있는지 살펴보고 있다.

제7장 「장르의 상호규정성 – 일제말 잡지를 중심으로」(김은정)은 일제말에 출간 된 잡지에서 문학이 어떻게 유통되고, 확장되고, 재배치되는가를 파악하기 위해 설문을 검토하고 있다. 일제 강점기 잡지에서 설문은 잡지 구성의 일부분을 차지하고 있다. '설문'은 문답(問答), 좌담(座談)에 비해 시간적, 공간적 제한에서 비교적 자유로울 수 있다. 매체 발달로 현재의 설문조사는 방문, 전화 조사, 인터넷, 모바일 기기 등 다양한 방식으로 진화하고 있으며 구조화형이 많지만 당시의 설문

은 질문과 답변 형식의 자유 응답형으로 수필 또는 수기에 가까웠다. 수필은 대중을 호출하는 방식 가운데 하나로 명사(名士)들의 기호, 취미 등의 신변잡기에서부터 현실 인식과 세계관을 엿볼 수 있게 하는 설문을 통해 수필이나 기행문에서는 볼 수 없는 이야기를 끌어내려 한 것이다. 이를 통해 잡지 소재의 빈곤과 문학의 빈자리를 설문으로 채우려했음을 살피고 있다.

제8장 「서사의 위기와 소설」(최성욱)에서는 서사의 위기를 규명하고 그것이 소설 장르의 형식변화에 어떤 영향을 미쳤는지 살펴본다. 소설의 위기가 근대의 대표적 문학장르인 소설의 종말을 의미하는 것은 아니다. 이미 헤겔이 『예술철학강의』에서 '예술의 종말'을 예언했을 때, 그것이 예술이 사라진다는 것을 의미한 게 아니라 예술의 전통적 기능이 변하게 되었다는 것을 의미한 것처럼, 소설의 위기 역시 역사적 조건이 변함에 따라 전통 소설의 기능이 새롭게 변신했음을 의미한다. 예컨대 벤야민이 『기술복제시대의 예술』에서 언급했듯이 카메라의 등장이 회화의 기능변화를 추동했던 것처럼 영화의 등장은 소설에 기존의 스토리텔링과는 다른 서사방식을 요구했다. 이런 맥락에서 소설의 위기란 서사의 위기이자 화자의 위기다. 이 글은 서사 위기가 소설 장르의 형식변화에 어떤 영향을 미쳤는지 알아보기 위해 우선 벤야민과 루카치의 소설이론을 중심으로 서사시에서 근대소설로의 발전과정을 역사철학적으로 규명하고, 그 다음 무질의 소설론을 중심으로 현대소설이 겪고 있는 서사의 위기와 이것이 소설의 형식변화에 어떤 영향을 미쳤는지를 살펴본다.

제1장

매체장르의 지형도

제1장 매체장르의 지형도

– 텍스트언어학 및 체계이론의 관점에서

박여성

1. 매체사회의 쟁점

매체학의 구루 마셜 맥루언(1911~1980)은 이미 반세기 전에 "매체의 내재화가 인간의 감관들 사이의 관계를 변경시키고 정신적 과정들을 바꾸는가?"(McLuhan 1962, 24)라는 관점에 비추어, 머지않아 다가올 매체사회의 쟁점을 아래와 같이 예견했다:

- 쟁점 1: 매체를 통한 감관의 확장

"이 전자시대에 우리는 의식의 기술적(技術的) 확장이라는 방향으로 움직이는 가운데, 우리 자신이 더욱더 정보의 형식으로 번역되는 현상을 목격한다 [...] 이것은 당연히 우리가 자신을 능가하는 표현의 다른 형식들로 번역할 수 있다는 것을 더욱 의도한다 [...] 우리는 전자매체를 사용하여 물리적 육체를 우리의 확장된 신경계 내부로 집어넣는 가운데, (손과 발 및 이빨과 체열 조절의 단순한 확장, 도시들까지 포함하여 우리 신체들의 모든 확장에 불과한) 이전의 모든 기술(技術)

들을 정보체계로 번역하는 데에 필요한 일종의 역학을 설정한다."(ibid., 57)

테크놀로지의 폭발적인 발전에 힘입어 "오늘날 전자기술의 세기에 적어도 지구에서는 시공간 양자가 무력화되어 우리의 중추신경계 자체가 전 지구적으로 확장된다"(ibid., 3)는 맥루언의 선언 이후 50년이 지난 오늘날, 인류는 거의 완성된 상호연결망, 즉 명실상부한 지구 인트라넷 속에 살고 있다. 여기서 인간의 감관은–관찰자의 층위에서 보면–그들 스스로 개발해온 매체기술과 산출물에 연동되어온 셈이다.

• 쟁점 2: 메시지로서의 (매체)기술(技術: media-technology)

"통제의 수단으로서 모든 사물들을 쪼개고 분할하는데 오래토록 익숙했던 서구 문화에서는, 작동 및 실제적 사실에 있어 매체가 메시지라는 사실은 종종 약간 충격적이기도 하다. 이 말은 어떤 매체의 인간적·사회적 결과들도 우리 자신의 모든 확장이나 어떤 새로운 기술에 의해 우리의 사안에 도입된 새로운 척도의 결과라는 뜻에 불과하다... [그 새로운 척도는] 기계를 가지고 행동하는 것이 아니라 그것의 의미 또는 메시지를 가지고 행동한다."(ibid., 7)

두 번째 쟁점의 핵심은 어떤 매체의 '기표'가 다른 매체에서 '기의'로 작용한다는 것이다.[1] 예컨대, 전기 조명 자체는–전구(電球)의 기의를 시각적으로 표출하지 않는 한–메시지가 없는 순수한 기표이다. 그런데 이런 기술적 발전을 거쳐 기존의 산출물을 증식하거나 그 과정을 가속할 때 생기는 심리적·사회적 귀결은 무엇인가? 맥루언의 답변인즉, 그 결과를 좌우하는 것은 매체로 표현된 '의미'보다는 매체의 기

1) Bolter(1990)의 용어로 Remediation(재매체화/재매개화)으로 해석할 수 있겠다.

술적 장치로 구현된 '효과' 자체라는 것이다. 이를테면 글로 쓰인 낱말은 인쇄의 내용이 되고 인쇄의 기표는 전보의 내용이 되며, 이제는 대부분의 기표가 IT-플랫폼에서 유통된다. 그러는 가운데 공동체의 매체행위도식[2]은 원튼 원치 않든 바뀌어 간다.

• 쟁점 3: 장르 창발의 역학

맥루언의 가장 유명한 선언은 바로 '뜨거운 매체'와 '차가운 매체'의 구별이다:

> "뜨거운 매체란 하나의 유일한 감관을 고해상도(High Density)로 확장하는 매체이다. 고해상도란 데이터들로 잘 충족된 상태를 일컫는다. 시각적으로 보면 사진은 고해상도이다. 반면 만화는 매우 적은 시각적 정보가 제공된다는 이유만으로 저해상도이다. 전화에서는 빈약한 정보량이 귀에 제공되기 때문에, 전화는 차가운 매체 또는 저해상도의 매체이다. 발화는, 필요한 만큼 적거나 많게 청자에 의해 [정보가] 충족되어야 하므로, 저해상도의 차가운 매체이다. 이와 달리 뜨거운 매체들은 청중에 의해 채워지거나 완성되어야 할 것을 별로 남기지 않는다." (ibid., 22~23)

이때 맥루언은 뜨거운 매체(라디오, 영화)와 차가운 매체(전화, TV)를 사용자, 사회 및 효과에 따라 대립적으로 소명하고 있는데 그 점을 비판적으로 짚어 보자:

---

2) 매체행위도식(Medienhandlungsschema)이란 "일정한 부류의 매체제공물의 생산, 매개, 수용 및 처리에 관해 소통 참여자가 습득하는 행위패턴"(Schmidt 1994/1996, 200)을 뜻한다. 예컨대 다이얼 전화기 시대의 통화는 '누구세요?' 또는 '너 지금 뭐하니?'처럼 인물이나 행위/사건에 초점을 맞추었던 반면, '너, 지금 어디냐?'로 시작하는 핸드폰 시대에는 장소에 대한 관심이 우선이다.

첫째, 사용자의 관점에서, 라디오(뜨거운 매체)와 전화(차가운 매체)는 판이한 효과를 촉발한다. 뜨거운 매체에서는 청중의 참여도가 낮은 반면 차가운 매체에서는 청중의 참여도가 높기 때문이다. 그러나 맥루언의 진단은 양자의 관계가 오히려 역전된 첨단 디지털 스마트폰 시대에 들어오면 더 이상 들어맞지 않는다.

둘째, 사회의 관점에서, 알파벳(뜨거운 매체)은 상형문자나 표의문자(차가운 매체)로는 상상키 어려운 파괴력을 발휘한다. 알파벳은 고도의 추상화와 시각적 표준화를 거쳐 활판술(typography)로 진화했으며, 글쓰기를 복제 및 운반이 가능한 인쇄물로 확대 재생산함으로써 중세의 동업자 길드나 수도원 연합체 같은 조직체를 탄생시켰고, 급기야 16세기에는 민족주의와 종교전쟁까지 촉발시켰다. 한편 오늘날 뉴미디어는 텍스트에 기반을 둔 기존의 소통공동체를 갈수록 무너트리고 있는데, 그것을 자기 입장에서는 과거의 붕괴가 아니라 미래를 위한 대체 또는 진화라고 주장할 것이다.

셋째, 효과의 관점에서, 후진국은 차가운 반면 선진국은 뜨겁고, 전형적인 도시인은 뜨거운 반면 시골사람은 차갑다. 그런데, 뜨거운 라디오 매체가 차가운 (또는 문맹적인) 문화들에서 사용되면 걷잡을 수 없는 폭발적인 효과를 유발한다. 문화정치적인 입장에서 보면, 히틀러 제3제국 같이 여전히 중앙의 언론 통제에 예속된 국가들이 있음을 보건대, 차가운 문화에서는 영화나 라디오 같은 매체를 영리적인 오락수단으로[만] 수용하지는 않기 때문이다.[3)]

---

3) 사드(THAAD) 배치를 둘러싼 중국의 언론 보도는 초보적 자유와 국가적 통제 사이를 맴도는 듯하다.

2. 매체와 기호생태계

그런데 정작 '매체'는 무엇인가? 상식적인 '매체' 이해에는 아래와 같은 네 가지 관점(Schmidt 1994/1996, 83 이하 참조)이 뒤섞여 있으므로 잘 분별해야 할 것이다:

- 소통수단으로서의 매체: 오감(시각 · 청각 · 미각 · 촉각 · 후각)으로 산출된 기호의 사용에 대한 관습화된 수단 및 규약(문자, 문법, 의미론)
- 산출물로서의 매체: 그 소통수단을 사용하여 산출된 제공물(언어, 그림, 텍스트, 방송, 공연)
- 기술(技術)로서의 매체: 매체산출물의 생산에 투입되는 장치 및 테크놀로지(카메라, 모바일 기기, 컴퓨터그래픽)
- 제도(기관)로서의 매체: 매체산출물의 유통(생산 · 가공 · 확산 · 수용)에 필요한 방송국, 출판사, 서점, 도서관 등과 그 경제적 · 정치적 · 법률적 · 사회적 측면.

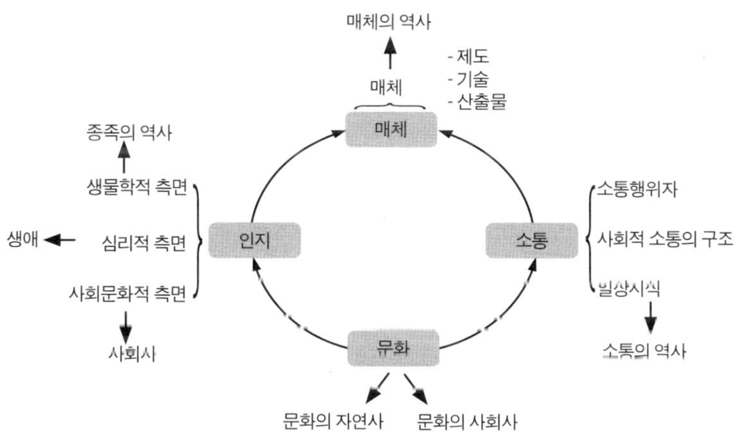

그림 1. 매체를 통한 구조적 연동(strukturelle Kopplung: ibid., 85)

한편 캐나다의 매체이론가 다네시는 발생학적 기준에 따라 매체를 세 종류로 나누었고, 다시 비생물학적 매체는 '인쇄물/전자/디지털 매체'로 구분한 바 있다(Danesi 2001, 17 참조):

유 형	내 용
자연적 매체	생물학적 기반을 두어 개념을 전달하는 매체: 음성, 표정, 손동작 등
인공적 매체	인공물을 통해 개념을 표상하거나 전달하는 매체: 책, 그림, 조각, 편지 등
기계적 매체	기계적 발명품을 통해 개념을 전달하는 매체: 전화기, 라디오, TV, 컴퓨터

본고에서는 '매체'를 일단 슈미트가 말한 두 번째 관점, 즉 '사회적 체계들(법, 정치, 경제, 학문[과학], 예술, 스포츠, 저널리즘 등)에서 생산·가공·분배·수용의 기술(技術)을 통해 산출된 제공물'로 좁게 정의하고자 한다. 이렇게 보면 매체생태계는 '그림문자'에서 시작하여 맥루언이 명명한 '구텐베르크 갤럭시'[4]를 거쳐 모든 기술이 디지털화 되고 상이한 매체산출물들이 글로벌 네트워크에 통합된 '디지털 갤럭시'로 진화하고 있다(Danesi 2002, 2-7, 60 참조):

- 그림문자: 문자 이전 시대에는 창세(創世: Cosmogenesis)의 신화를 구전과 몸짓을 통한 생물학적 서사로 묘사하고 기억할 수밖에 없었다. 그 이후 조각칼이나 바늘, 염료 등을 사용하여 나뭇조각이나 파피루스, 동굴 벽 표면

4) 맥루언의 기념비적인 세 저서를 소개한다: "The Gutenberg Galaxy"(1962)는 각 장의 헤드라인에 철학적 제목을 붙여 해설한다. "Understanding Media–The Expressions of Man"(1964)은 인식론적 서설을 시작으로 입말, 글말, 지도, 수(數), 의복, 주택, 화폐, 인쇄, 만화, 인쇄, 교통수단, 언론, 자동차, 게임, 전보, 타자기, 전화기, 전축, 영화, 라디오, TV, 무기, 자동기계 등에 대한 논평으로 구성된다. 오늘날에도 전혀 손색없는 앞의 두 책을 맥루언 자신이 시각적으로 편집한 "Good Morning"(1967)은 아주 독특한 화보집이다.

등에 기록한 그림문자(pictograph)에 와서야 비로소 인간의 신체적·시간적 서사를 물질적·공간적 기표로 저장한 최초의 매체가 탄생했다.

- 구텐베르크 갤럭시: 진정한 매체사적 패러다임 전환은 (특히 알파벳) 문자를 활용한 서적에서 이루어진다. 동판이나 점토판에 부조된 초창기 제책 형식, 두루마리 형태의 파피루스나 (왁스 코팅된 나무판에 바늘로 긁어 쓰는) 코덱스(Codex) 같은 방식은 모두 불편한 것이었다. 15세기에 들어서 손 글씨 문서의 일회성을 극복한 활판기술을 통해 인쇄물의 유통망(출판사, 도부상[道負商], 잡화[서]점, 도서관)이 조직되면서 사회적 정체성과 문명이 확립되고, 귀족이 독점해온 문식(文識)권력이 민중에게도 넘겨진다. 그러면서 서적은 여흥수단이라는 새로운 기능도 얻었고,[5] 인쇄물(신문, 전단, 벽보 등)은 사회 문화 정치적 개념의 분화를 가속화하는 메타문화를 촉진했다.
- 디지털 갤럭시: 멀게는 영화와 녹음장치, 라디오와 TV 등 대량의 정보소통과 오락을 가능케 한 발명품에 힘입어, 가깝게는 20세기–특히 1970년대–이후로 개발된 뉴미디어로 인하여, 문서와 책으로 구축된 구텐베르크 갤럭시가 무너지고 있다. 특히 전자 파일과 하이퍼텍스트로 구현된 "디지털 갤럭시"(ibid., 68)는 문학을 비롯한 대부분의 소통에서 기존의 시공간적 제약을 넘어서 독자/청자의 일방적 위계를 동등한 생산자들의 중층적 상호작용으로 전환시켰으며, 나아가 음악이나 미술 등 예술 전반의 매체행위도식에도 유사한 영향을 끼쳤다.[6]

---

5) 중세에 창안된 '허구소설'(fiction novel)은 대중의 기분전환을 위한 읽을거리로서, 오늘날 쉽게 읽히고 폐기되고 재생산되는 'Pulp fiction genre'(탐정소설/범죄소설/SF/환상소설/연애소설/스릴러/모험소설/여행소설), 즉 통속적 소비문화에 해당한다(Danesi 2002, 62 참조).

6) 근대 귀족문화에서는 희유곡(嬉遊曲[Divertimento/Tafelmusik]: 귀족들의 파티나 밥상머리에서 흥을 돋우려고 곁들여진 음악)이 현장에서 연주되었던 반면, 이 기능은 오늘날에는 –알다시피 누구나 쉽게 공유하는 애플 아이튠즈(I-Tunes) 같은–음원 포털과 각종 전자기기로 충당된다.

3. 유형화의 원리

지금까지 살펴본 매체, 기술의 진보 및 기호생태계의 진화라는 틀 안에서 매체장르의 유형화를 생각해 보자. 장르의 유형 도출은 일차적으로 상위, 하위 및 인접 장르들을 논리적으로 분절된 체계로 재구성하는 과제로서, 어떻게 질문이 설정되고 답변이 주어지는지, 체험이나 농담을 이야기하는지, 약속이나 사과를 하는지, 요청과 감사, 협박과 모욕, 요구와 허용을 하는지 등에 주목한다. 이때 '장르'로 불리는 범주의 외연은 통상 '화행'(話行: Sprechakt)의 범주보다 더 넓다. 그래서 연극이나 TV-드라마는 이질적인 화행들을 통합하고 소설은 여러 문학장르들까지 포섭한다. 일상의 논평(Kommentar), 희극(Komödie), 청취극(Hörspiel), 범죄물(Krimi), 비디오클립(Video Clip), 토크쇼(Talk Show), 뉴스쇼(Tagesschau), 오락영화(Spielfilm), 매거진(Magazin), 상담(Ratgeber), 소설(Roman), 생활서(Sachbuch), 여행안내서(Reiseführer) 등은 기존의 매체가 아닌 다른 매질로 부단히 재매개화된다. 이 점을 다루기 위해 아래에서는 소통기능의 레퍼토리를 발화수반행위(Illokution)로, 매체기술에 힘입어 산출된 제반 기호적 결과물을 매체장르(Media-genre=Mediengattung; Schmidt 1994/1996, 121 이하)로 부르자.

그 매체장르들은 무엇을 기반으로 적정한 갈래로 나뉘는가? 이를 위한 지침으로서 (구)동독의 텍스트언어학자 이젠베르크(Isenberg 1978, 578 이하)는 [텍스트]유형학이 준수해야 할 논리적 요건을 제시한 바 있는데, 이것은 매체장르의 유형화에 의미심장한 원근법을 시사한다:

- 동질성(Homogenität): 하나의 유형학은 하나의 동일한 기준을 적용하고, 이에 준하여 모든 텍스트들을 동일하게 정의해야 한다.
- 단일유형성(Monotypie): 하나의 유형학은 동일한 텍스트를 오직 하나의 유형에만 할당하고, 동시에 다른 유형에 중첩 분류해서는 안 된다.
- 완전성(Exhausivität): 하나의 유형학은 그 유효범위 안에 존재할 수 있는 모든 텍스트들을 이 유형학에서 정의된 어느 유형에 반드시 귀속시켜야 한다.
- 엄격성(Striktheit): 그 어떤 텍스트도 하나의 유형학의 유효범위 안에서 배치 상으로 애매해서는 안 된다.

말인즉 하나의 유형학은 이 네 가지 요건을 최대한 충족해야 하며 그럴수록 이상적이라는 것이다. 그런데 모든 요건을 그것도 동시에 충족하는 일이 과연 가능한가? 언어현실에서 통용되는 장르 명칭과 분류 기준을 표시하는 의미성분은 정확히 대응하지도 않고 개별 장르들의 명명은 사실상 일관성이 없는 통시적 경험에 의존하고 있으며, 더욱이 어느 한 요건의 충족은 다른 요건과 충돌할 확률이 높다. 결과적으로 언어현실의 비일관성과 불완전성을 배제한 이젠베르크의 이상주의적인 조건을 곧이곧대로 충족하기는 어렵다. 그럼에도 모든 유형학은 무한한 현상형(token)의 카오스를 어떻게든 유한한 잠재형(type)으로 환원하려는 역설적인 노력이다. 여기서 "발화수반행위의 초점[illocutionary points]을 언어용법을 분류하는 기본개념으로 받아들인다면, 다루어야 할 기조적인 사안의 수가 제한될 것"(Searle & Vanderweken 1979, 29)[7]이라고 제안한 언어철학자 설의 화행론적 칙

7) '무한한 어휘들로부터 유한한 구조 유형'을 추출하려던 구조의미론에 상응하여, 텍스트언어학에서는 van Dijk(1972)가 token(현상형)과 type(잠재형)을 구별한 바 있다. 유형학 원리에 대한 세부사항은 Rolf(1993), 박여성(1994; 1999), Merten et al.(1993) 참조.

상에 주목한 롤프(Rolf 1993)는 사전항목에 등재된 장르 명칭을 화행 결정 요건(행위목적, 명제내용, 목표수행방식, 명제와 현실의 합치 방향, 준비조건 등)에 준하여 기능적으로 분류하는 방안(진한 칸*)을 추진했다(그 밖의 기능 모델들은 표 1을 참조하라):

표 1. 텍스트 기능의 여러 제안들(박여성 2013, 180 이하)

<table>
<tr><th>학자</th><th>Bühler</th><th>Jakobson</th><th>Reiss</th><th>Newmark</th><th>Searle/ Vander-weken ROLF *</th><th>Morris/ Posner</th><th>Beau-grande/ Dressler</th></tr>
<tr><td rowspan="7">텍스트 (기호) 기능</td><td>Darstel-lung (묘사)</td><td>referential (지시적)</td><td>informativ (정보적)</td><td>informa-tive (정보적)</td><td>assertiva (확언)</td><td>designa-tive (지시적)</td><td>Kohäsion (표층 결속성)</td></tr>
<tr><td rowspan="3">Appell (호소)</td><td rowspan="3">conative (지령적)</td><td rowspan="3">operativ (작동적)</td><td rowspan="3">vocative (지령적)</td><td>direktiva (지령)</td><td rowspan="3">prescrip-tive (규범적)</td><td>Kohärenz (심층 결속성)</td></tr>
<tr><td>commis-siva (약속)</td><td>Informa-tivität (정보성)</td></tr>
<tr><td>declara-tiva(선포)</td><td>Intentio-nalität (지향성)</td></tr>
<tr><td rowspan="2">Ausdruck (표현)</td><td>poetic (시적)/ pathic (친교적)</td><td rowspan="2">expressiv (정표적)</td><td rowspan="2">expressive (정표적)</td><td rowspan="2">expressiva (정표)</td><td rowspan="2">appraisive (평가적)</td><td>Akzep-tabilität (수용성)</td></tr>
<tr><td>expressive (정표적)</td><td>Situatio-nalität (상황성)</td></tr>
<tr><td></td><td>metalin-gual (메타 언어적)</td><td colspan="4"></td><td>Intertex-tualität (상호 텍스트성)</td></tr>
</table>

본고의 주제인 '매체장르' 개념은 대체로—표 1에서 제안된 것처럼—"뚜렷한 소통적 기능을 가지며, 소통의 정합적 통일성 속에서 특별한 방식으로 조직된 구조"(Gansel 2011, 10), 이른바 '텍스트종류'(Textsorten)에서 유래하며 그 외연을 기호산출물 전체로 확대한 것

으로 볼 수 있다. 이때 기호산출물을 기술하는 절차는, 여러 학자들의 용어 설정이 다소 다를 뿐이지, 표 2처럼 유사한 방식을 취한다:

표 2. 텍스트의 기술 절차들

<table>
<tr><th>학자
층위</th><th>Heinemann / Viehweger (1991)</th><th>Heinemann / Heinemann (2002)</th><th>Brinker (2010)</th><th>Adamzik (2004)*</th></tr>
<tr><td>화 행</td><td>기능 유형</td><td>기능성</td><td>소통적·기능적 측면: 텍스트 기능</td><td>상황적 맥락</td></tr>
<tr><td>상 황</td><td>상황 유형</td><td>상황성</td><td>맥락적 기준들</td><td>기능</td></tr>
<tr><td>주 제</td><td>절차 유형</td><td>주제성</td><td>구조적 측면: 주제적 층위</td><td>주제/내용</td></tr>
<tr><td>구 조</td><td>텍스트 구조화</td><td>구조화</td><td rowspan="2">구조적 측면: 텍스트종류 특유의 언어적 수단(어휘, 문법) / 비언어적 수단</td><td rowspan="2">언어적 형태</td></tr>
<tr><td>의미론
통사론
화용론</td><td>텍스트 표현의 전형적인 표본</td><td>표현 적절성</td></tr>
</table>

앞의 두 표에서 보았다시피, 텍스트언어학에서는 지배화행을 분류 기준으로 삼아 대체로 위계적 분류를 추진한다. 이와 달리 아담직(표 2, 맨 오른쪽*)은 텍스트유형의 철저한 위계적 분류는 어렵다는 판단 하에, 텍스트유형들을 "여러 상황적 맥락들이 [위계질서와 무관하게] 작동하는 관계망"(Adamzik 2004, 59)으로 간주한다. 달리 말하자면, 수직적 성층화(成層化: Stratifikation)와 수평적 분화(分化: Differenzierung)의 대원칙을 존중하면서 제3의 길을 찾아보려는 타협안이다.

3.1. 텍스트종류언어학의 방식: WAS(무엇)의 수직적 성층화

여전히 중심적인 대원칙은 대범주에서 출발하여 소범주로 쪼개는 연역적 하향결정절차(Top-down) 또는 수직적 성층화이다. 이 방식으로 가장 큰 결실을 거둔 분류체계는 발할 섯도 없이 종(種)/속(屬)/과(科)/목(目)/강(岡)/문(門)/계(係)의 위계를 적용한 동물학·식물학의 분류론(Kladistik)이다(독일어/라틴어로 구축된 Reich(regnum)/Unterreich(subregunum)/Abteilung(divisio)/Unterabteilung(subdivisio)/Stamm(phylum)/Unterstamm(subphylum)/Klasse(classis)/Überordnung (superordo)/Ordnung(ordo)/Unterordnung (subordo)/Überfamilie(superfamilia)/Familie(familia)/Unterfamilie(subfamilia)/Sippe(tribus)/Gattung(genus)/Art(species)/Unterart(subspecies)의 분기(分岐)에 대해서는 'DTV 식물학 도감'([DTV—Atlas zur Botanik. Bd. 3, 1984, 542 이하]을 참조하라).[8] 그런데 성층화를 원용하여 텍스트에서도 Art·Gattung·Klasse·Sorte·Typ 등의 범주를 설정한 텍스트유형학을 보면—간젤(Gansel 2011, 42)이 제시한 상담텍스트들의 층위 구분에서 보이듯이—생물학적 분류의 층위와 딱 조응하지는 않는다(그래서 하위종류의 접미어에 줄을 그은 것이다). 결국 생물의 진화 과정을 반영한 분류학의 수준에 맞먹는 텍스트종류의 분류는 사실상 도출하기 어렵다는 뜻이다.

표 3. 텍스트 이론과 생물학의 괴리

분류론	텍스트[종류]언어학	사 례
종(種: Art)	Textklasse(텍스트부류)	Medientexte(매체텍스트)
속(屬: Genre)	Textordnung(텍스트속)	Journalistische Texte(저널리즘 텍스트)
과(科: Familie)	Textfamilie(텍스트족)	Ratgebungstexte(상담텍스트)
목(目:Ordnung)	Textsorte(텍스트종류)	Ratgebertext(상담자텍스트)+ Ratschlag (권고)+ Frage & Antwort [Q&A](질문&응답)
강(岡: Klasse)	Textsortenvarianten (텍스트변이형)	변이형들(Tokens)

8) 현대생물학의 DNA 측정기법에 비추어 보면, 18세기 이후 만개했던 생물학적 분류론도 오늘날에 확립된 정밀한 과학적 수준과는 괴리가 있음이 밝혀졌다.

보다 현실적인 해법으로서 수직적 성층화와 수평적 분화를 일단 유지하면서, 이와 다른 제3의 길(이를테면 원형성)이 모색된다. 우선, 수직적 성층화 단계에서는 '소통영역들'(Kommunikationsbereiche)에 따라 구획된 '말터들'(topoi)에서 표본들을 수집하고, 그 다음에 텍스트 구성성분들의 화행론적 위계에 따라 텍스트기능을 연역한다. 이런 방식으로 갈래가 나뉜 집합을 '텍스트부류'(Textklasse)로 부르며, 그 아래 분지된 일정한 '텍스트종류'(Textsorte)에 특징적인 의미·통사·화용적 속성을 귀납한다.

3.2. 체계이론의 방식: WIE(어떻게)의 수평적 분화

연역적 분류가 수직적이라면 분화는 수평적이다(적어도 일관된 위계구조는 아니라는 뜻이다). 예를 들어 수직적으로 층화되어 나뉜 텍스트부류 '법률'의 층위에서는 서로 상하관계를 확정할 수 없는 헌법, 민법, 상법, 형법이; '정치' 층위에서는 연정협약서, 정당강령, 정부성명; '학술' 층위에서는 요약본, 단행본, 박사학위논문, 연구보고서, 결과보고서; '종교' 층위에서는 수도회 규칙, 설교, 강론, 미사; '예술' 층위에서는 문학비평, 미술비평 등이 제각기 다른 준위(準位)와 심도(深度)로 분화된다.

화행론적 텍스트종류언어학(Textsortenlinguistik)은—특히 롤프의 구상처럼—수직적 층화에 정밀한 분석도구를 제공했지만, 각종 사회적 체계들에서 장르들이 비위계적·비일관적으로 분산되는 난맥상에는 관심을 두지 않았다. "특정한 소통영역에 비추어 텍스트유형들의 분석과 기술 및 체계화"(Gansel 2011, 13)를 도모하는 화용론적 텍스트종류언어학은 일단 '무엇'(WAS)을 묻는 절차이다. 그런데 언어텍스트를 넘어선 매체장르들에서는 무질서하게 분지된 사례들이 오히려 흔하다. 이에 간젤은 WAS—방식을 WIE—방식으로 전환하고, 법, 정치, 학문, 종교, 교육, 예술, 사랑, 스포츠, 저널리즘 같은 사회적 체계들에서 [매체 및 텍스트]장르가 소통을 '어떻게(WIE)' 성립시키는지에 주목하자고 촉구하는 것이다.

3.3. 제3의 길: 원형이론

그 제3의 길의 핵심은 바로 인지언어학에서 추진된 원형이론(Prototypen-Theorie)이다. 잠시 원형성(原型性)에 관한 움베르트 에코의 설명을 들어보자: 그는 "칸트와 오리너구리"(1997/2006)라는 기발한 제목의 언어철학 에세이를 썼는데, 여기 등장한 두 주인공은 서로 무슨 관계인가! 아무 관계도 없다. 그런데 칸트가 이 동물을 보았다면 어떤 반응을 보였을까? 두 세기 전 미지의 대륙 호주에서 오리너구리가 발견되었을 당시에는 일단 물두더지 또는 오리두더지, 즉 두더지 아종(亞種)으로 분류되었다. 1799년, 반질반질한 오리주둥이, 털가죽, 비버와 비슷한 꼬리를 가졌고 알에서 깨어난 새끼에게 젖을 물리는 해괴한 짐승의 표본을 받아본 영국 자연과학협회는 박제사를 사기꾼으로 몰아 붙였다. 철석같이 믿어온 동물분류학에서는 상상조차 할 수 없는 난생과 포유류, 조류와 어류, 육상동물이 뒤범벅된 기괴한 모습이었기 때문이다. 그러나 표본의 실체를 부정한다면 신화 속의 네발 달린 타조, 남미 원주민이 본 스페인 정복자의 말, 마르코 폴로가 본 코뿔소, 상서로운 동물들로 합성된 용이나 기린은 어찌 설명할 것인가!

그림 2. 칸트와 오리너구리

에코는, 스페인 정복자들이 쳐들어오기 전까지 남미에는 없었던 말을 보고 전설 속의 유니콘(一角獸)으로 착각했던 몬테주마 족장을 사례로, 칸트가 오리너구리에 대해 보였을법한 반응을 상상하면서, 여태껏 당연시되었던 동물 분류에 결점이 있다고 지적한다. 오리주둥이, 물갈퀴로 덮인 다섯 발가락, 털가죽, 비버의 꼬리, 난생과 포유류가 어찌 한 몸에 붙어있을 수 있단 말인가! 제아무리 칸트라도 종속(種屬: genus)과 종차(種差: specifica)를 기준으로 완벽한 동물범주론을 만들 수는 없었을 것이고, 결국 오리너구리를 이성 체계에서 벗어난 망측한 왜상(歪像)으로 폄하했을 것이다. 하지만 이 동물을 직접 보았다면 에코가 익살맞게 풀이한 원형이론적인 결론에 도달했을 듯하다: 이 동물은 자연의 미련한 시도가 아니라, 포유류이면서도 강에서 사는 데 탁월하게 적응한 생명 디자인의 걸작이다. 체온을 조절하는 모피, 눈과 귀를 닫은 채 앞다리로 헤엄 치고 뒷다리와 꼬리로 방향을 틀며, 발정기 동안 다른 수컷을 가로막는 며느리발톱을 가진 오리너구리는 완벽하게 조율된 전무후무한 신체구조를 가진다. 진화의 역사에서 일찌감치 출현한 것으로 보아, 오리너구리가 다른 동물들의 부분으로 이루어진 게 아니라 되레 다른 동물들이 오리너구리의 (다르게 진화한 또는 다르게 퇴화한) 몸체를 조금씩 나눠 가진 것이다. 이 해설의 요점은 유형 분류의 모든 변수들을 단 하나의 일관된 합리적인 위계질서로 통합할 수 없다는 것이다.

이 해설이 인지(심리)언어학에서 구상된 '원형' 개념의 골자이다: 예컨대 독일어 '새'(Vogel) 범주에서는 Rotkehlchen(작은부리울새)이 '새' 개념의 중심에 가장 가깝다. 그 바깥에 Taube(비둘기), Spatz(참새), Kanarienvogel(카나리아), Papagei(앵무새), Eule(부엉이), Pfau(공작)이 있고 변두리로 갈수록 Tukan(코뿔새), Pinguin(펭귄), Strauß(타조)가 위치한다. 이때 중심에 가까울수록 (원형성이 높을수록) '새'의 변별특징인 /부리/, /다리/, /깃털/, /날개/, /비행능력/, /부화/

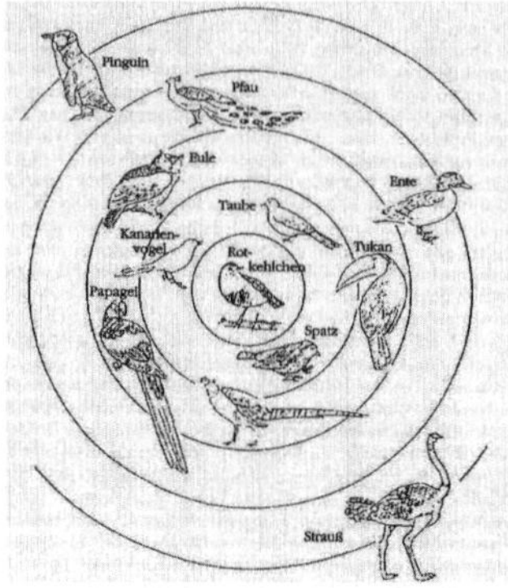

그림 3. (독일어) '새'의 원형성

등이 전형적으로 인지되는 반면, 중심에서 멀수록 (원형성이 낮을수록) 그 자질들은 먼저 활성화되지는 않는다.

원형의미론적 관점에서 보면 의미란 고정된 실체가 아니라 파문처럼 작동하면서 상이한 펼침과 주름을 남긴다. 그래서 개별언어나 문화권 심지어 개인마다 상이할 수도 있다. 따라서 변별특징들의 위계적·논리적 조합 및 균일한 활성화를 상정했던 성층화 방식과 달리, 원형의미론에서는 회상과 선호에 따라 불규칙하게 활성화되는 '심상원형'(心想原型: Mental Prototype)에 주목한다.[9]

이 전환은 유형학에 무엇을 시사하는가? 감관마다 다른 방식으로 산출된 결과물에는 차별적인 유형화 기준이 필요한 게 아닐까? 이런 의문에 비추어 텍스트언어학자 아담직(Adamzik 2004)은 인지심리학자 로쉬(E. Rosch)가 구상한 '원형'이라는 매개변수를 텍스트유형학에 도입했다. 이를테면 시각과 청각을 바탕으로 만들어진 텍스트에는 언어적 기준이 가장 유효할 테지만, 미각·후각·촉각에 바탕을 둔 매체와 장르들에서는 해당하는 감관에 특징적으로 작동하는 속성(즉 원형성)이 더 중요한 것은 아닐까? 말하자면 무용에서는 몸을 사용하는 동작소(動作素: Kinem)가, 음악에서는 음정(音程), 화음, 선율, 박자, 비트(Beat) 패턴 등의 음악소(音樂素: Melem), 악곡형식과 시대양식(Stil)이, 영화에서는 이미지, 컷, 시퀀스 등의 미장센(mise en scène)과 미장폼(mise en forme)이 더 중요한 것이 아닐까? 아쉽지만 현재로서

9) 인지언어학 및 원형의미론에 대해서는 Kleiber(1993, 33-39)를 참조하라.

는 여러 매체장르에 걸쳐있는 궁금증을 입체적으로 다루는 연구가 양적으로 보나 질적으로 보나 충분히 진척되지 않았다. 다음 장에서는 그 문제를 다루는 하나의 해법으로서 구성주의 착상에 주목하려 한다.

4. 구성주의 장르이론

3장에서 말한 원형성 개념은 체계이론(Systemtheorie)의 구상과도 상통한다. 루만(N. Luhmann)의 이론소를 끌어들여 간젤[10]이 제시한 구성주의 장르이론(Gansel 2011, 16-24 참조)의 핵심은 이렇다: 근대 사회는 소통을 통해 성립하며 소통은 또한 사회를 필요로 한다. 여기서 '사회적 체계'(soziale Systeme)[11]로 지칭되는 경제, 정치, 법, 종교, 과학(학문), 예술, 교육, 사랑, 스포츠, 저널리즘 등은 저마다 특화된 텍스트들을 수단으로 소통을 작동시킨다. 그래서 예술의 소통은 학문의 소통과 다르고, 병원에서는 장터와 다른 방식으로 소통한다. 경제의 소통에서는 기업이 상품광고, 제품설명서, 캠페인, 홈페이지 및 SNS를 동원하여 자신을 긍정적으로 묘사하고, 문학 텍스트에서는 허구적인 내용을 개연적인 서사구조(Narrative Struktur)로 직조하는 기법이 중요하다.

이처럼 하나의 사회적 체계는 스스로에게 관련하는 요소들로써 사

10) 간젤 모델의 세부사항에 대해서는 Gansel(2015, 조국현 옮김)을 참소하라.

11) '사회적 체계' 개념은, 하나의 체계를 작동시키는 요소들이 자신의 경계 안에서 체계 외부(환경)에 대해 폐쇄된 상태로 작동한다는 사이버네틱스 원리에 기초한다. 루만의 "사회적 체계들"(이철/박여성 공역, 2018 근간), "예술체계이론"(박여성/이철 공역, 2014), "사회의 교육체계"(이철/박여성 공역, 2015)를 참고하라.

신을 조직하는 자기준거(自己準據: self-reference)를 거쳐 성립하고, 개개의 기능체계는 자신에게만 관련하면서 스스로를 생산(自己生産: autopoiesis)한다. 그렇다면 [매체]장르란, 체계이론의 관점에서 보면, 개별 텍스트들을 구성하는 변칙적인 요소들의 복잡성을 줄임으로써 해당하는 사회적 체계의 소통적 항상성(恒常性: Homöostase)을 유지하는 선별장치이다.

한편 체계이론에서는 소통과 행위를 분리하기 때문에, '소통'을 발신자와 수신자의 '의도적 행위'(intentionale Handlung)에 비추어 정의하는 (텍스트)언어학의 입장과 충돌한다. 루만이 구상하는 '소통'은 개별 인지체계들이 관찰하는 작동(Operation) 그 이상도 이하도 아니다: "소통은 [3항으로 이루어진] 선별을 과정화하는 [사회 층위에서 발현하는] 사안이다 [...] 이때 소통이란 정보(Information), [그 정보의] 통보(Mitteilung) 및 [정보와 통보의 차이를 관찰함으로서] 이해(Verstehen)가 제각기 선별한 것의 '동시발현'(Synthese)을 뜻한다 [...] 소통에서 현재화되는 선별은 자기 고유의 지평을 구축한다. 그 선별은 자신이 이미 선별로서 택한 것[정보]을 구성한다"(Luhmann 1988, 194).

그런 일차적인 기초정보가 결정되어야 비로소 두 번째 선별이 이어진다. 이때 그 정보의 통보는 특정한 형식을 취하는데, 예컨대 과제물을 운문으로 쓰면 파격일 것이다. 최종 단계의 선별, 즉 이해는 일차적인 정보와 그 정보를 통보한 것의 차이에 근거한다. 자아는 정보와 통보를 분리한 다음, 타자의 통보에서 획득한 정보에 비추어 [자신이] '이해한 것' 또는 '이해하지 않은 것'으로서 선별한다(Gansel 2011, 28 참조). 자아와 타자가 이 선별을 수행하면 비로소 자아와 타자의 소통이라는 사회적 층위가 창발한다. 작동의 관점에서 보면, 소통이란 상이한 개체들 사이의 공유교환이 아니며, 결국 관찰에 대한 관찰, 기대에

표 4. 텍스트언어학과 체계이론의 과제

텍스트언어학 / 문체론				체계이론
소통영역들				사회적 체계들
Riesel/Schendels (1975)	HSK 16.1 (2000)	Hoffmann (2007)	Eroms (2008)	Luhmann (1988)
일상(日常)				사적인 상호작용체계: 가족, 친밀관계
학문	대학과 학문	학문		학문, 대학
신문과 언론	대중매체	저널리즘	매체	대중매체
공적 영역	법학, 법, 정치제도		공공소통: 법, 정치	법, 정치
	경제와 무역	(경제 및 정치와 연관된) 광고	광고	경제 / 하위체계: 관광, 광고
예술		예술	문학	예술
	학교		훈육	양육(교육)
	종교 및 교회 영역		종교/예배 영역	종교
	의학 및 건강			의료체계/환자 치료의 체계
	스포츠			스포츠
	군사			

대한 기대(제2질서 관찰)에 불과하다.

이 아이디어를 장르에 비추어 보면, 다음과 같은 관점 전환이 요청된다: '텍스트종류는 무엇인가, 소통은 무엇인가, 기능문체는 무엇인가, 텍스트종류의 기능은 무엇인가'라는 WAS(무엇)—질문은 '텍스트를 위시한 매체장르는 사회적 체계들에서 어떻게 소통을 성립시키는가? 매체장르의 텍스트 내적 기능과 텍스트 외적 기준은 어떻게 구별되며 매체장르는 어떻게 생성되는가? 매체장르를 시점(Zeit)·사태(Sache)·사회(Sozial) 차원에서 어떻게 기술할 수 있는가'라는 WIE(어떻게)—질문으로 전환되어야 한다는 것이다. 이에 비추어 매체장르

이론은 '위계적 층화(層化)에 따라 고착되었던 계층적·비근대적·미분화 사회'로부터 '기능적으로 분화된 사회적 체계들'로 전환하면서 그것들과 구조적으로 연동되어 창발한 매체산출물을 기술하는 과제를 지향한다. 이 과제를 텍스트언어학이나 문체론에서는 '소통영역들'에서, 체계이론에서는 '사회적 체계들'에서 모색한다(ibid., 81 참조):

방금 말했듯이 기능적으로 분화된 사회적 (부분)체계들은 자신을 존속시키는 특수한 기준을 통해서만 작동한다. 예컨대 '눈앞에 있음(출석)'을 기준으로 작동하는 법정 심리, 콜로키엄, 수업에서는 해당 기관의 제도가 소통을 규정한다. 이때 특정한 텍스트 형식이 구성원에게 자격을 부여하는데, 이를테면 학생증은 학생을 대학에 통합시키고 채용계약서는 구직자를 기업체 사원으로 임용한다.

이처럼 체계이론에서는 "행위가 소통 및 속성 부여를 통해 사회적 체계들에서 구성되는 것"(Luhmann 1988, 91)에 초점을 맞추어 어떤 사회적 체계 고유의 소통방식을 다른 체계의 방식과 구별하면서 한 체계의 경계를 구획한다. 그래서 하나의 선별은 다른 것을 배제할 수밖에 없는데, 일기예보는 날씨에 대한 정보를 선택하지만 TV—프로그램에 대한 정보는 배제한다. 지도교수와의 면담에서는 논문(집필)에 관한 어휘가 필요하며, 신변잡기는 곁다리로 언급된다.

어떤 체계에 속하지 않는 '다른 모든 것'은 단적으로 그 체계의 환경이다. 교사의 환경은 학생이며, 양자는 소통을 통해 '수업'이라는 상호작용체계를 형성한다. 경제의 환경은 시장이고, 매체의 환경은 매체를 통해 관찰되는 다른 사회적 체계(예컨대 정치)이다. 그 안에서 '텍스트 맥락1/텍스트 맥락2'의 차이를 통해 텍스트가 저마다 정체성을 얻는다. 이를테면 논문은 다른 것이 아닌 '학문'에 속하고, 연설은 '정치'에, 논평은 '저널리즘'에 속한다. 특정한 '그' 사회적 체계로만 소급되는 [매체]장르를 추려보면 다음과 같다(Gansel 2011, 23-24 참조):

표 5. 사회적 체계들과 [매체]장르들

기능적으로 분화된 사회적 (부분)체계들	매체장르
대중매체	보고서, 뉴스, 해설, 점성술
종교	복음서, 교황의 교서(敎書), 설교
정치	정당강령, 선거벽보 (현수막)
예술	영화, 연극, 오페라, 뮤지컬, 음악극, 탄츠테아터
상호작용 및 조직체계들	**매체장르**
상호작용체계: 친밀관계	연애편지, 연애 SMS
상호작용체계: 가족	사신(私信), 감사편지, 요리법 메모, 구매 메모
상호작용체계: 세미나	세미나 일지
조직체계: 학교	시간계획표(일정표), 시험(문제)

5. 매체장르의 사례

5.1. TV 매체장르

지금까지 개괄한 내용을 개괄적인 지형도로 제시해 보자. 표 6은 사회적 체계들과 그것을 구성하는 요소 및 장르들의 위치를 보여 준다(이 표는 구체적인 연구의 진척에 따라 더욱 보완되어야 한다):

이를 바탕으로 TV 매체장르부터 살펴보자: 이 주제를 본격적으로 다룬 독일연구재단 특별연구과제(DFG—SFB 249: Rusch & Hauptmeier 1988)에 따르면, 1980년대 중반 이후의 약 2500개의 TV—제작물 명칭이 나타났다. 그 중 시청자에게 낯익은 것은 500개 정도이며, 신문/잡지에 그 절반이 나타나고 나머지는 즉흥적인 신조어나 복합어이다. 따라서 일상에서 사용되는 것은 200개 남짓하다. 표 7에는 하우프트마이어와 슈미트(Hauptmeier & Schmidt 1985, 140

표 6. 사회적 체계들 속에 배치된 매체장르들

<table>
<tr><th colspan="24">사회적 체계들</th></tr>
<tr><td></td><td colspan="22">소통체계로서의 사회적 체계들</td><td rowspan="10">장르 GENRES / 텍스트 TEXTE</td></tr>
<tr><td>구성요소</td><td>정치</td><td>경제</td><td>학문</td><td>교육</td><td>종교</td><td colspan="17">예술</td></tr>
<tr><td>하위요소</td><td></td><td></td><td></td><td></td><td></td><td colspan="4">미술</td><td colspan="4">무용/공연/연주</td><td colspan="5">음악(고전)</td><td colspan="4">문학</td></tr>
<tr><td rowspan="4">상위장르</td><td rowspan="4"></td><td rowspan="4"></td><td rowspan="4"></td><td rowspan="4"></td><td rowspan="4"></td><td></td><td>회화</td><td>조각</td><td>설치행위</td><td rowspan="4">발레</td><td rowspan="4">탄츠테아터</td><td rowspan="4">퍼포먼스</td><td rowspan="4">뮤지컬 드라마</td><td></td><td>르네상스</td><td>고전</td><td>바로크</td><td>낭만/현대</td><td rowspan="4">희곡/거리극</td><td rowspan="4">시</td><td rowspan="4">산문</td><td rowspan="4">소설</td></tr>
<tr><td>구상</td><td></td><td></td><td></td><td>절대</td><td></td><td></td><td></td><td></td></tr>
<tr><td rowspan="2">비구상</td><td rowspan="2"></td><td rowspan="2"></td><td rowspan="2"></td><td>표제</td><td></td><td></td><td></td><td></td></tr>
<tr><td>형식</td><td colspan="4">교향곡/실내악/협주곡
독주곡/소나타/모음곡</td></tr>
<tr><td rowspan="3">하위장르</td><td rowspan="3"></td><td rowspan="3"></td><td rowspan="3"></td><td rowspan="3"></td><td rowspan="3"></td><td rowspan="3" colspan="4"></td><td rowspan="3"></td><td rowspan="3"></td><td rowspan="3"></td><td rowspan="3"></td><td colspan="5">음악(대중)</td><td rowspan="3"></td><td rowspan="2">정형시</td><td rowspan="3"></td><td rowspan="3"></td></tr>
<tr><td>대</td><td colspan="4">팝음악
민족음악
월드뮤직</td></tr>
<tr><td>중소</td><td colspan="4">재즈 /
보사노바 /
삼바 / 탱고 /
종고
뉴웨이브
판소리 /
노(能)</td><td>자유시</td></tr>
</table>

이하)가 조사한 매체장르들에서 100개를 뽑아 보았다:

TV—프로그램 잡지에서 빈번히 검색된 것으로는 보도(Bericht), 다큐멘터리(실록: Dokument[ation]), 매거진(Magazin), 르포[타지](Reportage), 뉴스/보도(Nachrichten), 대담(Gespräch), 쇼(Show), 퀴즈(Quiz), 게임(Spiel), 영화(Film), 연주회(Konzert), 스릴러(Thriller), 연속극(Serie) 등이 있는데, 아래와 같은 기준들에 따라 명명된다:[12]

12) 이런 비일관적인 기준들만 보아도 이젠베르크의 일관성 요구는 무색해 진다.

표 7. TV—프로그램 잡지에서 추출한 TV—매체장르

200 코믹 스토리	236 프랑스 활동사진	274 (상업성과는 무관한) 데뷔용 영화
201 해설	237 연애 영화	
202 코미디	238 연극적인 연애영화	
203 음악 코미디	239 동화적인 연애영화	O.
204 로맨틱 코미디	240 사랑 이야기	
205 사회비판 코미디	241 '사랑과 증오'극	275 오페라
206 코미디 고전(古典)	242 연애 로맨스	276 코믹 오페라
207 연주회 영화	243 문학작품 영화	277 오페라 영화
208 무도회(舞蹈會) 영화	244 생음악	278 (동서) 냉전 스파이 물
209 범죄물	245 생방송	279 (동서) 냉전 코미디
210 범죄 모험물	246 러브스토리	
211 범죄 괴기물	247 희극	P.
212 범죄 익살극		
213 범죄 코미디	M.	280 패러디
214 에로틱 범죄물		281 고교 신입생 코미디
215 심리 범죄물	248 마피아-패러디	282 조롱
216 범죄 드라마	249 매거진	283 환상적 영화
217 범죄 영화	250 정치시사 매거진	284 환상적인 살인 스토리
218 패러디(Parodie) 범죄물	251 ...를 위한 매거진	285 파일럿 영화
219 범죄 스토리	252 기사(騎士) 영화	286 해적 이야기
220 범죄물 시리즈	253 동화(童話) 영화	287 정치 드라마
221 범죄 단편	254 풍자 투의 동화 영화	296 조야한 범죄 민속극
222 전쟁 영화	255 동화극	297 프로이센 역사
223 비판적 영화	256 영상 명상	298 문제의 영화
224 컬트영화	257 여론 리포트	299 명사 퀴즈
225 문화 이야기	258 멜로드라마	288 액션이 가미된 정치드라마
226 문화 매거진	259 사회비판 멜로드라마	
227 예술가 영화	260 군대 익살극	289 정치 교훈물
228 쿵푸(工夫) 영화	261 미니 시리즈	290 정치 멜로드라마
229 강좌(講座)	262 기념 영화	291 정치 스릴러물
230 쿠르트 호프만[12] 영화	263 자동차 매거진	292 팝 및 록 뮤직
231 단편 영화	264 "인형극" 영화	293 "뚱뚱보" 영화
	265 뮤지컬	294 포르노
L.	266 뮤지컬 영화	295 초상(화)
	267 뮤지컬 동화	296 조잡한 범죄 민속극
232 우스운 컬트영화	268 음악	297 프로이센 역사
233 지역 매거진	269 음악-비디오	298 문제적 영화
234 실험적인 장편영화		299 명사 퀴즈
235 교육 프로그램	N.	
	270 뉴스 보도	
	271 네온 공포물	
	272 뉴 에로틱 필름	
	273 뉴 아이리시 필름	

13) Kurt Hoffmann(1910~2001): "눈 속의 세 남자"(Drei Männer im Schnee, 1955), 뒤렌마트 원작의 "미시시피 씨의 결혼"(Die Ehe des Herrn Mississippi, 1961) 등을 제작한 독일의 영화감독.

① 방송장소(사랑방 소식[Fenster Programm]),

② 대상(문화보고[Kulturbericht], 제3제국을 다룬 영화[Film über das Dritte Reich]),

③ 행위주체(...의 뉴스, ...의 영화),

④ 형식(생방송/현장보도[Lifebericht], 단편영화[Kurzfilm]),

⑤ 기능 관계(배경정보)

⑥ 다른 장르명칭과의 복합(보고를 겸한 인터뷰, 스포츠와 음악),

⑦ 유래하는 국가(미국 영화),

⑧ 송출상의 특징 (4부작 TV—드라마/미니시리즈),

⑨ 평가 수식어(세련된 공포영화),

⑩ 기술상의 특징(실사영화와 만화영화의 혼합, 무성영화, 흑백영화),

⑪ 수신자(아동용 영화, 중년 매거진),

⑫ 계절(크리스마스 특선영화),

⑬ 참여자(선거자 및 피선거자들이 나오는 방송),

⑭ 제작 시점(50년대 향토 영화),

⑮ 송출 범위(유럽연합 시청권내의 방송),

⑯ 기타(여러 구분들의 복합).

5.2. 라디오 매체장르: 시트콤

라디오 매체장르는 전통적인 무대 드라마를 차용하면서 앤솔로지(選集: Anthology), 연작 드라마, 액션, 시트콤, 소프—오페라 등으로 진화했다. 라디오 바리에테(Varieté)의 일종인 코미디 버라이어티(Comedy Variety)-쇼는 진행자의 짤막한 독백 및 손님들(연예인 및 유명인사)과의 대담으로 채워진다. 특히 라디오—시트콤은, 표준 플롯의 포맷 속에서 고정 출연자들이 즉흥 연기를 펼치던 16~17세기 이탈리아의 '코메디아 델 아르테'(Commedia dell'Arte)에서 차용된 것인데, 오늘날에는 친숙한 인물들이 가정이나 직장 등에서 벌이는 에피소드를 담은 TV—시트콤으로 진화했다(Danesi 2002, 138 참조).[14]

표 8. 시트콤의 기저 코드

시트콤 (사례)	기저 코드
- I Love Lucy	battle between the sexes (남녀 성별들 사이의 전쟁) arguments among people (사람들 사이의 갑론을박) mundane conflicts (일상적인 갈등)
- Father Knows Best - Bill Cosby Show	moralistic narrative (도덕적 교훈을 담은 이야기) family problems (가정 문제들)
- All in the Family - MASH	social commentary and critique (사회 비평 및 해설)
- Bewitched - I Dream of Jeannie	fantasy characters who solve human problems (인간사의 문제를 해결하는 환상 속의 주인공들)
- Dawson's Creek - Malcolm in the Middle	parody of human relations (인간사의 관계를 패러디한 것)

14) 장르들이 규칙적으로 노출되면 일정한 규약이 정착하는데, 이를테면 '소프-오페라'(soap opera)는 집에서 접시를 닦거나 세탁하면서 노래를 흥얼거리는 (따라서 비누를 소비하는) 주부들에게 어필하려는 비누회사의 후원을 받았다는 이유로 그렇게 명명되었다. 나중에 고정 캐릭터(stock characters)와 상황을 포함하는 연작 드라마로 발전한다(Danesi 2002, 22-23 참조).

1950년대에 가장 인기 있는 매체였던 라디오는 TV가 등장하면서 주도권을 잃었다. 오늘날 라디오는 뉴스, 교통, 종교, 음악, 연예, 신변잡기 등을 주제로 대체로 자동차나 사무실에서 청취되며, 이에 따라 청취자의 매체행위도식도 달라진다.[15] 올드 미디어로서의 라디오의 효용은 장르에 따라 송출되는 음악방송이나 스포츠 중계에서 유지되고는 있으나, 요즘은 인터넷 방송, 채팅, SNS, 팟캐스트 같은 뉴미디어 스타일을 가미하여 명맥을 유지하고 있는 실정이다.

5.3. 팝뮤직

고전음악이든 대중음악이든 또는 전위음악이든, 음악 장르들은 시대사조라는 큰 틀 속에서 악기 편성 및 연주 형태·작곡 형식·화음과 선법(旋法)·리듬(비트)과 속도·지역성·사회적 이슈 및 주제·감성 코드 등에 따라 중구난방으로 명명된다. 일단 팝뮤직의 특성은 크게 보아 ① 부드럽고 낭만적인 음색(보기: 대중음악 스타일[Tin Pan Alley]), ② 강렬한 리듬과 정서적 강도(보기: 흑인/미국/유럽/라틴 재즈[African/American/European/Latin Jazz], 가스펠[Gospel], 블루스[Blues]), ③ 서정적 주제와 흥얼거리는 스윙 음악, 발라드처럼 '감성'에 맞추어져 있다. 이를 고려한 대략적인 갈래는 표 9와 같다:

15) 출퇴근이나 정오, 자정 등 특정한 시간대에 (반복) 송출되는 라디오 뉴스는 사실상 일간신문의 포맷을 원용하여 아나운서가 대독하는 것에 불과하다.

표 9. 팝뮤직의 갈래(Danesi 2002, 96-97 참조; * 표시된 항목은 필자의 보완)

하위 장르	내 용	가수/작곡가
Adult Contemporary (성인용/동시대의 대중용 팝음악)	mix of oldies & softer rock hits (올디스 혼합 & 더 감미로운 록)	셀린 디옹 백스트리트보이스
Contemporary Hit Radio (동시대의 히트 라디오[음악])	current hits (금주, 이번 달, 올해의 히트곡), mixing pop (팝 메들리) ROCK (록 음악)	머라이어 캐리 메탈리카
Country (컨트리 음악)	traditional country (전통 컨트리 음악) urban country (도시 풍 컨트리 음악) rock country (록 풍의 컨트리 음악)	돌리 파튼 딕시 칙스, 리앤 워맥 샤니아 트웨인
Modern rock (모던 록)	hard rock (하드록) industrial rock[16]	홀(Hole), 콘(Korn), 매릴린 맨슨
Rap & Hip-hop (랩과 힙합)	랩 힙합 (그래피티/브레이크 댄스 등을 동반함)	에미넴, 윌 스미스
Oldies (올디스)	1950년대와 1960년대의 rock songs	엘비스 프레슬리
Classic Rock (고전 록)	1960년대 후반 / 1970년대 / 1980년대	롤링 스톤즈 / 카즈(The Cars) 엘비스 코스텔로, 폴리스
Rhythm & Blues (리듬 앤 블루스)	classic (고전적인 리듬 앤 블루스) contemporary (현대 리듬 앤 블루스)	티나 터너, 루서 밴드로스
Experimental (실험음악)	대학 방송국을 중심으로 퍼지는 록 포크(rock folk)	
Latin (라틴 음악)	히스패닉	페페 아길라르, 리키 마틴, 제니퍼 로페즈
Jazz and Blues (재즈 앤 블루스)	두 트렌드를 동시에 소화 주로 전통 재즈 및 블루스	허비 행콕, 루이 암스트롱 (밥 제임스, 스티비 원더 etc.)

16) "인더스트리얼 록(Industrial rock)은 '인더스트리얼 음악'과 록의 특정한 하위장르를 혼합한 것인데, '인더스트리얼 메탈[음악]'과 혼동하면 안 된다. '인더스트리 음악'과 '록'의 초창기 혼합은 일련의 포스트 펑크 그룹인 Chrome, Killing Joke, Swans, Foetus, Big Black에 의해 주도되었다. 인더스트리얼 록은 [Nine Inch Nails나 Marilyn Manson 같은 예술가들에 의해 주류 장르로 추진되었다"(https://en.wikipedia.org/wiki/Industrial_rock 참조).

하위 장르	내 용	가수/작곡가
Fusion Jazz*(퓨전 재즈)	클래식과 재즈의 퓨전	클로드 볼링, 자크 뤼시에
Gospel(가스펠/찬송가)	찬송가	샤카 칸
Progressive Rock* (프로그레시브 록)	클래식과 록 음악의 퓨전	ELP(=Emerson, Lake & Palmer) 말름스텐(Ingwie Malmsteen)

'록뮤직(Rock music)'의 감성 특징은 '흥얼거리는(Crooning) 음악'과 대립한다. 특히 록뮤직의 연상 특징을 자세히 보면 다음과 같다:

표 10. '흥얼거리는 음악'과 '록뮤직'의 차이(ibid., 89)

Crooning Music	vs.	Rock Music
soft and tender (감미롭고 상냥한)	vs.	loud and rough (시끄럽고 거친)
restrained rhythms (차분하고 절제된 리듬)	vs.	hard-driving rhythms (매우 강렬한 리듬)
flowing melodies (물 흐르듯 거침없이 이어지는 선율)	vs.	hard-edged melodies (딱딱 떨어지는 냉철한 선율)
romantic lyrics (낭만적 서정시)	vs.	lyrics tangered with allusions to sexuality (섹스를 암시하는 내용의 서정시)

다네시의 분류는 다분히 북아메리카 및 유럽 중심적이기 때문에 여타 지역의 인종음악(Ethnomusic: 아르헨티나 탱고, 브라질 삼바와 보사노바, 나이지리아의 Juju-뮤직, 인도의 발리우드 음악)의 계보를 충분히 반영하지 못했다(J-Pop, K-Pop, 엔카(演歌), 트로트 등은 말할 나위도 없다). 그가 제시한 개별 하위 장르들의 분석 또한 텍스트언어학의 성과에 비하면 개략적인 수준이므로, 후속하는 개별 연구들에서 더 자세히 다루어져야 할 것이다.

표 11. 록뮤직의 연상 특징(ibid., 96)

Rock genres	Connotations (연상 특징)
Golden rock (골든 록: 1950년대)	sexuality(섹스, 성적 매력); rebellion(저항); romance(낭만)
Classic rock (클래식 록: 1960~60년대 초반)	rebellion(저항); anti-establishment(반체제) social issues(사회적 쟁점); revolution(혁명) individuality(개성); free love(자유로운 사랑)
Disco (디스코: 60년대 중반~70년대)	free spirit(자유로운 영혼); glamour(글래머) sexuality(섹스, 성적 매력); cool appearance(쿨한 외모)
Punk(펑크: 60년대 중반-70년대)	anti-establishment(반체제) disruption of traditional values (전통적인 가치의 붕괴) blatant carnality(노골적인 음탕/외설) sexuality(섹스, 성적 매력); weirdness(엽기); toughness(폭력)
Hip-hop (힙합: 1980년대 중반~2천년 초반)	street savvy(길거리의 요령/품) self-styled identity(자기스타일화된 정체성) brotherhood with other hip-hoppers (다른 힙합 동지들과의 형제애)

5.4. 영화

초창기의 영화 제작자들은 소설, 보드빌—바리에테(Vaudeville Varieté), 서커스 무대 극본 등을 스크립트의 저본으로 삼다가, 영화 황금기에 들어와서야 전용 시나리오를 쓰기 시작한다. 최근에는 성공을 거둔 영화를 TV—시리즈(미드·영드·일드·라틴드라마)로 리메이크하거나 게임 및 애니메이션으로 재매체화하며, 그것들이 다양하게 역매체화(리턴 리메이크)되기도 한다. 이제 OSMU(One Source Multi Use)를 넘어서 일종의 MSMU(Multi Source Multi Use) 크로스오버가 도래하는 셈이다.[17]

17) 영화 장르 이론은 문학 장르 이론이나 텍스트종류언어학에 비해, 여전히 균일한

표 12. 전통적인 영화 장르(Danesi 2002, 128-129 참조)

장르	명명 기준/ 기타	영화 / 사례
Crime drama (범죄 드라마)	주제	Little Caesar (1930)
Sci-fi (사이언스픽션)	주제	A trip to the Moon (1902)
Animation (애니메이션)	기술(테크놀로지)/ 일본적 현상으로서의 '아니메'	Snow White and the Seven Dwarfs (1937)
Comedy (코미디)	형식	It Happened One Night (1934)
Character drama (캐릭터 드라마)	행동자	Citizen Kane (1941)
Historical drama (역사 드라마)	주제	Intolerance (1916)
Documentaries (다큐멘터리)	주제 형식	Nanook of the North (1921)
Detective movies (탐정/형사 영화)	주제	The Maltese Falcon (1941)
Suspense movies (서스펜스 영화)	내용	M (1931)
Monster movies (괴수 영화)	주제	King Kong (1933)
Horror films (공포 영화)	주제	Nosferatu (1922), Dracula (1931)
Musicals (뮤지컬)	형식	Flying Down to Rio (1933), The Wizard of Oz (1939)
War films (전쟁 영화)	주제	Birth of a Nation (1915), Wings (1931)
Action-adventure (액션 모험)	주제	Thief of Baghdad (1921)
Film noir (필름 느와르)	주제/시각	Double Indemnity (1944)
Western (웨스턴 서부 영화)	지역/ 마카로니 웨스턴	The Great Train Robbery (1903)
Romances (낭만)	주제	The Sheik (1921)
Melodrama (멜로 드라마)	주제	The Perils of Pauline (1914)

다른 예술 장르들의 형식을 차용하여 출범했던 황금기의 영화들과 달리, 뉴미디어 시대의 첨단기술(컴퓨터그래픽, 모르핑[Morphing],

체계화에 도달하지 못했다. 예컨대 <표현주의 영화, 블록버스터, SF, 프레켈(Prequel), 공포영화, 스릴러, 멜로영화, 버디영화, 브로맨스영화, 독립영화, 작가주의 영화, 실험영화, 리메이크영화> 등의 명칭을 보면, 작품내용과 제작형식 및 시대정신, 인식론, 작품규모, 제작기법, 주제, 주인공 설정, 배급방식, 실험성 등에 따라 즉흥적으로 거의 무작위로 명명되는 것을 알 수 있다. 유형학의 갈 길이 멀다.

3D 기법 등)에 힘입어 발전한—다른 장르로는 모방하기조차 어려운—영화 고유의 장르가 블록버스터(진하게 표시된 부분)이다:

표 13. 영화 장르 및 블록버스터(ibid., 131-132 참조)

장르	명명기준 / 기타	영화 / 사례
Youth rebellion (청소년기의 반항/저항)		The Wild One (1954) Rebel Without a Cause (1955)
Adventure spy films (어드벤처 스파이 영화)	주제	James Bond / Goldfinger(1964) Bourne Ultimatum (2015)
Romantic comedies (낭만적 코미디)	주제	Pillow Talks (1959)
Science Fiction(사이언스픽션)	주제/환상	The Matrix (1999)
Slasher movies (슬래셔 무비: 수많은 살육이 벌어지는 잔혹하고 끔찍한 영화)	주제/내용	Friday the Thirteenth (1980) I Know What You Did Last Summer (1997)
Rock music movies (록뮤직 영화)	음악	Jailhouse Rock (1957) A Hard Day's Night (1964), Spice World (1998)
African American theme movies (미국 흑인 주제의 영화)	지역/인종	Superfly (1972)
Spanish language movies (스페인어 영화)		El Mariachi (1992)
Coming-of-age-movies (성년으로 성장하는 내용을 담은 영화)	주제/문학양식	The Breakfast Club (1985)
Anti-war movies (반전영화)	주제	Apocalypse Now (1979
Sword and sorcery movies (칼과 마법 영화)	주제/수단	Canon the Barbarian (1982)
Disaster movies (재난 영화)	주제	The Towering Inferno (1974) The Perfect Storm (2000)
Apocalyptic thrillers (묵시록적인 스릴러)	주제/감성	Lost Souls (2000) Left Behid (2001)
Blockbuster movies (블록버스터 영화)	양식	Jaws (1975)

6. 전망 및 과제

매체사회의 미래를 갈파한 마셜 맥루언의 메시지는 매체를 통한 감관의 확장, 기술적 발전을 통한 장르의 창발 그리고 차가운 매체와 뜨거운 매체의 구별로 집약된다. 그의 혜안을 바탕으로 본고에서는 체계이론과 구성주의(Luhmann, Schmidt)의 착상을 텍스트 이론에 적용한 간젤(Gansel 2011)의 유형학을 다루었고, 다네시(Danesi 2002)의 성과를 반영하여 몇몇 사례(TV—매체장르, 라디오—시트콤, 팝음악, 영화)를 기술해 보았다. 본고의 내용을 감관/용도/내용에 따라 매체장르의 지형도로 다듬은 것이 그림 4(Schmidt 1994/1996, 199 참조)이다. 그 아래 분화된 개별적인 매체장르를 세부적으로 기술할 때 하우프트마이어와 슈미트(Hauptmeier & Schmidt 1985, 144)가 제시한 기술표를 활용할 수 있겠다:

[거시 층위]

A. 매체: ① 인쇄, ② 청각, ③ 시청각...

B. 매체산출물의 지배적인 기능: ① 보도, ② 자기성찰, ③ 호소, ④ 재생산 ...

C. 매체산출물의 지배적인 현실관련성 (진본성/사실성)

① 사람들에게: 신뢰감을 주는 / 신뢰감을 주지 않는

② 명제(진술)에 있어서: 참/거짓, 과학적/비과학적, 허구적인
(='참/거짓' 준거에 대한 완충)

③ 시점 관련성: 사건과 동시에 실현되는 / 사전 또는 사후의...

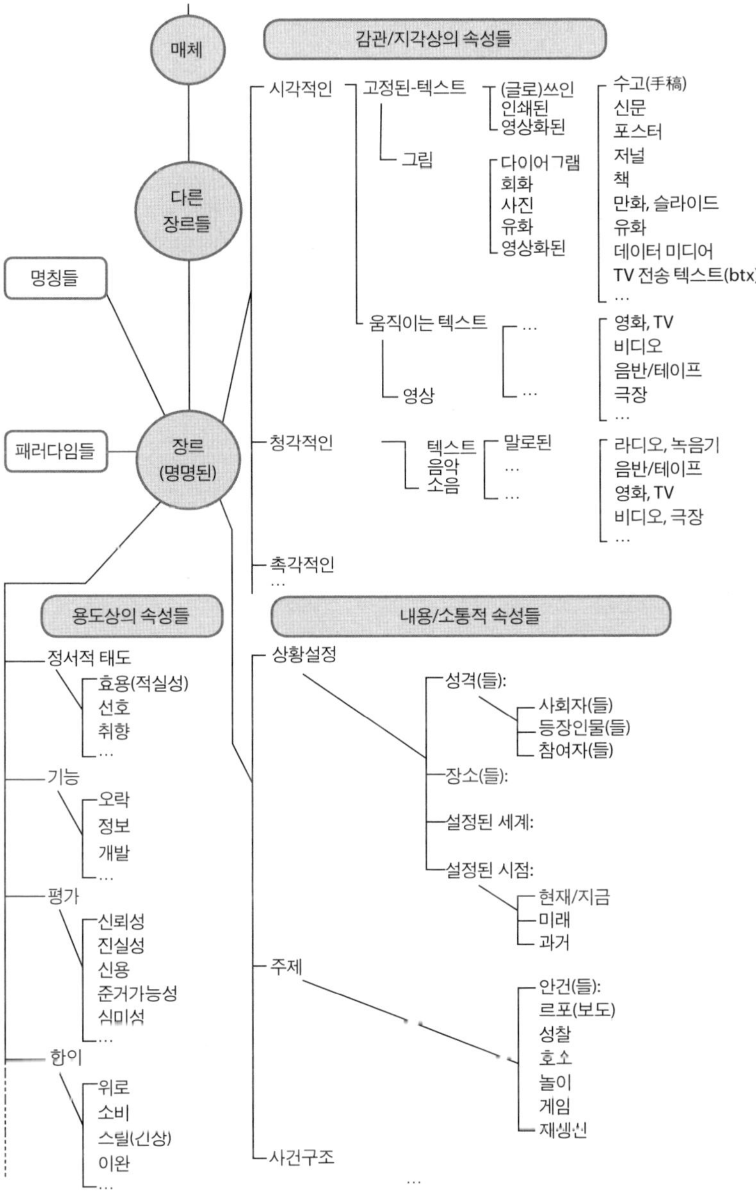

그림 4. 매체장르의 지형도

D. 지배적인 행위자 관련성: ① 도구적, ② 표현 지향적(행위자의 언어적/비언어적 특성)...

[미시 층위]

E. 문체적 특성

① 심미(미학)적/예술적 절차: 시 또는 운문 형식

② 비예술적 절차: 통계처리 ③ 특유의 수사학: 법정 수사학...

F. 주제상의 특성

① 생활환경의 주제(병원, 약물흡입과 관련된 장면)

② 주제/스토리 지향적인(범죄사례, 스포츠, 전기...)...

본고에서는 매체장르의 유형학을 위한 밑그림을 그려 보았다. 개별장르의 유형학 및 변이형에 대한 연구는 텍스트종류언어학의 성과에 비하면 여전히 부족하기 때문에, 앞으로 매체장르의 이론과 분석은 각 영역별로 더욱 정교화 되어야 할 것이다. 향후에 주목해야 할 쟁점들을 전망하면서 본고를 마치고자 한다:

첫째, 첨단기술의 발전을 통해 극단화된 상호기호성(Intersemiotizität)·상호매체성(Intermedialität)·상호텍스트성(Intertextualität)에 힘입어 대부분의 매체장르는 더욱 '뜨거운 매체장르'로 가열되고 있다. 따라서 기존의 매체기술로 산출된 생산물들이 비가역적 엔트로피 폭발로 치닫는 오늘날의 문화 메커니즘에 대한 논의야말로 시급한 의제이다.

둘째, 언어적 발화 위주의 텍스트종류들이 확언, 지령, 약속, 감정표현 및 효력의 선포 같은 화행의 성공적인 수행을 지향했다면, '뉴미디어'—장르들에서는 (소통의 내용 및 형식에 못지않게) '소통[에 참여]한다는 그 사실' 자체가 더욱 중요해진다. 그런 추세로의 동인은 필요한 물품을 실제로 사는 목적구매보다는 쇼핑 그 자체를 즐기는 유희, 이른바 체험구매 같은 오늘날의 소비 및 문화 성향에 있다.

셋째, 조지 오웰이 "1984년"에서 풍자했던 '만인에 대한 만인의 관찰'이 갈수록 뒤엉키는 가운데, 오늘날 우리는 '인정 투쟁'(Honneth 1994 참조)을 부추기는 온갖 리얼리티 프로그램, 소셜 네트워크 서비스(SNS: 홈페이지, 포털, 플랫폼, 블로그, 페이스북, 트위터, 인스타그램 등), 다중분할 역할게임(MMORPG)으로 짜인 뫼비우스 띠 속에서 헤매고 있다. 그 결과 '매체화된 것'이 '날것'보다 더 진짜 같은 현실로 인지되어 위력을 발휘하고 존재론적 실재와의 경계를 무력화시키는 심각한 현상에 대한 인식론적 진단이 필요하다. 테크놀로지로 포장된 '기표' 못지않게 기호학적인 '무엇'을 함축하는 '기의'는 예나 지금이나 변함없이 중요하다. 진정 '새로운' 재매체화는 낡은 기의를 새로운 기표로 매개하는 데에 그치지 않고 소통참여자의 매체행위도식까지 바꿀 때 비로소 완수되기 때문이다.

끝으로, 올드 미디어의 소박한 목적이 행복한 소통에 있었다면, 뉴미디어는 자칫 소통에 대한 참여에 몰입하는 디지털 환각과 경제적 이익에만 집착하기 십상이다. 지금 세대가 지나가기도 전에 명멸할 무수한 매체장르들을 이해할 수도 접근할 수도 없게 되는 격변 앞에서, 매체기호학과 텍스트유형학은 우리에게 매체사회의 구성원으로서 방향 감각을 잃지 말라고 당부하고 있다.

참고문헌

박여성. 1994. "화행론적 텍스트유형학을 위하여." 『텍스트언어학』 2: 7-60.

박여성. 1999. "한국어 텍스트유형의 결정변수와 분포에 관한 연구: 확언적 텍스트종류를 중심으로." 『텍스트언어학』 6: 153-185.

박여성. 2013. 『기능주의 번역의 이론과 실제』. 파주: 한국학술정보.

박여성. 2014. 『응용문화기호학: 몸, 매체 그리고 공간』. 성남: 북코리아.

박용익. 2014. 『대화분석론』(개정판). 서울: 역락.

Adamzik, Kirsten. 2004. *Textlinguistik: Eine einführende Darstellung*. Tübingen: Niemeyer.

de Beaugrande, Robert. 1997. *New Foundations for a Science of Text and Discourse: Cognition, Communication, and the Freedom of Access to Knowledge and Society*. Norwood, N.J.: Ablex Publishing Corporation.

Bolter, Jay David. 1990. *Writing Space: The Computer in the History of Literacy*. Hillsdale, N.J.: Erlbaum.

Brinker, Klaus. 2010. *Linguistische Textanalyse: Eine Einführung in Grundbegriffe und Methoden*. 7. Aufl. Berlin: Erich Schmidt.

Danesi, Marcel. 2002. *Understanding Media Semiotics*. London: Arnold Publishers.

van Dijk, Teun A. 1972. "Foundations for Typology of Texts." *Semiotica* 6 (4): 297-323.

Eco, Umberto. 1997. *Kant e l'ornitorinco*. Milano: Bompiani. (『칸트와 오리너구리』. 박여성 옮김. 서울: 열린책들, 2006.)

Gansel, Christina. 2011. *Textsortenlinguistik*. Göttingen: Vandenhoek & Ruprecht. (『텍스트종류 언어학』. 조국현 옮김. 서울: 한국외대 지식출판원, 2014.)

Gansel, Christina. ed. 2008. *Textsorten und Systemtheorie*. Göttingen: Vandenhoek & Ruprecht.

Hauptmeier, Helmut and Siegfried J. Schmidt. 1985. *Einführung in die Empirische Literaturwissenschaft*. Braunschweig: Vieweg.

Heinemann, Margot. 2000. "Textsorten des Alltags." In *Text und Gesprächslinguistik: Ein internationales Handbuch zeitgenössischer Forschung*, eds. Klaus Brinker, Klaus, Gerd Antos, Wolfgang Heinemann, and Sven Sager, 604-614. Berlin/New York: De Gruyter.

Heinemann, Margot and Wolfgang Heinemann. 2002. *Grundlagen der Textlinguistik. Interaktion — Text — Diskurs*. Tübingen: Niemeyer.

Heinemann, Wolfgang and Dieter Viehweger. 1991. *Textlinguistik: Eine Einführung*. Tübingen: Niemeyer.

Honneth, Axel. 1994. *Kampf um Anerkennung. Zur moralischen Grammatik sozialer Konflikte*. Frankfurt a.M.: Suhrkamp.

Isenberg, Horst. 1974. "Überlegungen zur Texttheorie." In *Lektürekolleg zur Textlinguistik*. Bd. 2, eds. Werner Kallmeyer, Wolfgang Klein, Reinhard Mezer Hermann et al., 193-212. Frankfurt. a.M.: Athenäum.

Luhmann, Niklas. 1988. *Soziale Systeme: Grundriß einer allgemeinen Theorie*. Frankfurt. a.M.: Suhrkamp. (『사회적 체계들』, 1/2. 이철/박여성 옮김. 파주: 한길사, 2018, 근간.)

Luhmann, Niklas. 1995. *Die Kunst der Gesellschaft*. Frankfurt. a.M.: Suhrkamp. (『예술체계이론』. 박여성/이철 공역. 파주: 한길사, 2013.)

Luhmann, Niklas. 2000. *Das Erziehungssystem der Gesellschaft*. Frankfurt a.M.: Suhrkamp. (『사회의 교육체계』. 이철/박여성 공역. 서울: 이론출판, 2015.)

McLuhan, Marshall. 1962. *The Gutenberg Galaxy*. University of Toronto Press.

McLuhan, Marshall. 1964. *Understanding Media: The Extensions of Man*. New York: McGraw-Hill.

McLuhan, Marshall. 1967. *The Medium is the Massage: An Inventory of Effects*. New York: Radom House.

Merten, Klaus, Siegfried J. Schmidt, and Siegfried Weischenberg. eds. 1994. *Die Wirklichkeiten der Medien: Eine Einführung in die Kommunikationswissenschaft*. Opladen: Westdeutscher Verlag.

Rolf, Eckard. 1993. *Die Funktionen der Gebrauchstextsorten*. Berlin: Walter de Gruyter.

Rusch, Gebhard and Helmut Hauptmeier. 1998. *Projektbericht Mediengattungstheorie. SFB 249*. Universität GH-Siegen.

Schmidt, Siegfried J. 1994. *Kognitive Autonomie und soziale Orientierung*. Frankfurt a.M.: Suhrkamp. (『미디어인식론』. 박여성 옮김, 서울: 까치글방, 1996.)

Searle, John R. 1979. *Expression and Meaning: Studies in the Theory of Speech Acts*. Cambridge: Cambridge University Press.

Searle, John R. and Daniel Vanderweken. 1988. *Foundations of Illocutionary Logic*. Cambridge: Cambridge University Press.

제2장

여행 내러티브 세미오시스

제2장 여행 내러티브 세미오시스
– 일인칭 관점에서 본 여행 내러티브의 매개성과 장르 그리고 해석

이윤희

우리를 저 먼 땅으로 데려다주는 데 책만한 순양함은 없어요.
춤추는 시의 페이지만한 정기선도 없지요.
아주 가난한 사람도 여비 없는 이 여행을 즐길 수 있어요.
인간의 영혼을 담은 수레는 얼마나 검소한지요.
-"책", 에밀리 디킨슨(1830-1886)

1. 들어가는 말

여행 내러티브란 무엇인가? 간단히 말하자면, 여행이야기에 관한 서술(narration) 혹은 기록(recording)이다. 인터넷 검색에서 '여행'이라는 단어를 <구글> 도서 창에 입력하면 20, 600,600건의 결과가 나온다. 한편 <알라딘> 인터넷 서점에서 검색하면 12,504개의 결과가 나온다. 일반적으로 여행과 관련된 서적을 크게 두 유형으로 나누어 보면, 하나는 여행 소설과 여행 산문집을 포함하는 문학적 장르이고, 다른 하나는 여행안내서 성격의 실용적 장르이다. 그러면 문학적 장르에 속하는 것이면 여행 내러티브이고, 실용적 장르에 속하는 것이면 여행 내러티브가 아니라고 말할 수 있는가? 이 질문에 명확하게 답하기는 어려울 것이다. 왜냐하면 잘 알려져 있는 『론리 플래닛』(Lonely Planet)이라는 여행안내서는 내러티브 형식을 취하고 있기 때문이다.

본 논문에서는 여행 내러티브에 속하지 않는 장르를 배제함으로써 여행 내러티브를 규정하고자 한다. 이러한 방식을 취하는 것은 본 논문이 지향하는 두 겹의 목적 때문이다. 첫째, 여행의 세미오시스가 내러티브의 매개성을 통해 어떻게 여행의 개념을 드러내는지를 고찰하는 것이고, 둘째, 여행 내러티브를 퍼스의 범주 이론에 근거하여 구분하고 일인칭 관점을 통해 해석함으로써 여행 내러티브가 자아 내러티브라는 점을 논증하는 것이다. 궁극적으로 본 논문은 여행 내러티브를 읽는 행위에 새로운 관점을 제시한다. 이러한 목적을 위해서 본 연구에서 배제되는 여행 내러티브는 다음과 같다. 허구적 인물을 통해 재현되는 여행 내러티브, 이미지매체를 사용한 여행 내러티브, 다수의 저자가 집필한 여행 내러티브, 비자발적(가령, 업무나 출장 여행) 형태의 여행 내러티브가 그것이다.

내러티브를 연구하는 학자들은 내러티브를 명확하게 정의하는 것에 대해 어려움을 느낀다. 거의 모든 것이 내러티브 형식으로 나타나기 때문일 것이다. 롤랑 바르트는 내러티브가 거의 모든 형식, 즉 신화, 전설, 우화, 민담, 비극, 희극, 서사, 역사, 판토마임, 회화, 스테인드글라스 창문, 영화, 만화책, 뉴스, 대화 등에 나타나고, 모든 시대, 모든 장소, 모든 사회에서 발생하며, 인류의 역사와 함께 시작한다고 언급하였다. 계속해서 바르트는 어떤 곳의 어떤 민족도 내러티브 없이 존재하지도, 결코 존재해 본 적도 없었고, 모든 계층과 집단은 그들의 내러티브를 가지며, 다른 집단이나 심지어 대립되는 문화에 의해 읽혀진다고 말한다. 그리고 그는 내러티브는 좋은 문학을 결코 선호하지 않으

며, 국가적, 횡단역사적, 횡단문화적 성격의 내러티브는 삶과 같다고 주장한다.[1]

내러티브 연구는 세 가지 패러다임을 갖는다[2]. 구조주의 패러다임에서 내러티브는 인간의 행동을 재현한 구조이며, 그것의 심층적 의미를 파악하기 위한 형식이다. 맥락적 패러다임에서 내러티브는 사회·문화적 맥락을 재현하며 담론을 형성하는 기제이다. 인지 패러다임에서 내러티브는 정신을 재현하며, 사고와 소통의 도구가 된다. 현재 내러티브 이론에서는 세 가지 패러다임을 통합하여 사용하고 있다. 일반적으로 내러티브는 문학에서 이야기를 재현하기 위한 기제로 사용되어 왔으며, 독자와의 소통을 위한 수사학적 기능을 담당하였다. 내러티브는 시간과 공간을 창조하고 가능성의 세계를 구현한다는 점에서 타자와의 경험을 확장하고, 지식을 창출한다. 이런 점에서 내러티브는 그것의 어원에서 알 수 있듯이, 말을 함으로써(telling) 지식을 얻는(knowing), 내러티브의 실천적이고 수행적인 가치를 함축하고 있다.[3]

'이야기세계' 또는 '내러티브세계'라는 표현은 실제 세계와 대립되는 허구 세계, 다른 말로 하면 가능성의 세계로 이해된다. 인간의 정신이 재현된 내러티브는 인간의 행위를 재현한 경험성과 시간을 재현한 역사성의 자질을 갖는다. 허구 내러티브가 공간을 재현하며 가능성의 세계를 실재화한다면 역사 내러티브는 시간을 재현하며 역사성을 가진 인간 존재의 정체성을 형성한다.[4]

---

1) Roland Barthes, "Introduction to the structural analysis of narratives" in *Semiotics* vol 3. part 5 (SAGE Publications, 2003), p.3.

2) David Herman, "Introduction" in *Narrative and the Cognitive Sciences*, (Stanford, California: CSLI Publications, 2003), pp. 6-11.

3) H. 포터 애벗. 『서사학 강의』, 우찬제 외 역, 문학과 지성사. 2010, p. 34.

4) Paul Ricoeur, *Time and narrative* vol. 3. (trans., Kathleen Blamey and David Pellauer, The University of Chicago Press, 1988).

폴 리쾨르가 주장하는 역사 내러티브는, 현재에서 과거를 불러내어 해석하고, 미래로 향하는 시간 내러티브의 형식을 취한다. 허구 내러티브가 가공의 인물을 통해 관념과 이상을 재현한다면, 역사 내러티브는 실존하는 사회적 행위자의 행동과 사건을 서술하며 합리적 필연성의 세계를 구축한다. 허구 내러티브와 역사 내러티브는 실제 세계의 경험적 내러티브를 통해 상호 매개적으로 연결되어 있다. 허구 내러티브는 경험주체의 해석 행위를 통해 전달(transmission)되며, 역사 내러티브는 현재의 관점에서 과거의 사건이나 인물의 행동이 재현되고 해석된다는 점에서 내러티브의 전달이 경험적으로 이루어진다. 이런 측면에서 경험성(experienciality)과 허구성(fictionality)은 상반되는 개념이 아니라 서로 밀접하게 연관되어 있다. 따라서 경험을 재현하는 여행 내러티브는 허구 내러티브의 가능성의 세계와 역사 내러티브의 필연성의 세계를 연결한다. 이런 점에서 여행 내러티브는 허구 내러티브와 역사 내러티브의 사이에 존재한다고 볼 수 있다.

여행 내러티브는 허구 내러티브와 역사 내러티브 사이를 매개하기도 하지만 횡단하기도 한다. 여행 내러티브의 매개성은 횡단매개성의 조건이 된다. '여행'이라는 개념은 기호학적 사유의 대상이다. 허구 내러티브와 역사 내러티브 사이에서 '여행'이라는 개념은 여행 내러티브의 매개를 통해 재현된다. 이러한 재현의 양상은 여행자의 일인칭 관점을 통해 포착된다. 여행 내러티브는 인간의 행동을 재현하고(미메시스), 여행이야기의 의도를 전달한다(플롯). 따라서 여행 내러티브는 여행이야기를 전달하기 위한 내러티브의 매개적 기능에 주목한다. 여행이야기는 내러티브의 매개를 통해 재현되며, 재현된 여행이야기는 현재의 관점에서 다시 해석이 이루어진다. 이처럼 여행이야기는 내러티브 전달이 갖는 매개성을 통하여 가능한 이야기세계들을 창조한다.

여행은 인생의 은유로서 인간의 행동과 경험을 재현한다. 여행자가 갖는 장소에 대한 느낌과 경험은 물리적 장소의 재현을 넘어 타자성의 재현으로 확장된다. 인생의 과정에서 시작과 끝을 알 수 없고, 단지 현재 의식하는 순간의 연속된 과정만 존재하듯이, 여행 또한 여행 경험에 대한 재현으로서, 나와 장소, 나와 타자, 그리고 궁극적으로 나와 또 다른 나와의 관계를 재현한다.

여행 내러티브는 허구적 인물이 아니라 현실에서의 여행자의 경험을 재현한다. 그러나 이러한 재현은 과거에 대한 기억과 상상을 통해 이루어진다. 그러한 상상력의 힘은 이야기세계를 창조한다. 라이언(Marie-Laure Ryan)의 최근 저서[5]에서 나타나듯이 서로 다른 다양한 매체를 횡단하고 있는 것은 내러티브가 아니라 이야기세계이다. "여행하는" 내러티브의 횡단매개성은 나와 타자의 정신 사이를 횡단하는 인간 정신의 재현이라고 볼 수 있다.

본 논문에서 주장하는 여행 내러티브의 매개성과 횡단매개성은 '원소스 멀티유즈(One Source Multi Use)'의 개념과는 거리가 있다. 기호학적 대상인 여행의 세미오시스는 여행 내러티브 세미오시스에서 재현되고, 횡단매개성을 자질로 갖는 여행 내러티브의 세 장르(자서전적, 전기적, 자아구성적 내러티브)는 서로 융합하여 자아 내러티브가 되기 때문이다. 따라서 여행의 자질을 드러내는 여행 내러티브의 매개성은 인간 정신의 횡단매개성으로 귀결된다. 이를 논증하기 위해 본 논문은 크게 두 부분으로 구성된다. 첫째, 여행 내러티브의 혼종성과 연관하여 내러티브의 매개성, 여행의 경험성과 연관하여 횡단매개성, 그리고 여행의 스토리텔링과 관련하여 초점화를 다룬다. 둘째, 여행 내러티브의 장르를 퍼스의 범주이론에 근거하여 구분하고, 일인칭

5) Marie-Laure Ryan and Jan-Noël Thon(eds.), *Storyworlds Across Media: Toward a Media-conscious Narratology* (University of Nebraska Press, 2014).

관점에서 자서전적 내러티브 장르, 전기적 내러티브 장르, 자아 내러티브 장르를 해석하며, 여행 내러티브의 세미오시스의 형식을 통해 드러나는 자아 구성적 내러티브를 고찰한다.

2. 여행 내러티브의 매개성과 횡단매개성 그리고 초점화

내러티브 이론에서는 두 층위가 이분법적으로 구분된다. 이야기와 담화가 그것이다. 플루더니크에 따르면, 이러한 용어의 구분은 러시아 형식주의와 포스터(E. M. Forster)의 이야기/구성 대립에서 그 기원을 찾을 수 있다. 포스터는 이야기를 행동의 시퀀스로서, 구성을 동기가 추가된 행동의 시퀀스로서 구별했다. 따라서 "왕이 죽었고, 그리고 왕비가 죽었다"는 이야기이고, 한편 "왕이 죽었고, 그 후 슬픔 때문에 왕비가 죽었다"는 구성이 된다. 후에 내러티브학에서는 이러한 포스터의 구별을 내러티브의 심층구조로 여기고, 이야기와 구성을 내러티브 담화 이전에 오는 한 층위(one level)로 간주한다. 반면 러시아 형식주의자들은 내러티브를 파불라*fabula*와 슈제트*syuzhet*로 구분했는데, 그들은 담화에서 이야기 요소들의 수사학적 재배열(rearrangement)에 초점을 맞추어 둘을 구별했다(플루더니크 2010, 106-107). 가장 잘 알려진 용어로는 채트먼(Seymour Chatman)이 구분한 이야기(story)와 담화(discourse)이다.

플루더니크(Monika Fludernik)는 내러티브 용어와 개념 분석을 토대로 이야기와 담화의 관계를 내러티브성에 관한 논의로 확장하여 고찰한다[6]. 그의 논의에 따르면, 내러티브의 자질은 매개성(mediacy),

6) Monika Fludernik, "Mediacy, Mediation, and Focalization: The Squaring Terminological Circles" in *Postclassical Narratology: Approaches and*

매개화(mediation), 그리고 초점화(focalization)의 개념에 따라 규정된다. 플루더니크에 따르면, 슈탄첼(Franz K. Stanzel)모델과 채트먼의 모델은 대조적이라 할 수 있는데, 이러한 대조는 슈탄첼의 매개성의 개념과 채트먼의 매개화 개념의 차이에서 비롯된다. 슈탄첼은 내러티브의 매개적 성질을 강조한 반면 채트먼은 이야기를 담화보다 우위에 놓고 이야기가 서로 다른 매체에서 어떻게 재현되는지에 대한 내러티브 전달(narrative transmission), 혹은 매개화(mediation)에 관심을 갖는다.

내러티브의 매개성과 매개화는 초점화(focalization)를 통해 이루어진다. 슈탄첼은 서술(narration)로서 초점화의 개념을 설명하며 서술자의 목소리를 강조한다. 이런 점으로 인해 슈탄첼의 내러티브 모델은 언어적 내러티브에 한정된다. 한편 서술자(narrator)를 강조하는 주네트(Gérard Genette)는 "누가 보는가 혹은 지각하는가(who sees/perceives)" 그리고 "누가 말하는가(who speaks)"를 통해 초점화를 구분하고, 이를 행위적 측면에서 지각하고, 보고하는 외부적 초점화와 의식을 다루는 반영자 모드(reflector mode)의 내부적 초점화로 설명한다.

플루더니크는, 내러티브 매개성의 본질은 매체(medium)를 통해 이야기가 전달되는 것이 아니라 서술자의 관점에 따라 이야기가 재현된다는 슈탄첼의 입장을 지지하며, 그의 이론을 확장한다. 반영자 모드 내러티브는 서술을 의식으로 대체하고, 영상적 내러티브의 매체는 주인공의 정신 뒤에 숨어있는 보이지 않는 서술자보다는 인물들의 경험에 대해 인지적으로 개념화하는 상이한 모드, 곧 말하기(telling) 대(對) 경험하기(experiencing)이다. 이러한 점은 대화적 내러티브에 바

Analyses, (The Ohio State University Press, 2010) pp. 105-133.

탕을 둔 원형적이고 따라서 인지적으로 현저하게 나타나는 감상하기(viewing)와 생각하기(reflecting)라는 틀을 추가하도록 한다. 플루더니크는 의식의 형태가 이러한 틀 안에서 내러티브 경험을 매개한다고 주장한다. 따라서 내러티브 매개성은 이야기를 담화와 연결하는 역할을 하며, 매개화 개념은 내러티브의 매개성과 초점화에 바탕을 둔다. 이러한 측면에서 매개화 개념은 내러티브성의 개념을 드러낸다.

여행 내러티브에서 이야기 층위와 담화 층위를 연결하는 내러티브의 매개성은 슈탄첼의 언어적 내러티브의 모델과 플루더니크의 '자연적' 내러티브 모델[7]에 근거한다. 플루더니크의 모델에서 초점화는 객관적 지각의 시점(point of view)보다는 주관적 정신의 측면에서 본 관점(perspective)[8]으로 이해할 수 있다. 다른 말로 하면 여행이야기 층위를 담화 층위와 연결하는 내러티브 기호는 여행자(신체), 장소(정신), 여행글쓰기(신체정신)의 삼원적 관계를 재현한다. 여행 내러티브는 여행이야기가 이미 원형(prefiguration)으로 존재한다는 점에서 허구적 내러티브와 차이가 있다. 따라서 여행 내러티브의 매개성은, 원형의 여행이야기가 담화 층위에서 어떻게 구성(configuration)되는지와 관련이 있다. 그런데 구성되는 매개화 과정은 여행자 자신의 경험과 서술의 관점을 통해 드러난다는 점에서 원형의 여행이야기는 여행자의 내러티브를 통해 재형상화(refiguration)된다. 이러한 과정은 폴 리쾨르가 『시간과 내러티브』에서 설명한 역사 내러티브와 유사한데,

---

7) 플루더니크의 '자연적' 내러티브 모델은 경험성에 기반하는 초점화를 설명한다. 그의 저서 *Towards a 'Natural' Narratology* (Routledge, 1996) 8장 참고.

8) 관점은 원래 생리학, 광학, 시각예술 연구에서 사용되었던 용어로, 종종 왜곡, 선택, 방해의 시각적 현상을 지칭하였다. 그러한 개념의 철학적 사용은 은유적인 경향을 띠며, 일반적인 인지 과정을 기술하고, 관점주의(persepectivism) 이론을 제안한다. 이 용어가 갖는 시각과 인지의 두 측면이 문학 비평이나 내러티브 이론가들에 의해 도입되었으며, 이는 재개념화 후 서술자와 인물의 주관적인 세계관에 한정되어 사용되는 경향이 있다(Surkamp 2005, 423).

역사적 인간은 내러티브의 매개성을 통해 정체성을 구성한다는 점 때문이다. 역사적 사건은 이미 존재하고 인간 의식의 외부적 현상이다. 하지만 그 속에서 행동을 한 역사적 인물은 주체적인 행동을 통해서 사건을 내러티브화하는 힘을 갖는다. 그 인물은 허구적 인물이 아니고 경험주체로서의 사회적 행위자(a social actor)로 존재했으며, 서술자인 역사가는 객관적인 관점을 가지고 역사의 이야기를 재현한다. 경험성의 내러티브 기제는 역사이야기 층위와 담화 층위를 연결한다. 다른 말로하면 경험성의 내러티브는 과거를 현재와 연결하고, 그 결과로 미래를 재형상화한다.

폴 리쾨르가 주장하는 역사 내러티브의 매개성이 역사적 인간의 내러티브적 정체성을 구성한다면, 여행 내러티브의 매개성은 개별적인 역사성을 갖는 인간이 자아-개념을 얻게 하고, 자아 정체성을 형성하게 한다. 즉, 여행 내러티브의 경험주체이자 해석 대행자인 자아가 정체성을 형성하게 되는 것이다. 여행 내러티브는 실제와 허구가 혼합되고, 경험하는 자와 서술하는 자의 관계가 혼합된 혼종적인 성격을 갖는다. 자서전적 내러티브 장르에 속하는 여행 내러티브는 내러티브세계에서 여행자의 역할에 따라 나와 타자, 그리고 나와 또 다른 나를 매개한다. 이러한 측면에서 여행 내러티브는 자기 자신을 드러내고, 타자를 재현하며, 세계에 대해 보고한다. 여행 내러티브의 매개화는 내러티브 전달을 통해 정신과 정신을 연결하며, 이런 측면에서 횡단매개성을 자질로 갖는다.

매개성(mediacy)에 관한 한 여행 내러티브 기호는 다양한 경험의 의식의 범주로 나타난다. 이는 뉴미디어 이론에서 볼터와 그루신[9]이 지적한 것과 유사하게 매개-무의식적, 매개-의식적, 그리고 매개-초월

9) Jay David Bolter and Richard Grusin, *Remediation: Understanding New Media*(The MIT Press, 1999).

적인 연결의식의 경험으로 나타난다. 여행 내러티브 기호는 정신의 과정을 재현하는 정신 기호(mental sign)이다. 이런 점에서 여행 내러티브의 매개성과 횡단매개성은 시각 기호에서 나타나는 개별적 매체의 물질성과는 구별되며, 여행 내러티브의 매개성과 횡단매개성은 논리적 관념론[10]에 기초한 정신의 기호 활동을 재현한 것으로 이해할 수 있다.

여행 내러티브는 의도를 지닌 여행이야기를 내러티브 담화의 형태로 재현한 것으로, 지표적 성격을 띠고 있다. 따라서 이야기가 전달하는 메시지가 내러티브의 매개성보다 강조되기 때문에 여행 내러티브의 매개성 혹은 형식은 의식되지 않는다. 일반적으로 산문적 장르에 속하는 글은 표현보다는 내용적 측면을 강조하기에 상대적으로 표현적 층위에서 매개성을 인식하지 못하는 경우가 발생한다. 산문 장르인 여행 내러티브는 감정이나 행동 등을 재현하는 내용적 측면이 부각되기 때문에 야콥슨의 커뮤니케이션의 모델에서 나타나는 메시지나 코드에 집중하는 시적기능이나 메타기능은 약화되고, 대신 맥락과 접촉이 중시되는 지시 기능과 관계적 기능이 강화된다. 그러한 이유로 여행 내러티브의 매개성은 마치 사진처럼 코드가 없는 것같이 인식된다.

플루더니크의 '자연적' 내러티브학('natural' narratology) 모델에서는 내러티브의 경험적 재현이 강조되며, 자연을 모방하듯이 인간의 경험을 모방한다. 앞에서 언급된 4가지(말하기, 생각하기, 감상하기, 경험하기) 인지모드 중, 대화적 내러티브에 기반을 둔 감상하기와 경험하기는 담화나 언어에 바탕을 두지 않기 때문에 내러티브와 내러티브성을 폭 넓게 이해하는 길을 열어 놓으며, 언어적 내러티브에 제한되

10) Helmut Pape, "The Logical Structure of Idealism: C. S. Peirce's Search for a Logic of Mental Processes" in *The Rule of Reason: The Philosophy of Charles Sanders Peirce*, (University of Toronto Press 1997), pp. 153-184.

어 있지 않다[11]. 플루더니크는 실제 행동과 감정, 경험을 재현하는 내러티브의 경험성을 허구성과 구별하지 않고 사용한다. 따라서 여행 내러티브의 해석은 즉각적으로 이루어진다. 즉 표층에서 여행이야기의 일차적 의미가 읽히는 것이다.

내러티브의 매개성에 대한 매개-의식적 독서 경험은 횡단적 매개성, 즉 내러티브 전달을 통해 여행이야기의 심층적 의미가 읽혀지도록 한다. 여행 내러티브의 매개성과 횡단매개성, 그리고 초점화는 여행이야기의 의미가 두 겹(일차적 의미와 이차적 의미)으로 해석되게 하면서 저자와 독자가 소통하게 만드는 요소들이다. 사유 대상으로서의 여행은, 이야기 층위와 담화 층위를 연결하여 여행 그 자체의 의미를 드러내는 여행 내러티브의 세미오시스 과정이라 할 수 있다. 이 과정에서 저자와 독자는 해석 대행자로서 참여자의 역할을 한다. 이처럼 이야기층위와 담화층위의 관계를 설명하는 여행 내러티브의 매개성, 매개화(횡단매개성), 초점화의 세 요소는 여행 내러티브의 내러티브성을 구성하는 중요한 개념들이다.

2.1. 여행 내러티브의 혼종성과 매개성

여행 내러티브의 중요한 특성 중에 하나는 혼종성이다. 혼종성이란 서로 다른 영역들이 섞여서 존재하는 양태이며, 상상과 실제의 혼합이 그 예이다. 여행 산문집에 나타나는 혼종성은 여행이야기에서 성신을 재현하는 서술자 "나"와 경험 수체인 수인공인 "나"가 내러티브

11) 플루더니크는 인간의 경험과 관련하여 내러티브성을 정의하는데, 즉 실제 삶의 경험, 세계에서 우리의 체현성에 기반 한 인지적이고 자연적인 기순적노와 관련히어 정의한다. *Towards a 'Natural' Narratology* (Routledge 1996), pp. 12-13.

세계에서 혼합되어 있다. 엄밀히 말하면 둘은 내러티브세계에 공존하며, 하나로 연합되어 있지만 서로 다른 의식의 범주에 속한 "나"이다. 또한 실제 세계에 존재하는 저자 역시 신체와 정신을 연결하는 다른 의식의 범주에 속한다. 즉 저자는 실제와 허구를 연결하는 횡단적 매개자로서의 기능을 한다. 횡단적 매개자는 여행자의 의식과 서술자의 의식을 연결하는 또 다른 메타의식이다. 이러한 메타의식, 혹은 신체와 정신을 연결하는 횡단적 매개자는 초점화(관점)를 통해 이루어진다. 메타의식은 여행자로서의 나의 의식과 서술자로서 나의 의식을 구별하며 이를 연결한다.[12)]

여행 내러티브에 나타나는 혼종성은 매개성과 횡단매개성, 그리고 초점화가 삼원적 관계로 연결되어 있음을 보여준다. 매개성이 초점화를 통해 여행이야기를 재현하지 않는다면 매개성은 그것의 의미를 잃게 되고, 또한 매개화를 통해 이야기가 체현되지 않는다면 매개성은 공허하다. 즉 여행 내러티브의 매개성은 횡단매개성(매개화)과 초점화의 두 개념과 공존하지만 본질적으로 두 개념과는 독립적으로 존재한다. 다른 말로하면 여행 내러티브의 매개성은 초점화와 횡단매개성을 위한 전제 조건이 된다. 매개성을 전제하지 않는다면, 횡단매개성은 내러티브적 전달을 할 수 없다. 마찬가지로 초점화는 매개성과 횡단매개성(매개화)의 개념 없이는 이해될 수 없다. 여행 내러티브 기호의 표상적 조건은 매개성의 자질이며 이는 매체와는 독립적으로 존재하는 내러티브 기호의 특성을 가리킨다.

허먼(David Herman)은 횡단적 매개성을 논하면서 내러티브와 매체와의 관계를 변증법적으로 설명한다. 정립(thesis)은 '내러티브는 매체 독립적이다'이고, 반정립(antithesis)은 '내러티브는 근본적으로 매

12) 퍼스는 의식과 경험을 범주화하여 세 유형으로 구분하였다(CP 7. 524-7.596).

체 종속적이다'이며, 종합(synthesis)은 '이야기의 매체 의존성은 정도의 문제이다.'13)

이러한 허먼의 설명은 설득력이 있는데, 내러티브 기호의 재현과 해석 사이에 다양한 내러티브적 상황이 존재하기 때문이다.

내러티브의 매개성은 내러티브 기호가 갖는 자질로 대상과 해석체를 연결한다. 내러티브 기호의 구성요소인 표상체, 대상, 해석체를 각각 어떻게 규정하는지에 따라 다양한 내러티브적 상황이 만들어진다. 첫째, 표상체의 모드와 관련하여, 내러티브 기호가 언어적 모드인가 아니면 시각적· 행위적 요소를 포함한 비언어적 모드인가와 관련하여 매체 의존도가 달라진다. 둘째, 재현된 대상과 관련하여, 내러티브 기호가 정신을 재현한 것인가 아니면 사회·문화적 맥락을 재현한 것인가에 따라 매체 의존도가 달라진다. 셋째, 대상의 성격과 관련하여, 대상이 내러티브 기호 속에 재현된 것인가 아니면 내러티브 기호 외부에 존재하는 가에 따라 매체 의존도가 달라질 수 있으며 이는 해석체에 영향을 미친다. 구체적으로 말하면 대상이 민담, 신화 등과 같이 플라톤적 이데아의 개념을 가진 이야기의 형태라면 그것이 어떻게 매개화되는지가 중요한 관심사이기 때문에 매체 의존도가 높아진다. 이와는 대조적으로 대상이 역사적 사건이나 인물들에 의해서 이야기의 형상(prefiguration)을 갖추고 있는 경우, 매체 의존도는 상대적으로 낮아지는 대신 초점화(관점)에의 의존도가 높아진다. 즉 역사이야기는 서술자의 의도와 관점의 차이에 따라 내러티브세계에 체현된다. 내러티브 기호가 대상과 맺는 이러한 내러티브적 상황은 내러티브와 매체와의 관계가 맥락적인 것임을 보여준다.

퍼스의 기호 이론에서 기호의 종류는 기호의 삼원적 관계를 토대로

13) "Toward a transmedial narratology" in *Narrative Across Media: The Language of Storytelling* (University of Nebraska Press, 2004), pp. 51-56.

분류된다. 첫째, 기호는 대상과의 관계에서 도상, 지표, 상징의 모드로 재현되고, 둘째, 기호는 해석체와의 관계에서 단어, 문장, 논증(텍스트)의 모드로 해석되고, 셋째, 기호는 자신과의 관계에서 자질, 개별, 법칙의 모드로 표상된다. 본질적으로 기호의 개념은 기호의 세 구성 요소인 표상체-대상-해석체 가 맺는 삼원적 관계를 통해서 성립된다. 기호는 자질, 혹은 기반을 전제로 대상과 해석체를 연결하는 매개이자 매체이다. 따라서 내러티브 기호는 대상(이야기)을 해석체(정신)와 연결하는 매개적 자질을 가진 소통의 수단이며, 대상과 해석체와의 관계를 통해 존재한다. 이러한 이유로 여행의 개념과 이것이 재현된 여행 내러티브 기호를 세미오시스 과정에서 살펴보는 것은 여행 내러티브 기호를 여행이야기와 정신과의 관계 속에서 고찰하는 것을 가능하게 한다. 그러므로 여행 내러티브 기호의 매개성은 정신과 신체, 나와 타자, 나와 세계를 연결하면서 해석 대행자로서의 자아를 구성하는 내러티브의 자질로 이해될 수 있다.

2.2. 여행 내러티브의 경험성과 횡단매개성

여행 내러티브의 또 다른 특성은 경험성이다. 여행 소설에 나타나는 내러티브는 여행자가 실제 인물이 아닌 허구적 인물이다. 실제 인물과 허구적 인물은 독자에게 미치는 효과와 반응적인 측면에서 중요한 차이를 보인다. 여행 소설의 경우, 독자는 허구와 실제를 구별하는 장르적 인식의 토대 위에 독서 행위를 하는 반면, 여행 산문집에서는 그러한 구별이 명확하지 않다. 여행 내러티브가 일인칭 관점에 기초한 경험성을 재현하기 때문이다. 여행 내러티브의 혼종성의 예에서 나타나듯이 내러티브세계에서 실제와 허구의 구별은 유의미성을 갖지 않는다. 혼종성을 통해 만들어지는 내러티브세계의 질서와 규칙을 발견하는 것이 그것보다 더 중요하다.

최근 여행 내러티브를 어떻게 읽을 것인가에 대한 관심이 증가하고 있다. 여행안내서 읽기처럼 정보적 가치를 위한 실용적 읽기가 아니라, 퍼스의 개념을 따르자면 기호적이고, 실용주의적(semiotic and pragmatic) 접근을 통한 독서 행위이다. 여행 내러티브 읽기에 대한 기호적-실용주의적 접근은 여행이야기가 내러티브 기호를 통해 어떻게 전달되는지, 내러티브 기호의 매개성, 그리고 매개화 과정에 주목하며 읽는 것이다. 이는 두 겹의 읽기가 될 것이다. 즉 여행자의 경험적 차원과 이를 서술하는 서술자의 목소리를 듣는 정신적 차원이 될 것이다. 따라서 이러한 읽기의 과정을 통해 저자와 독자의 두 정신이 만나며, 그 같은 읽기의 경험은 여행자 자신과 독자의 관점에 영향을 미친다.

소설은 허구적 인물이 겪는 단편적 사건과 인물의 행동이 내러티브 질서 속에서 일관성 있게 구축된 형식이다. 소설이 갖는 내러티브 일관성은 독자가 허구 세계에 비교적 쉽게 몰입할 수 있도록 도움을 준다. 반면 여행 산문집은 개인의 실제적인 여행 경험을 기록한 형식이다. 독자가 여행 산문집을 읽었을 때에 소설을 읽었을 때와 다르게 내러티브세계에 몰입할 수 없었다면, 그것은 저자가 구축한 내러티브세계에 독자가 반응하지 못하는 것이며, 이는 결과적으로 독자와 저자의 정신이 연결되지 못함을 의미한다. 이러한 결과는 내러티브 기호의 매개성 결여에서 비롯된 것이다. 이런 측면에서 여행 내러티브의 매개성에서 가장 중요한 것은 내러티브의 매개화 과정이라고 할 수 있다. 따라서 여행 내러티브의 저자가 이러한 매개화 과정에 관심을 기울인다면, 자신이 경험한 사건과 행동을 연대기적으로만 기록하는 것이 아니라 구성(configuration)을 통해 전체 여행 이야기를 효과적으로 재형상화(refiguration)할 수 있다. 이러한 재형상화 과정은 경험성의 재현이라고 표현될 수 있는데, 앞에서도 언급되었듯이, 이런 점에서 경험성은 허구성의 개념으로 이해할 수 있다. 이는 경험적 자료를 초점화를 통하여 재기술하는 과정이다. 내러티브세계를 잘 구축한 여행 산문집은 소설과는 달리 내러티브의 매개화 과정이 무의식적으로 매우 자연스럽게 지각되는데 왜냐하면, 여행 산문집에서의 여행 내러티브가 실제 경험담을 더욱 실재처럼 재현하고 있기 때문이다. 여행 내러티브의 경험성의 재현은 매개성보다는 매개화 과정에 관심을 갖는다. 다른 말로하면 내러티브 전달, 즉 횡단매개성이 갖는 효과를 생각하고 그것의 소통적 기능에 초점을 맞춘다는 것이다.

내러티브세계는 인간의 의식과 정신을 재현한다. 퍼스에 따르면 의식과 정신은 동의어가 아니다(드발 2013, 151-152 참고). 경험의 측면에서 보자면 의식은 느낌이고 정신은 이성, 합리적 사고와 연결된다. 퍼스의 실용주의 철학은 경험주의에 기반하고 실험 심리학을 통해 인간의 정신을 연구한다. 이런 측면에서 퍼스의 관념론은 객관적 관념론으로 이해된다. 퍼스는 인간의 정신이 시원적이라는 관점을 통해 정신이 변형된 것이 물질이라고 여긴다(드발 2016, 244). 이러한 관점은 의인관적(anthropomorphic) 사고를 가능하게 한다. 그러나 이 사고가 인간 중심적(anthropocentric)이라는 의미는 아니다. 두 개념은 연결되어 있지만 과정적 측면에서 구별된다. 따라서 의인관적 관점에서 대상을 탐구하는 것은 주체적 경험을 통해 대상을 이해하고, 메타의식을 통해 해석 대행자로서 대상을 해석하는 인간의 과학적 정신의 과정을 의미한다. 퍼스는 인간의 능력을 다음과 같이 분류한다. “인식하고, 보고, 생각하고, 욕망하고, 행하고, 즐기고 고통을 느끼며, 존중하고 사랑한다”(퍼스 1982, 8). 퍼스는, 이런 능력은 증명될 수는 없는 것이지만 실재하는 것이라고 말한다. 이러한 정신의 과정이 재현된 것이 내러티브 형식이고, 따라서 내러티브를 해석하는 것은 인간의 정신을 이해하는 방법이 된다.

본 논문에서 여행 내러티브를 실존 인물의 여행이야기를 기록하는 여행 산문집으로 제한한 이유는 여행 내러티브의 세미오시스 형식에서 인간의 정신이 재현되고 있기 때문이다. 퍼스는 의식을 세 범주로 구분하였다. 첫째, 일차성에 대한 느낌(primisense), 둘째, 이차성에 대한 의식으로 타자에 대한 느낌(altersense), 혹은 이중의식, 셋째, 삼차성에 대한 의식으로 매개의식(medisense), 혹은 배움의 의식이 그것이다(퍼스 CP 7.551). 또한 퍼스는 경험을 세 범주로 구분하였는데, 첫째, 일원적인 경험 또는 단순성, 곧 느낌의 자질에 대한 순수경험이고, 둘째, 대상의 대립 항에 대한 직접적 경험, 곧 이원적인 경험, 또는 반복이며, 셋째, 다른 가능한 경험들을 연결하는 직접적인 경험, 곧 삼원적인 경험 또는 이해가 그것이다(퍼스 CP 7.528). 인간의 경험은 규정될 수 없는 욕망의 형태일 수도, 또는 즐거움과 고통의 실존적 경험일 수도, 또는 존중하고 사랑하는 마음의 정신적 경험일 수도 있다. 상이한 범주에서의 의식과 경험을 횡단하는 경험적 주체는 경험의 재현과 해석과정을 통해 자아를 발견한다. 외부적 경험의 재현을 통한 내재화는 내러티브의 매개화, 즉 내러티브적 전달을 통해 이루어진다. 여행자의 경험은 여행 내러티브의 횡단적 매개성을 통해 드러나며, 이러한 매개화의 과정이 여행 내러티브의 세미오시스이다. 인간의 정신이 재현된 여행 내러티브는 목적론적인 세미오시스 형식을 통해 여행이 여행을 말하게 한다. 인간의 정신은 세미오시스 형식에서, 해석 내행자로서의 역할을 하는 과정에서 기호적인 자아가 형성된다. 이런 점에서 인간의 정신은 내러티브를 통해 모델링[14]이 된다고 볼 수 있다.

14) 내러티브 모델링에 관해서는 Paul Cobley, *Narrative* (Routledge 2014, Second Edition) 9장 참고.

2.3. 여행의 스토리텔링과 초점화

여행 내러티브 연구는 앞에서 지적한 바대로 두 겹의 목적을 갖는다. 한 축은 여행이라는 기호학적 사유 대상이 내러티브 기호를 통해 어떻게 재현되고 해석되는지를 고찰한다[15]. 다른 한 축은 여행 내러티브 기호를 통해 여행이야기가 어떻게 매개화되는지를 고찰한다. 즉 여행이야기를 여행 내러티브의 매개성과 횡단매개성, 그리고 초점화의 개념을 통해 살펴보고, 여행 내러티브 기호를 중재로 신체와 정신, 나와 타자가 융합되어 있음을 고찰한다.

내러티브 이론에서 초점화(focalization)는 내러티브의 일관성을 유지시키는 중요한 기제이다. 시점(point of view)이라고 표현되기도 하고, 관점(perspective)으로 이해되기도 하는 초점화의 개념은 언어 내러티브에서는 주로 서술자에 의해서, 영화에서는 카메라의 눈을 통해 이루어진다. 전자의 초점화가 내부 세계의 정신의 재현을 통해서 이루어진다면, 후자는 외부 세계의 사건이나 대상을 중립적으로 보여주면서 이루어진다.

언어적 내러티브에서 서술자의 초점화는 이야기의 내러티브적 전달의 목적과 의도가 선택되는 과정을 수반한다. 그리고 의도를 가진 이야기는 내러티브세계에 재현된다. 하지만 그러한 의도는 드러나지 않는다. 이와는 대조적으로 카메라의 시점은 잠재적 의도가 없이 현상의 단편적 이미지를 중립적으로 드러내기 때문에 내러티브세계가 구성되지 않는다. 따라서 영화 내러티브에서는 감독의 관점이 카메라의 시점에 반영된다.

---

15) 여행 개념을 다룬 연구는 "여행 내러티브에 대한 퍼스 기호학적 접근"(기호학 연구 제 45집) pp. 261-292 참고. 본 연구는 여행 개념이 자아 내러티브와 맺는 관계를, 여행 내러티브 장르를 구분하고 이를 해석하는 과정을 통해 고찰한다.

초점화는 외적 시점과 내적 관점이 융합되어 있음을 나타낸다. 즉 초점화는 동기 혹은 의도가 수반된다는 점을 함축한다. 외적 시점과 내적 관점의 관계는 사건과 행동의 비교로 이해할 수 있다. 사건(event)은 행위의 주체 없이 무엇이 일어난 것이고, 행동(action)은 행위 주체의 의지와 자발성[16]을 포함한다. 사건과 행동은 시간을 재현하는 내러티브의 기본적 요소이다. 예를 들면 사건은 상태a(물)에서 상태b(얼음)로 서술된다. 따라서 "기온이 내려가서 물이 얼음이 되었다"의 내러티브 문장이 만들어진다. 반면 행동은 행위 주체의 행동이 원인이 되어 상태a에서 상태b로 변화한다. 즉 "내가 물을 밖에 놓았더니 얼음이 되었다"의 형태가 된다. 시간을 재현하는 내러티브에서 사건과 행동의 구별은 연대기와 역사 내러티브의 차이를 만든다. 전자는 사건을 연대순으로 서술하며, 후자는 사건과 행동이 융합된 서술로서 행위주체를 매개로 사건이 설명된다. 역사 내러티브에서는 역사가의 객관적 관점을 통해 실존 인물의 행동이 서술된다. 반면 허구 내러티브에서는 허구적 인물을 통해 저자의 주관적 관점이 재현된다.

허구 내러티브에서 이야기의 의도는 서술자의 목소리에 담겨있고, 서술자의 목소리는 저자의 정신을 재현하며, 내러티브 매체를 통해 독자에게 전달된다. 따라서 초점화의 개념이 함축하고 있는 것은 내러티브의 매개성과 매체화를 통해 스토리텔러의 관점이 소통된다는 점이다. 이는 내러티브의 수사학적 측면을 드러낸다. 특히 내러티브의 수사학적 접근은 여행이야기의 스토리텔링 행위에서 명시적으로 나타난다.

내러티브세계에서 인물에 관한 한 여행 내러티브는 역사 내러티브

16) 행위주체는 경험주체를 포함하는데, 이러한 행위주체는 다시 주체와 대행자로 세분된다. 이 때 비자발성과 자발성은 주체(subject)와 대행자(agent)의 개념을 비교하는 준거가 된다.

와 허구 내러티브 중간에 위치할 것이다. 사회적 행위자로서의 역사적 인물도 아니고 상상속의 허구적 인물(어느 정도 전형화 되거나 가치가 부여가 된 인물)도 아닌, 규정되지 않은 기호적 대상으로서의 실제 인물인 "I"이다. 개별자로서의 여행자가 자신의 경험을 재현한다. 그러므로 여행 내러티브는 스토리텔러 "I"의 관점에 따라 자신을 표현하거나, 타자를 재현하거나, 세계에 대해 기술한다.

3. 여행 내러티브 장르와 해석: 일인칭 관점의 퍼스 기호학적 접근

퍼스는 과학을 체계적으로 구축하였는데 이는 생물학에서 종을 분류하는 방법과 유사하게 과학을 분류한 것이었다[17]. 그는 진리를 발견하는 이론과학을 위계적으로 다음과 같이 분류했다. 가장 상위에 수학이 존재한다. 수학은 실용적인 목적과는 무관하게 과학적 상상력과 논리를 통해 진리를 발견하는 과학이다. 그 아래 위치한 하위 과학은 철학이며, 일상에서 공통적으로 나타나는 진리를 발견한다. 철학 아래에는 특수과학이 위치하며, 이는 정신과학과 물리과학으로 세분된다. 두 과학은 각각 개별 대상으로서 물질과 정신을 연구하며 진리를 발견한다. 퍼스의 과학의 분류는 실증주의 철학자 콩트의 개념에서 빌려온 것으로, 추상적인 과학은 보다 덜 추상적인 과학 위에 위치하면서 하위 과학에 원리를 제공하고, 한편 그 과학으로부터는 자료를 제공받는다. 따라서 과학은 위계적으로 존재하며 인접한 과학과 상호의존적 관계를 맺는다.

17) 과학의 체계에 관해서는 리슈카,"과학체계에서의 기호학의 자리" 『퍼스 기호학의 이해』(이윤희 옮김, 한국외국어대학교 출판부, 2013), pp.42-51 참고.

퍼스의 과학 분류는 범주 이론에 기초한 것이다. 퍼스는 존재의 세 모드를 일차성(firstness), 이차성(secondness), 삼차성(thirdness)의 세 범주로 구분했다(퍼스 1955, 75-78). 일차성은 실증적인 자질의 가능성으로서, 그것의 주체적 존재가 다른 어떤 것에도 무관하게 실증적으로 존재하는 모드이다. 이차성은, 실제적 사실로서, 한 대상이 두 번째 대상의 상태와 관련하여 존재하는 모드이다. 실제성은 비지능적(brute)인 어떤 것이다. 거기에는 어떤 원인이 존재하지 않는다. 삼차성은, 미래에 사실들을 지배할 법칙으로서, 이차성의 미래적 사실이 특정한 일반적 성격을 띠게 될 것이라는 사실에 존재하는 모드이다(퍼스 1955, 75-77). 세 범주는 자질, 사실, 사고라는 요소로 구성되며 각각 가능성, 실제성, 논리적인 필연성(일반성)을 그것의 성질로 갖는다.

퍼스는 이러한 범주 이론에 기초하여 수학은 일차성에 속하며, 철학은 이차성에 속하고, 특수과학은 삼차성에 속한 과학으로 분류하였다. 퍼스는 과학과 과학자의 정신이 연관성을 갖는다고 말한다. 앞에서도 언급하였지만 퍼스는 우리의 의식이나 경험도 세 범주에 따라 구분된다고 설명한다. 퍼스의 범주 이론은 외부의 현상을 구분하고, 느낌과 경험의 범주적 구분을 통해 내부의 정신활동을 이해하는 틀이다. 사실의 외적 세계와 상상의 내적 세계는 퍼스의 범주 이론에 근거한 삼원적 관계를 재현한 기호를 통해 매개된다. 그러므로 세 범주는 환원될 수 없는 자질로 인해 서로 다른 영역에 속한 세계이지만 삼원적 관계를 통해 상호적으로 존재한다.

장르 개념이 문학에서 일상의 발화 장르[18]로 확장될 수 있는 것은

18) M.M. Bakhtin, *Speech Genre and Other Late Essays*, Caryl Emerson and Michael Holquist (eds.), Vern W. McGee (trans.), Austin: University of Texas Press, 1986.

외적 세계와 내적 세계가 갖는 유사성에 근거한 것이라고 볼 수 있다. 바꾸어 말하면, 일반성이 개별자에 실재한 경우라고 이해할 수 있다. 문학작품은 개별 인간의 정신이 재현된 것으로서 개별성과 일반성과의 관계를 탐구하는 대상이 된다. 그러므로 개별 문학작품을 연구한다는 것은 내러티브를 통해 재현된 개별자의 정신과 동시에 인간 일반의 정신을 해석하고 이해하는 것이다.

퍼스는 인간의 정신을 연구하는 정신과학을 셋으로 구분하는데, 법칙과학(nomological sciences), 분류과학(classificatory sciences), 기술과학(descriptive sciences)이 그것이다. 그 중 기술과학은 다시 역사, 전기, 비평으로 하위 구분된다. 여행 내러티브 연구는 인간의 욕망, 행동, 사고가 재현된 내러티브에서 정신의 과정을 탐구한다는 측면에서 기술과학에 속한다고 볼 수 있다. 여행 내러티브 연구는, 경험의 재현이라는 측면에서는 맥락적 패러다임이지만 또한 인간 정신의 재현이라는 측면에서는 인지 패러다임이라고 할 수 있다. 따라서 여행 내러티브 연구는 이 두 가지 패러다임이 융합된 것이라고 할 수 있겠다. 그러므로 여행 내러티브는 맥락적 패러다임과 인지적 패러다임이 대화하는 모델이 된다. 이러한 측면에서 여행 내러티브 장르는 역사 내러티브와 허구 내러티브 사이에 존재하는 개별자 인간의 여행 경험을 재현한 자서전적 장르이다. 본 논문에서는 퍼스 범주 이론에 기초하여 개별자 인간 "I"가 다른 범주와 맺는 관계를 고찰하며, 개별자 "I"의 정신이 다른 정신(THOU)과 소통하고 그리고 세계(IT)와의 소통 속에 객관적인 자신과 소통하는 내러티브의 횡단적 매개성을 살펴보고자 한다.

본 논문은 여행 경험의 주체이면서도 서술자이고 동시에 해석 대행자인 "I"의 삼원적 관계가 재현되는 여행 내러티브 세미오시스를 일인칭 관점(the first-person perspective)을 통해 고찰한다. 베이커

(Lynne Rudder Baker)[19]에 따르면, 두 단계의 일인칭 관점이 존재한다. 초보적 단계(rudimentary stage)와 견고한 단계(robust stage)가 그것이다. 베이커는 초보적 단계에서 견고한 단계로 발전하는 일인칭 관점을 통해 의식으로부터 자아-의식이 발전되고 그 결과 자아-개념이 형성된다고 주장한다. 일인칭 관점의 두 단계는 자연주의적 자아와 초월적인 자아의 성격을 갖는다. 자연주의적 자아는 인간중심적 관점에서 자연과 사물을 바라보고, 초월적 자아는 나와 관계 맺은 자연, 사물을 유비적 관계에 기초한 대화적 상대자로 인지하며 나와 자연, 나와 사물 사이의 경계를 횡단하고 해석하는 대행자로서의 능력을 가진다. 이런 측면에서 여행 내러티브를 자아 내러티브로 해석하는 것은 정신의 과정을 여행 내러티브의 매개를 통해 기술함으로써 퍼스의 의인관적인 객관적 관념론을 논리적(기호학적) 관념론을 통해 이해하는 것과 같다. 결과적으로 여행 내러티브의 쓰기와 읽기 행위는 자아를 이해하고 해석하는 과정이 된다.

퍼스 기호학에서 해석체 개념에는 해석 대행자로서의 인간의 정신과 신체를 가진 해석자가 융합되어 있다. 바꾸어 말하면, 경험주체로서의 신체와 이를 해석하는 정신기호가 융합되어 있다는 의미이다. 따라서 정신기호는 신체를 포함함으로써 해석체가 된다. 융합된 신체정신은 해석 대행자의 기능을 통해 다시 새로운 정신기호를 만든다. 이 과정은 반복된다. 아래 다이어그램은 메렐(Floyd Merrell)이 정신과 신체의 관계를 퍼스의 삼원적 모델에 적용해 도식화한 것을 차용한 것이다.

위의 정신과 신체의 기호학적 모델은 여행 내러티브의 장르를 분석하기 위한 세미오시스의 형식이 된다. 여행 내러티브의 세미오시스는

19) Lynne Rudder Baker, *Naturalism and the First-Person Perspective* (New York: Oxford University Press, 2013), 6장 참고.

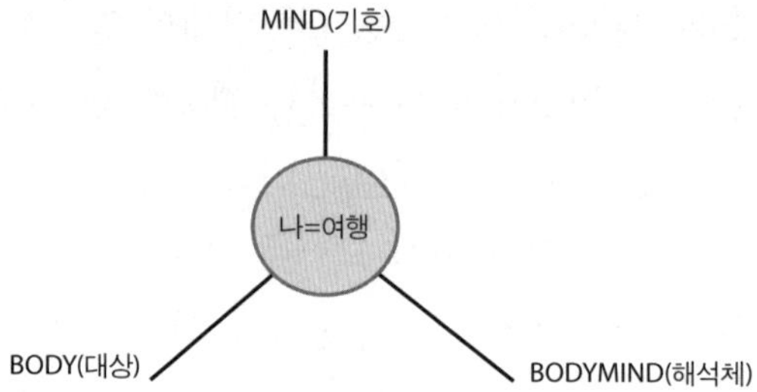

그림 1. 삼원적 상호관계성(메렐 2000, 75에서 차용)

인간의 정신이 자발적 의지를 가지고 해석 대행자로서 목적론적 해석 활동을 수행하는 탐구과정이다.

퍼스는 초기의 범주 이론[20]에서 인칭대명사를 적용하여 환원될 수 없는 세 범주의 세계에 대해 설명한다. I, THOU, IT의 세계가 그것이다. 환원될 수 없는 세 세계는 삼원적인 관계를 맺는다. "I, IT 그리고 THOU"이라는 제목의 책에서 퍼스는 이렇게 적는다. "나는 여기서 처음으로 이러한 개념의 발전에 착수한다. THOU는 그 속에 또 다른 I가 있기에 lT이다. I는 내부를 보고, IT은 외부를 보고, THOU는 *관통하여* 보는데, 외부를 보고 다시 안을 본다"(퍼스 1982, xxix). 피시(Max H. Fisch)는 이러한 퍼스의 설명에서 "처음으로 THOU는 IT을 전제하고, IT은 I를 전제한다"는 점이 분명하게 드러난다고 지적한다(퍼스 1982, xxix). 또 다른 논문[21]에서 퍼스는 세 단계가 존재한다고 언급한다. "처음에 인간이 독단적으로 '완전함(perfection)'을 상상했을 때 에고적(egotistical) 단계가 존재했었고, 지금 인간이 그것을

20) 피시(Max Fisch)는 퍼스가 1861년에 인칭대명사를 사용한 세 범주의 개념을 명시하고, 1867년에는 더 나은 용어를 발견하여, 그 이후는 사용하지 않게 되었다고 설명한다(퍼스 1982: xxx).

21) "The Place of Our Age in the History of Civilization" *Charles S. Peirce: Selected Writings(Values in a Universe of Chance)*, Phillip P. Wiener(ed.), New York: Dover Publications, pp. 3-14.

관찰할 때는 제삼자적(idistical) 단계이며, 그가 '완전함'과 가깝게 될 때, 그 이후로는 가장 영광스러운 타자적(tuistical) 단계가 될 것이다" (퍼스 1982, xxix).

퍼스의 초기 범주 이론을 여행 내러티브에 적용하면, 다음과 같이 설명될 수 있을 것이다. 즉 에고적 단계에서 "I"의 내부 세계는 THOU의 세계를 통해 알려지며, THOU에 전제된 IT을 매개로 I는 또 다른 객관적인 I가 된다. I-THOU-IT의 세 세계는 삼원적 관계 속에서 존재하며, 여행 내러티브는 이러한 범주적 관점에서 세 장르로 구분될 수 있다. "I"가 I의 자질을 드러내는 자서전적 내러티브 장르, "I"가 THOU에서 IT을 관찰하는 전기적 내러티브 장르, 그리고 "I"가 IT이 되어 객관적인 "I", 즉 자아(self)가 구성되는 자아 내러티브 장르가 그것이다. 다른 식으로 표현하면, 자서전적 내러티브 장르는 일인칭 주인공 시점으로 여행이야기가 매개화되고, 전기적 내러티브 장르는 일인칭 관찰자 시점으로 매개화되며, 자아 내러티브 장르에서는 내레이션에 의한 초점화를 통해 해석 대행자의 목소리로 매개화된다. 이는 저자의 메타의식, 즉 초월적 자아라고 할 수 있다[22]. 이런 측면에서 일인칭 관점을 통해 경험주체의 감각과 느낌, 서술자의 이중의식, 그리고 의도와 목적을 가진 메타의식을 여행 내러티브 기호에서 객관적으로 관찰할 수 있다.

일인칭 시점과 일인칭 관점은 에고가 "I" 세계에 속한다는 점에서는 유사하지만 시점은 목적과 의노가 없나는 섬에서 관점과는 다르다. 이는 'see'와 'view'의 차이로 구별할 수 있을 것이다. 혹은 카메라의 눈과 인간의 눈의 차이로 이해될 수 있다. 즉 외적 시점과 내적 관점의 구별이다. 이러한 차이는 앞으로 논의하게 될 "I"의 기능과 연관되어

22) 초월적 자아는 THOU에 전제된 IT으로서의 객관적 "I" 이며, 기호 해석 대행자로서의 역할을 한다.

있다. 자서전적 내러티브 장르에서 에고인 "I"는 주인공의 역할을 하는 경험주체(subject)로서 드러나지만, 전기적 내러티브 장르에서 에고인 "I"는 THOU속에 존재하는 또 다른 "I"인 IT을 지각하는 관찰자(observer)가 된다. 그리고 이러한 주인공과 관찰자의 대화 과정을 연결하는 "I"는 해석 대행자(interpreting agent)로서의 역할을 하는 기호학적 자아(semiotic self)이다. 일인칭 관점은 이러한 단계를 주인공에서 관찰자 그리고 둘 사이를 횡단하는 해석 대행자로 발전하는 과정을 고찰할 수 있게 한다. 궁극적으로 여행 내러티브 장르는 자아 내러티브로 귀결된다. 여행 내러티브의 매개성과 횡단매개성, 초점화의 개념을 토대로 일인칭 관점에 의해 서술된 에고의 욕망, 관찰자의 자발적인 의지와 행동, 그리고 해석대행자의 해석이 목적론적인 세미오시스를 통해 자아 내러티브 장르를 형성한다.

퍼스 기호학적 관점에서 여행의 개념은 세 모드로 재현된다.[23] 첫째, 여행이 자동사로 재현된 일원체(a monad) 모드이다. 즉 "나는 여행이다"의 형태로 나타난다. 둘째, 여행이 타동사적으로 재현되는 이원체(a dyad) 모드로서 "나는 바베이도스 섬을 여행한다"의 형태를 띤다. 세 번째, 여행이 수여동사로 재현되는 삼원체(a triad) 모드로서 "나는 너에게 여행이야기를 전달한다"로 표현된다. 각 모드에 해당하는 내러티브 문장은 나와 여행과의 관계를 드러내는 내러티브 전달을 드러낸다. 즉 "나는 여행이다"라는 은유를 통해 여행으로 대체된 나(에고)라는 대상에 대한 이해가 여행 내러티브 장르의 해석을 통해 이루어진다. 그러므로 여행 내러티브 장르의 해석은 나와 여행의 일원체가 나와 장소라는 이원체로 분화되고, 다시 나, 장소, 그리고 여행이야기라는 삼원체로서, 통합된 관계 속에서 자아를 해석하고 새롭게 이

23) 이윤희, "퍼스기호학적 접근으로 본 여행 내러티브"(『기호학 연구』 45집), pp. 261-292 참고.

해하는 과정이라고 할 수 있다.

이어지는 절에서는 여행 개념의 재현 양상에 기반을 둔 여행이야기의 스토리텔링 모드를 퍼스의 초기 범주이론을 적용하여 설명한다. 여행 내러티브 장르의 구분과 그것의 해석은 여행 글쓰기뿐만 아니라 독자의 입장에서 여행 내러티브 텍스트를 어떻게 읽을 것인지에 대해 관심을 갖게 한다. 따라서 여행 내러티브 장르와 해석은 내러티브의 수사학적 접근을 통해 이루어진다.

3.1. 자서전적 내러티브 장르

여행 내러티브는 자서전적 형식의 글이다. 일인칭 시점으로 쓰이며, 자신의 여행 경험을 말하는 경험적 내러티브이다. 소설과 같은 문학 장르에 비해 산문 형식의 여행 내러티브는 여행이야기를 전달하면서 개인의 감정, 느낌, 행동, 사고 등을 표현한다. 그러면 사적인 여행 경험담이 어떻게 여행 내러티브 기호를 매개로 소통되는가? 다르게 표현하면, 여행 내러티브 기호의 매개성이 내러티브의 수사학적 접근에서 볼 때 어떤 유의미성을 갖는가?

이 같은 질문은 여행 내러티브가 학문적인 연구대상이 될 수 있음을 시사한다. 바바라 코르테 (Barbara Korte)는 내러티브 테크닉에 관한 한 여행소설이나 여행일기 사이에는 엄밀한 구별이 없다고 지적한다. 그럼에도 자전적 기록인 여행일기는 전적으로 일인칭 시점으로 쓰여지고, '경험하는 나'와 '서술하는 나'가 연합되어 있으며 독자는 여행하는 서술자를 저자로 생각한다. 하지만 코르테는 셋을 구별해야 한다고 주장한다. 왜냐하면 다른 소설에서와 마찬가지로 일인칭 서술자는 경험하는 여행자 자신과의 특정한 거리를 만들기 때문이다(코르테 2005, 620; 이윤희2015a, 262에서 재인용).

지적하듯이, 여행자가 자신의 여행이야기를 내러티브로 재현하여 전달할 경우, 탐구의 시작은 현실과 허구 사이에 거리가 존재한다는 인식에서 출발한다. 여행이야기 자체는 실제 현실에서 가져온 내러티브 자료이다. 반면 여행 내러티브는 이러한 이야기를 담화층위에서 수사학적 접근을 통하여 전달한다.

내러티브세계는 정신과 정신이 대화하는 허구적 공간이다. 현실의 사실적 요소들은 허구 세계를 구성하기 위한 일종의 자료로서 사용된다. 여행자는 다양한 여행 경험을 자료삼아 이야기를 구성하고, 이를 경험적 차원의 담화 층위에서 재현한다. 이야기 층위에서의 여행자의 의식과 담화 층위에서의 여행자의 의식은 동일하지 않다. 하지만 실제와 허구를 경험하는 두 의식은 정신의 과정에 존재한다.

퍼스는 우리가 두 종류의 세계에 살고 있다고 말한다. 하나는 상상(fancy)의 세계이고 다른 하나는 사실(fact)의 세계이다(퍼스 1955, 87). 전자는 내적 세계로서 우리의 정신은 상상의 세계에 속하고, 후자는 외적 세계로서 우리의 몸은 사실의 세계에 속한다. 사실은 정신 과정을 통해 인식되고, 이해되며, 반대로 상상은 실제 세계에서 경험된다. 이런 측면에서 신체가 경험한 사실과 그것에 대한 상상이 만나는 공간이 여행 내러티브세계이다. 내러티브세계에서 여행자는 자신의 여행이야기의 주인공이자 동시에 이를 서술하는 서술자이다. 즉 신체와 정신이 융합되어 있다. 다른 말로 하면 신체는 경험주체로서의 여행자이며, 정신은 이를 서술하는 서술자가 된다.

사실적 요소와 허구적 요소가 혼합되는 자서전적 장르는 일원체 모드, 즉 "나는 여행이다"를 통해 해석된다. 여행자 "I"는 여행으로 대체되어 일원체가 된다. 이는 여행하는 신체와 정신이 여행 목적지를 함께 가고 있음을 함축한다. 여행의 과정 중, 길 위의 장소는 서로 다른 두 장소를 연결하며, 경계의 개념을 재현한다. "길 위"의 장소성에 대한 느낌과 반응은 여행자가 서로 다른 두 장소의 경계를 횡단하는 상상과 욕망을 재현한다. '여행에로의 초대'는 여행자 "I"가 습관과 주의력, 자아와 타자 사이를 반복적으로 여행하는 영원한 타자가 됨을 확인시킨다.

여행자 "I"의 상상속의 여행은 내러티브로 표현됨으로써 공적인 기억으로 전달된다. 즉 여행에의 욕망을 내러티브적 실천을 통해 재현한다. 여행자 자신의 여행이야기를 재현함으로써 여행자 "I"는 동시에 서술자 "I"로서 여행 충동의 근원적인 느낌과 사고를 표현한다.

자서전적 장르의 예로 정혜윤의 『스페인 야간비행』을 들 수 있다. 정혜윤의 여행 산문집은 편지글 형식으로 쓰였으며, 다른 여행 산문집에서 흔히 볼 수 있는 여행 사진이 전혀 없다. 여행자의 행동보다는 여행 장소에 대한 느낌, 감정, 생각 등을 편지의 수신인인 미스 양서류와 대화를 통해 나눈다.

> 이제 나는 너에게 포르투칼식 새해 인사를 하려고 해. 포르투칼식 새해 인사는 '새해 복 많이 받으세요'가 아니야. 새해 인사는 'Boas Entradas'야. 직역하면 좋은 입구, 좋은 입장이고, 뜻은 '잘 시작하세요' 정도야.[..]나는 해마다 너에게 포르투칼식 새해 인사를 보내고 싶어. 왜냐고? 바보! 이것이 바로 여행자의 기하학이기 때문이야. 우리를 세상에 잘 입장하게, 부드럽게 들어가게 도와주는 이야기와 사람들이 있어. 그렇게 입장해서 우연처럼 뭔가와 딱 맞닥뜨리는 순간이 있어. "저걸 봤었어야 하는데." "저걸 알았어야 하는데." "저걸 모르고 살았구나!" 그때 우리는 나름대로 명확하게 본질이라고 할 수 있는 것을 보게 되는 걸 거야. (정혜윤 2015, 259)

주인공인 여행자는 자신의 감성, 정서, 느낌을 통해 인간의 여행을 향한 충동과 욕망, 그리고 그러한 욕망과 충동이 만드는 상상을 표현한다. 이러한 측면에서 자서전적 내러티브 장르는 여행자이자 서술자인 저자 자신을 드러낸다. 하지만 동시에 개별자인 여행자의 경험담은 내러티브의 매개성을 통해 여행자의 개인적 상상과 사고 너머 인간의 일반적인 욕망, 감정, 느낌을 전달한다.

3.2. 전기적 내러티브 장르

자서전적 내러티브 장르가 주인공 시점으로 상상, 기억의 허구적 내러티브를 매개로 내 안에 나와 대화한 것이라면, 전기적 내러티브 장르는 외부 세계에 존재하는 타자 안에 잠재된 또 다른 나와 대화하는 것이라 할 수 있다. 전혀 다른 두 세계 I와 THOU의 세계가 만난다. 이때 여행의 개념은 타동사적인 이원체의 모드로 재현된다. 즉 나와 장소와의 관계를 드러내는 "나는 바베이도스 섬을 여행한다"가 된다. 자서전적 내러티브 장르의 해석에서 장소에 대한 감각이 어떤 기억, 느낌, 사고를 불러일으켜 상상과 기억 속에서 내가 나 자신과 대화하는 것이라면, 전기적 내러티브 장르에서는 낯선 장소를 관찰하고 경험하는 의식을 통해 내가 타자 속에서 또 다른 나와 대화하는 것으로 해석할 수 있다.

정신과 신체가 융합되었던 일원체는 둘로 분리되어 상호적 관계에 존재한다. 여행자 "I"는 주인공이 아니라 관찰자가 된다. 따라서 장소는 기억과 상상을 불러일으키는 자질이 아니라 지각과 관찰의 대상이 된다. 상상 속의 두 경계는 실재적이 되어 정신이 속한 "I"의 세계와 신체가 속한 "THOU"의 세계 사이의 경계가 된다. 두 세계는 상호 침투를 통해 새로운 세계를 창조한다. 관찰자의 역할을 하는 여행자는 외부 세계를 이해하기 위해 내부 세계를 들여다본다. 혹은 내부 세계를 알기 위해 외부 세계를 관찰한다.

여행자의 여행에 대한 기대, 상상, 그리고 욕망처럼 정의될 수 없는 느낌들이 현실의 여행 과정에서는 낯설고 우연한 경험으로 나타난다. 여행자는 여행 과정에서의 낯섦과 우연한 경험으로 인해 한 느낌과 다른 느낌이 만나서 형성되는 이중의식, 혹은 다자의식을 갖는다. 서술자는 이러한 관찰자의 의식을 내러티브적으로 전달한다. 따라서 주인공 시점에서 관찰자 시점으로 바뀌면서 장소성은 욕망과 충동을 재현하는 것이 아니라 낯섦을 재현하며 타자와의 대화가 이루어진다. 이러한 이중의식은 "I"의 세계가 갖는 자질인 가능성의 세계가 THOU의 세계가 갖는 자질인 실제성의 세계가 만나서 이루어지는 타자의식이다.

알랭 드 보통(Alain de Botton)의 "여행을 위한 장소들"[24]을 예로 들면, 드 보통은 한편으로는 휴게소의 장소성에 반응하며 시적 느낌을 통해 그 장소를 재현하고, 다른 한편으로는 그 장소를 통해 환기된 시인 샤를 보들레르(Charles Baudelaire 1821-1867)의 삶과 작품에 대해 말한다. 그리고 다시 자신의 이야기로 돌아와 공항, 기차 역 등의 장소를 의인화하여 관찰하다가 다시 보들레르를 숭배한 화가 에드워드 호퍼(Edward Hopper 1882-1967)를 떠올리고, 그의 삶과 작품에 대해 말한다.

드 보통, 보들레르, 호퍼, 세 사람의 대화는 휴게소, 역, 공항, 기차 등의 장소를 매개로 이루어진다. 관찰자 시점이 만드는 전기적 내러티브 장르에서는 주인공 시점의 자서전적 내러티브와는 다르게 관찰자와 서술자가 분리된 효과를 준다. 예를 들면, 드 보통은 장소의 관찰에서 보들레르와 호퍼의 재현으로 이동하며, 관찰자와 서술자가 분리되면서도 연결된다. 전체적으로 여행이야기에 관한 내러티브적 전달이 관

24) 알랭 드 보통, "여행을 위한 장소들에 대하여" 『여행의 기술』 (정영목 옮김, 청미래 2011, pp. 43-84)

찰자와 서술자의 상호적 매개를 통해 이루어진다. 이러한 상호 매개성이 이루어지기 위해서는 대화의 상대자가 각각 매개적 자질을 가지고 있어야 한다. 즉 관찰자와 서술자가 각각 개별적 자질을 가지고 있어야 한다.

관찰자가 장소의 물리적인 특성을 관찰하고, 장소가 포함하고 있는 존재의 일반적 자질을 인식할 수 있을 때, 장소를 이해하는 것이 가능해진다. 이는 관찰자와 서술자 사이의 상호적 매개를 통해 이루어진다. 따라서 장소의 관찰자는 보들레르와 호퍼를 재현하는 서술자와 대화적 관계에 있다. 이런 측면에서 보들레르와 호퍼에 대한 부분을 떼어 내어 읽게 되면, 이 책이 보들레르나 호퍼의 전기라고 착각할 정도이다. 예를 들면, 드 보통은 "길 위의 장소" 혹은 도시에도 속하지 않고 시골에도 속하지 않는 제3의 장소라고 그가 지칭하는 휴게소에서 느낀 감정과 동일하게 그러한 장소에 매료된 시인 보들레르와 화가 호퍼의 삶과 작품을 다음과 같이 재현한다.

[1] 샤를 보들레르는 1821년 파리에서 태어났다. 그는 어렸을 때부터 집에서는 불편함을 느꼈다. 그는 다섯 살에 아버지를 잃었으며, 어머니는 1년 뒤 그가 싫어하는 남자와 재혼했다. 그때부터 보들레르는 기숙사 학교들을 떠돌게 되었는데, 가는 곳마다 반항을 한다는 이유로 퇴학을 당했다.(46)

[2] 보들레르는 여행에 대한 백일몽을 그가 "시인"이라고 묘사하는 고귀한 영혼, 탐구하는 영혼의 표시라고 여겨서 귀중하게 생각했다. "시인"은 다른 땅의 한계를 잘 알면서도 고향의 지평 안에서는 만족할 수가 없었다. 그들의 기질은 희망과 절망 사이, 유치한 이상주의와 냉소주의 사이에서 진자 운동을 했다.(49)

[3] 호퍼는 1906년 스물네 살의 나이에 파리로 갔으며, 그곳에서 보들레의 시를 발견했다. 이후로 그는 평생 이 프랑스인의 작품을 읽고 암송하게 된다.

호퍼가 느낀 매력은 이해하기 어렵지 않다. 두 사람은 고독, 도시 생활, 근대성, 밤이 주는 위로, 여행과 관련된 장소에 대한 관심을 공유했다. 호퍼는 1925년에 처음으로 차를 샀다. 중고 다지 자동차였는데, 이것을 몰고 뉴욕의 집까지 갔다. 그 이후로 그는 매년 몇 달은 길 위에서 살면서 모텔 방이나 차 뒷좌석이나 야외나 식당에서 스케치를 하고 그림을 그렸다. (68)

[4]『자동 판매식 식당』은 슬픔을 그린 그림이지만 슬픈 그림은 아니다. 이 그림은 위대하고 우울한 음악작품과 같은 위력이 있다. 실내장식은 검박하지만 장소 자체는 궁색해 보이지 않는다.(72)

일인칭 관찰자 시점에서 삼인칭의 전기적 장르가 삽입되는 예와는 반대로 전기 작가가 자전적인 글의 형식을 취하는 경우가 있다. 전기 작가로 잘 알려진 리처드 홈즈(Richard Holmes)는 연구하고자 하는 인물의 삶의 흔적을 따라가는 여행을 한다.[25] 전기 작가는 머릿속으로 그를 생각하는 것이 아니라 자신이 재현하려는 인물의 삶의 흔적을 따라 그와 함께 여행하는 여행자이자 관찰자가 된다. 전기 작가 자신이 타인의 삶의 이야기를 하고, 그와의 대화를 통해 자신을 발견하는 경험을 한다. 홈즈는 전기를 쓰면서 자신과 세계를 알아간다고 증언한다.

또 다른 전기 작가로는 슈테판 츠바이크(Stefan Zweig 1881-1942)가 있다. 그가 기록하는 인물의 이야기는 허구적 인물의 이야기처럼 흥미롭다. 그 이유는 전기 작가의 목소리와 전기적 사실이 융합된 내

25) 홈즈는 *Footsteps: Adventures of romantic biographer*(1985)에서 삼인칭이 아닌 일인칭 시점으로 첫 문장을 시작한다. "All that night I heard footsteps: down by the river through the dark trees, or up on the moonlit road from Le Puy to Le Monastier"(Kindle Loc. 26). 그는 이 책에서 전기 작가와 자신이 연구하는 인물과의 관계를 여행이라는 주제를 통해 자전적 글쓰기에서 보여준다.

러티브적 전달이기 때문이다. 즉 사실적 측면만 강조된 것이 아니라 저자 자신의 생각과 가치, 감정 등이 일반적인 관점에서 함께 전달된 것이다. 그가 미완성으로 남긴 몽테뉴의 삶을 다룬 『위로하는 정신』(원제는 몽테뉴)은 극단적 이념의 사회에 살았던 츠바이크가 종교 전쟁으로 인해 동일하게 극단적인 이념의 시대를 살았던 몽테뉴와 나눈 정신적인 대화의 기록이라 할 수 있다.

3.3. 자아 내러티브 장르

여행 내러티브에서 주인공 시점과 관찰자 시점을 통해 각각 자서전적, 전기적 내러티브 장르가 형성되었다면, 자아 내러티브 장르는 여행자의 자아가 해석 대행자가 됨으로써 형성된다. 해석 대행자로서의 자아는 일반성과 필연성의 세계에 속한다. 관찰자 시점으로 형성된 전기적 장르를 해석하는 것은 타자(THOU)에 전제된 일반성(IT)을 발견하는 과정이었다. 자아 내러티브를 해석하는 것은 타자성에 전제된 일반성을 발견하고 거기에서 또 다른 자아(I)을 발견하는 과정이다. 따라서 자아 내러티브 장르는 삼원체 모드로 나타난다. 즉 "나는 여행이야기를 너에게 전달한다." 여행이야기 자체가 아니라 여행이야기를 전달하는 의도가 자아 내러티브 장르를 통해 해석된다. 그러므로 여행이야기의 수신자는 저자 자신이 된다.

경험주체로서의 주인공 시점과 관찰자 시점은 행위주체로서 기능하지만 해석 대행자는 메타 의식적 차원에 존재한다. 이 말의 의미는 메타의식이 주인공 시점의 원초적 의식과 관찰자 시점의 이중의식을 연결한다는 것이다. 해석 대행자의 의식은 자발적 의지와 의도를 가지고 이중의식을 통합하는 연결의식이다. 정신과 신체로 분리되었던 의식은 메타의식을 통해 융합된다. 여행 내러티브의 자아 내러티브 장르를 통해 여행자의 메타의식은 신체와 정신을 횡단한다.

자아 내러티브는 세 가지 성격을 갖는다. 첫째, 자아의 개념이 언어적으로 구성되며, 둘째, 사회적 자아의 진화에 관한 것이며, 셋째, 역사 내러티브와 유사한 방식으로 설명된다(이윤희 2015, 64). 언어적으로 구성된다는 말은 자아 내러티브의 횡단매개성을 통해 여행자의 자아가 해석 대행자가 된다는 의미이다. 다른 말로 하면, 여행 내러티브는 신체와 정신 사이를 횡단하며 서술된다는 의미이다. 이러한 과정에서 내러티브적 정체성, 곧 기호적 자아-정체성이 형성된다. 그리고 앞에서 살펴보았듯이 자아는 타자(장소, 사람, 자연, 문화)와의 대화적 관계를 통해 형성된다. 따라서 사회적 자아는 지속적인 세미오시스 과정을 통해 합리적 성장을 지향한다. 결론적으로 여행 내러티브는 여행이야기에 대한 자전적 기록을 통해 자신을 표현하고, 장소와 사람, 문화를 재현하며, 이를 해석함으로써 세계를 이해하는 개인의 역사 내러티브에 속한다[26].

자아 내러티브 장르를 개척한 사람은 미셸 드 몽테뉴(Michel Eyquem de Montaigne 1533-1592)이다. 그는 『수상록』에서 자신이 누군가를 알기 위해 글을 썼다고 밝힌다. 몽테뉴는 자신에 대해 관심이 많았다. 이는 자기도취적 관심이 아니라 자기 발견적 관심이다. 츠바이크는 그를 '물러섬의 대가'로 지칭하였는데, 그에게 두 번의 물러섬이 있었다고 기록한다. 첫째는 그가 37살이 되던 해에 일찌감치 공직에서 물러나 집으로 간 것이었고, 두 번째는 그가 집에서 벗어나는 것, 즉 가족이나 가족의 요구, 사업에서 물러나 자기 자신에게 산 것이었다(츠바이크 2012, 85). 츠바이크는 몽테뉴를 혼란스러운 극단

26) 톰슨(Carl Thompson)은 자기표현, 타자재현, 세계기술이 사회, 역사, 문화적 차이와는 무관하게 여행 글쓰기에서 보편적으로 나타나는 요소들이라고 말한다(*Travel Writing*, London; New York: Routledge 2011).

적 이념의 시기에 지적인 균형을 이룬 사람이라고 평가했다. 몽테뉴는 "학자처럼 정확하거나, 작가처럼 독창적이거나 시인처럼 언어가 뛰어나야 할 의무감이 없었다. 그러나 그는 문필가가 되었다"(츠바이크 2012, 87).

몽테뉴의 자아 내러티브 장르는 다음과 같이 해석될 수 있다. 그는 삶의 여행자로서 자신의 이야기에서 주인공이자 관찰자였다. 그는 사소한 일상, 사물, 동물, 자연에 관심을 갖고, 거기서 일반성(IT)을 볼 수 있는 관점을 가지고 있었다. 더 중요한 것은 그러한 일반성에서 객관적인 자아(I)을 발견할 수 있는 탐구의 정신을 가지고 있었다는 점이다. 몽테뉴는 I-THOU-IT의 삼원적 관계가 균형을 이루는 삶을 글쓰기를 통해 평생 실천하였다.

그가 이탈리아를 여행했을 때 썼던 여행일기를 바탕으로 쓴 "허영에 관하여"[27]는 본 논문이 주목하는 자아 내러티브 장르에 속한다. 그 중 몇 부분을 발췌하면 아래와 같다.

> [1] 나는 폼페이우스를 변명하고 브루투스를 옹호하기 위해서 많은 토론으로 수없이 싸웠다. 이 친밀성은 아직도 우리 사이에 계속되고 있다. 우리는 현재의 사물들도 생각으로만 파악하고 있다. 나는 나 자신을 이 세기에는 쓸모없는 인물로 보고 있기 때문에 다른 세기로 뛰어들며, 그들에게 완전히 반해서 옛날의 그 자유롭고 정의롭고 융성하던 로마에(나는 로마의 시초나 노쇠기는 좋아하지 않는다) 흥미를 느끼며 열중한다. (1108)
>
> [2] 그 때문에 나는 그들 거리와 옛 집터와 세상의 양극까지 이르는 그들의 깊은 폐허를 그렇게 자주 찾아보아도 흥미를 느끼지 않은 적이 없다. 그것을 기억해 두는 일, 권장되는 인물들이 자주 찾아다니고 살고 하던 곳인 줄을 알

27) 『몽테뉴 수상록』 제3권 9장, 손우성 옮김, 동서문화사, 2011.

아 방문할 때에, 그들의 발자취 이야기를 듣거나 작품을 읽는 것보다도 어떤 점에서 더 깊은 감명을 받는 것은 우리들의 본성이 시키는 것인가? 아니면 우리들 공상의 속임수에 의한 것인가? (1108)

[3] 우리가 보는 저 로마는 너무나 오랫동안, 그리고 많은 자격으로 우리나라의 왕실과도 동맹을 맺고 있기 때문에 사랑받을 만하다. 그것은 인류 공동의 보편적인 유일한 도시이다. (1109)

[4] 운의 쓸데없는 혜택들 중에는, 내가 최근 로마에 갔을 때에 내 속에 가꾸어지는 이 바보 같은 심정에 매우 너그러운 은혜로 수여받은 화려한 금문자(金文字)의 인장이 찍힌 정통 로마 시민증만큼 기쁜 것이 없었다. (1111)

[5] 나는 어느 시의 백성도 못 되는데, 세상에 있는 동안, 그리고 이후까지라도 가장 고귀한 도시의 시민이 된 일에 대단히 만족한다. 다른 사람들이 내가 하는 식으로 자기를 관찰한다면, 나와 함께 허황함과 부질없음으로 충만해 있는 것을 볼 것이다. 내가 그런 부질없는 것을 벗어던지기는 나 자신을 해체하지 않고는 불가능한 일이다. 우리는 이 편이나 다른 편이나 모두가 다 거기 절여져 있다. 그러나 그것을 느끼는 자들은 좀 나은 축일는지, 그 역시 모르겠다. (1112)

위의 내용을 정리하면, [1]에서는 로마에 대한 몽테뉴의 느낌, 상상, 생각, 열정이 표현되고 [2]에서는 장소에 대한 타자적인 경험이 재현되며 [3]에서는 로마라는 장소에 대한 해석이 이루어지고 [4]에서는 로마에 대한 보편적 의미가 몽테뉴에게 미치는 효과를 통해 자아에 대한 반성이 이어지며 [5]에서는 로마를 통해 자신을 관찰하고, 반성하는 자아 해석이 이루어진다.

퍼스는 I, THOU, IT, 셋 사이에 공통점이 없다고 하면서도 우리가 우리자신을 객관적으로 생각해 때만 I가 IT이 될 수 있다고 말한다 (퍼스 1982, 45). "자아-내러티브는 [...] 주제인 나(I)와 알려지는 대상인 나 자신(me)의 대화적 과정을 재현한다"(이윤희 2015, 63). 이 때 나 자신(me)은 타자인 THOU로 간주되는데, THOU가 IT을 전제하기 때문이다.

4. 결론

몇 년 전, 제임스 프레이(James Frey)라는 미국의 작가는 회고록을 통하여 많은 독자들에게 큰 감동을 안 겨 준 바 있었다. 그런데 후에 그 글이 최초에 픽션으로 출간되었다는 사실이 밝혀지면서 반대 측면에서 큰 파장을 일으킨 사례가 있었다.[28] 이 사건은 내러티브세계와 실제 세계와의 경계를 보여주는 흥미로운 예라고 할 수 있다. 일인칭으로 쓰인 "I"라는 지표기호가 인간의 정신을 모델링하고 있다는 방증이라는 점에서 그렇다. 지표기호 "I"는 그것이 가리키는 대상과 연관되어 있지 않다면, 아무 의미가 없다. 독자는 "I"의 지시대상을 확인한 후 독자로서의 자신의 위치를 설정한다. "I"가 허구적 인물로 내러티브세계에 존재하는가 아니면 실제 세계의 인물이 내러티브세계에서 표현된 것인가에 대한 전제를 바탕으로 독서 행위가 이루어진다. 독자는 이러한 전제 위에서 각각 "I"의 세계가 표현하거나 재현하는 내러티브적 질서 속에서 그 인물의 행동, 느낌, 사고, 의식을 따라가며 동일시하거나 그 인물의 행동을 판단한다. 장르는 책 내용의 형식을 말해주는 기표의 역할을 한다. 독자는 소설을 읽으면서 내러티브세계에 등장하는 허구적 인물을 실제 인물이라고 생각하지 않는다. 대신 독자는 허구적 내러티브를 통해 창조되는 허구 세계, 즉 가능성의 세

28) H. 포터 애벗. 『서사학 강의』, 우찬제 외 옮김, 문학과 지성사 2010, pp. 276-277.

계를 경험한다.

장르적 인식은 미디어 장르에서도 동일하게 나타난다. TV 프로그램을 시청할 때 우리는 시트콤을 볼 것인지, 연속극을 볼 것인지, 뉴스를 볼 것인지를 선택하는 것과 동시에 그 프로그램에 대한 장르적 인식을 한다. 따라서 시트콤에서 심각한 비극적 드라마적 요소가 연출되면, 시청자는 낯설고 불편한 느낌을 갖게 된다. 동일한 이유로 뉴스 프로그램은 사실적 요소와 드라마적 요소를 혼종적으로 사용하지 않는다. 장르적 인식은 관습적으로 굳어진 형태로 시간이 지나면서 형성된다. 문학텍스트 뿐만 아니라 발화에서도 나타나는 장르는 시간을 통해 동일한 패턴이 인지되고, 규칙성이 규범화되고 개념화되어 일종의 코드로 인식된다. 그러므로 장르 개념은 일반성과 연속성을 포함하는 시간적 요소와 연관되어 있다. 하지만 장르적 혼종성이 나타나는 경우도 종종 있는데, 낯섦과 주의력이 습관으로 인해 경직되었던 사고와 만나게 되면, 이러한 혼종성으로 인하여 이중의식을 이루게 된다. 이러한 이중의식에 대한 자각은 새로운 감각, 관점, 개념을 얻게 한다.

여행 내러티브는 자서전적이며 장르적으로 혼종적인, 산문 형태의 글로 인식된다. 자서전은 일인칭으로 쓰인 글로서 일인칭 "I"는 실존 인물을 가리킨다. 저자가 일인칭 시점으로 자신이 자신을 기록하는 내러티브이다. 저자는 지표기호 "I"를 통해 또 다른 자신을 표현하는 내러티브세계를 구성한다. 실존 인물이지만 사회적 행위자(a social actor)로서의 역할이 강조되는 역사 내러티브에서는 역사가가 인물을 삼인칭 시점을 통해 객관적으로 서술한다. 여행 내러티브에서 실존 인물 "I"는 개별적 행위자(an individual actor)로서 일인칭 시점의 내러티브 기제를 통해 저자이자 서술자에 의해 주관적으로 표현된다. 일인칭 시점이 내러티브세계에서 여행자의 시점이라면, 일인칭 관점은 실제 세계의 저자의 정신이 일인칭 시점의 내러티브세계에 재현된 것으로 볼 수 있다. 다른 말로 하면 실제 세계의 저자가 일인칭 시점을 가진 또 다른 자신을 창조함으로써 실제 세계의 나와 내러티브세계의 다른 내가 대화하는 내러티브적 상황이 만들어진다. 저자는 서술자의 '목소리'와 여행자의 '눈'을 통해 자기 자신을 상상, 관찰, 생각하는 주체로서 경험하고, 이러한 경험성을 재현하는 내러티브에서 해석 대행자로서의 자아는 자아의식을 통해 자아의 개념을 형성한다.

여행 내러티브는, 저자의 느낌, 행동, 사고를 전달하고자 하는 목적을 가지고 여행이야기를 산문적 형태의 글로써 전달한다. 일인칭 관점으로 쓰인 여행 내러티브 세미오시스는, 논리적인 정신의 과정을 통해 저자와 독자에게 영향을 미친다. 여행 내러티브 세미오시스는 나와 또 다른 나, 그리고 나와 너의 두 겹의 대화적 형식을 갖는다. 이 때 내부세계와 외부세계를 연결하는 내러티브의 매개성은 여행의 경험성이 어떻게 여행 내러티브에서 재현되는지를 고찰하게 한다. 따라서 여행 내러티브에서 나타나는 허구성(fictionality)은 경험성의 재현으로 이해된다. 이러한 경험성의 재현이 여행 내러티브가 갖는 특성인 장르적 혼종성에서 드러났다. 그것은 삼자간의 관계, 즉 경험하는 나, 서술하는 나, 저자가 맺는 관계의 재현이다.

본 논문에서는 여행 내러티브가 갖는 이러한 혼종성을 자아 내러티브 장르를 통해 고찰하였다. 내러티브의 매개성을 통해 여행자이면서 서술자를 저자 자신과 구별하여 인식하며 기록하는 과정을 세 개의 하위 장르를 통해 분석하고 해석함으로써 이를 입증하였다. 내러티브세계의 일인칭 시점을 실제 세계의 "일인칭 관점"으로 확장하여 이해하고, 여행자의 경험성을 재현한 '자연적' 내러티브를 통해 자아의 정체성이 형성되는 내러티브적 과정을 기술하였다. 따라서 여행자의 역할을 세 단계로 구분하였다. 즉 경험주체로서 자신을 표현하는 '여행자', 장소, 사람, 자연, 문화를 포함하는 타자를 재현하는 '관찰자', 그리고 의도와 목적을 향해 해석하는 '대행자'가 그것이다. 그리고 여행자의 역할에 따라 재현된 내러티브를 세 장르, 즉 자서전적, 전기적, 자아 내러티브로 구별하였는데, 이는 퍼스의 범주 개념인 I-THOU-IT에 기반을 둔 것이다. I-THOU-IT 각각은 환원될 수 없는 세계로서 삼원적 관계를 맺는다.

"I"의 세계는 가능성의 세계인데, 이는 실제 세계에 속하는 THOU와의 대화 과정을 매개로 알려지게 된다. "I"의 세계가 IT의 세계로 발전, 해석되는 과정은 일인칭 관점에서 본 여행자 "I"의 세미오시스 과정을 통해 드러난다. 이 때 여행 내러티브가 갖는 매개성, 즉 자신의 자질을 표현하는 매개성으로 인해 여행자 "I"는 타자와의 관계 속에 있을 수 있으며, 그 결과로 자아는 자아의식을 통해 또 다른 자아로 횡단하는 자아-개념을 얻게 된다. 이런 점에서 여행 내러티브의 매개성은 여행 내러티브 장르를 형성하는 밑바탕이 된다.

일인칭 관점은 자아-개념을 얻는 과정을 내러티브적 매개를 통해 보여주는 기제이다. 이러한 관점을 통해 경험적 주체는 자아를 대행자로서 볼 수 있는 토대를 마련한다. 따라서 여행자-서술자-저자는 어떤 목적과 의도를 향해 행동하는 해석 대행자로서, 행동하고 관찰하는 경험의 주체가 된다. 이런 측면에서 여행자-장소-글쓰기의 세미오시스가 여행 개념을 얻는 기호과정이라면, 여행자-서술자-저자의 여행 내러티브 세미오시스는 자아-개념을 얻는 자아 내러티브 장르의 발생 과정이 된다.

참고문헌

미셸 드 몽테뉴. 2011. "허영에 관하여", 『몽테뉴 수상록』, 손우성 옮김, 동서문화사. 1047-1114.

슈테판 츠바이크. 2012. 『위로하는 정신: 체념과 물러섬의 대가 몽테뉴』. 안인희 옮김. 유유.

알랭 드 보통. 2011. "여행을 위한 장소들에 대하여", 『여행의 기술』, 정영목 옮김, 청미래. 43-84.

이윤희a. 2015. "여행 내러티브에 대한 퍼스 기호학적 접근: 알랭 드 보통의 『여행의 기술』을 중심으로", 『기호학 연구』 45집. 261-292.

이윤희b. 2015 "사랑 개념과 자아 내러티브" 『내러티브와 자아』 세미오시스 학술총서 06, 한국외국어대학교 지식출판원. 61-95.

제임스 리슈카. 2013. 『퍼스 기호학의 이해』 이윤희 옮김, 한국외국어대학교 출판부.

정혜윤. 2015. 『스페인 야간비행』, 북노마드.

코르넬리스 드발. 2016. 『퍼스 철학의 이해』 이윤희 옮김. 한국외국어대학교 지식출판원.

H. 포터 애벗. 2010. 『서사학 강의』, 우찬제 외 옮김, 문학과 지성사.

Baker, Lynne Rudder. 2013. *Naturalism and the First-Person Perspective*. Oxford University Press.

Bakhtin, M. M. 1986. *Speech Genre and Other Late Essays*, eds. Caryl Emerson and Michael Holquist, trans, Vern W. McGee, Austin: University of Texas Press.

Barthes, Roland. 2003. "Introduction to the structural analysis of narratives" in *Semiotics* vol 3. part 5, 3. SAGE Publications.

Bolter, Jay David and Richard Grusin, 1999. *Remediation: Understanding New Media*, The MIT Press.

Cobley, Paul. 2014. *Narrative*, second edition Routledge,

Fludernik, Monika. 1996. *Towards a 'Natural' Narratology*. London and New York: Routledge.

Fludernik, Monika. 2010. "Mediacy, Mediation, and Focalization: The Squaring Terminological Circles" in *Postclassical Narratology: Approaches and Analyses*, eds. Jan Alber and Monika Fludernik, 105-133, Columbus: The Ohio State University Press.

Herman, David. 2004. "Toward a transmedial narratology" in *Narrative Across Media: The Language of Storytelling*. 51-56. Lincoln and London: University of Nebraska Press.

Herman, David. 2003. "Introduction" in *Narrative and the Cognitive Sciences*, 6-11. Stanford, California: CSLI Publications.

Holmes, Richard. 1985. *Footsteps: Adventures of Romantic Biographer. London, England*: HarperCollins.

Korte, Barbara, 2005. "Travel Narrative" in *Routledge Encyclopedia of Narrative Theory*, eds. David Herman, Manfred Jahn and Marie-Laure Ryan, 619-620. London and New York: Routledge.

Merrell, Floyd. 2000, *Change through Signs of Body, Mind, and Language*. Illinois: Waveland Press.

Pape, Helmut. 1997 "The Logical Structure of Idealism: C. S. Peirce' s Search for a Logic of Mental Processes" in *The Rule of Reason: The Philosophy of Charles Sanders Peirce*, 153-184. University of Toronto Press.

Peirce, Charles S. 1931–1966. *The Collected Papers of Charles S. Peirce*, 8 vols., eds. C. Hartshorne, P. Weiss & A. W. Burks. Cambridge: Harvard University Press. [Reference to Peirce's papers will be designated CP followed by volume and paragraph number.]

Peirce, Charles S. 1982. *Writings of Charles S. Peirce: A Chronological Edition*. vol. 1. Bloomington: Indiana University Press.

Peirce, Charles S. 1958. "The Place of Our Age in the History of Civilization" *Charles S. Peirce: Selected Writings (Values in a Universe of Chance)*, ed. Phillip P. Wiener, 3-14. New York: Dover Publications.

Peirce, Charles S. 1955. *The Philosophy of Peirce: Selected Writings*, ed. Justus Buchler, New York: Brooklyn College.

Ricoeur, Paul. 1988. *Time and narrative* vol, 3, trans, Kathleen Blamey and David Pellauer, The University of Chicago Press.

Surkamp, Carola. 2005. "Perspective" in *Routledge Encyclopedia of Narrative Theory*, eds. David Herman, Manfred Jahn and Marie-Laure Ryan, 423-425. London and New York: Routledge.

Thompson, Carl, 2011. *Travel Writing*, London; New York: Routledge.

Ryan, Marie-Laure and Jan-Noël Thon (eds.). 2014. *Storyworlds Across Media: Toward a Media-conscious Narratology*. Lincoln and London: University of Nebraska Press.

제3장

인문강좌의 발화 장르와 세미오시스

제3장 인문강좌의 발화 장르와 세미오시스

- 도스토옙스키 소설 인문강좌를 중심으로

조준래

1. 새로운 발화 장르로서의 문학 인문강좌

오늘날 대학 인문학의 학술 담론은 장르의 측면에서 지극히 단순한 구조를 드러내고 있는바, 이런 장르의 빈약함은 인문학의 창조적 힘을 제한하고 인문학을 고답적인 상태에 묶어두는 원인 중 하나가 된다. 한 해외 인문학자는 학술지에 논문과 서평 외에, 인간의 활발한 상상력을 표현하는 기타 장르들(단상, 에세이, 마니페스토, 프로그램, 아포리즘 등)이 배제되는 상황을 오늘날 인문학의 문제점으로 지적하면서[1], 창작자 주도의 완결된 지식의 형태에서 수용자 참여의 과정중심적인 공동 창작의 형태로 인문학 담론이 변화하고 있는 흐름에서 그간 학술담론에서 배제돼 온 사유의 맹아단계인 이 '미완성의' 소장르들이 생산적으로 활용될 수 있음을 상소한다.[2] 사실 인문학 교육의

1) Эпштейн, Михаил. *От знания к творчеству.* Центр гуманитарных инициатив. 2016. С.35.

2) Ibid.

혁신은 실천적 차원에서 인문학 담론의 장르를 다변화하고 확장하는 작업과 맞닿아 있지 않을까. 근래에 새롭게 등장한 인문학 담론 가운데서 특히 서양 고전 소설을 주제로 한 인문강좌는 이런 인문학 장르의 확장 시도와 무관하지 않은 것으로 보인다. 본래 특정한 전공 영역의 전문가가 다수의 청중을 대상으로 지식과 정보를 전달하는 소통의 장르[3]로서, 시간적 공간적으로 제한된 소통 참여자들과의 직접적 접촉을 통해서, 또는 책, 인터넷, TV 등의 매체를 통해 원거리의 청중을 대상으로 실현되는[4] 발화 장르로서의 강좌 자체는 새로운 담론 형식은 분명 아니다. 그러나 서양 고전 소설이라는 다루는 주제의 특수성과, 단편적 지식과 정보의 전달보다는 통찰력과 감성의 배양이라는 인문강좌로서의 목표적 특수성을 배경으로 하여 한 학기나 두 학기 동안 강의현장에서 전달된 각종 정보와 자료, 수강생들의 반응과 토론 내용 등을 현장감 있는 담론의 형태로 엮어낸 사례는 한국의 학술적 풍토에서 그리 흔치 않다. 대학 강의의 현장성 있는 내용을 책의 형태로 집필한 대표적인 예로는 수년 전 세계적으로 인기를 얻었던 마이클 샌델(Michael J. Sandel) 교수의 『정의란 무엇인가(Justice: What's the right thing to do?)』를 언급할 수 있으며, 현재 이와 유사한 형태의 저술이 한국의 지식출판계에도 속속들이 등장하고 있는 추세이다. 근래 러시아문학 전공자들 가운데 일부 역시 전통적인 텍스트 연구에서 벗어나 이런 시대적 흐름에 따르는 시도를 보여주고 있는바, 석영중 교수의 『도스토옙스키, 돈을 위해 펜을 들다』(2008), 이현우 교수의 『로쟈의 러시아 문학 강의』(2014), 오종우 교수의 『신은 우리 곁

---

3) Бурмакина, Н.Г. "Жанр лекции и его культурно обусловленная маркированность." *Вестник Ленинградского государственного университета им. А.С. Пушкина.* No.1. т.1. 2013. С.185.

4) Ibid.

에 있는가』(2011), 『무엇이 인간인가』(2016) 등이 그 대표적 사례로 꼽힐 수 있다.[5] 이들 세 저자의 공통점은 노어노문학 전공 및 비전공 학생들, 일반 청중을 대상으로 지속해 온 실제 강의 현장에서의 경험을 저술의 토대로 활용했고, 러시아 고전 소설, 특히 자칫 지엽적인 주제로 생각될 수 있는 도스토옙스키의 소설 중 일부 작품을 인문강좌의 주제로 지정했다는 점이다. 우리나라와 비슷한 사례를 해외에서도 찾을 수 있는데, 그 최초의 사례 중 하나가 소설가 블라디미르 나보코프의 도스토옙스키 강의이며,[6] 2016년에는 미국의 로버트 벨넵(Robert Belknap) 교수가 『죄와 벌』을 주제로 인문강좌를 열고 이것을 기반으로 한 강연집을 책으로 출간하기도 했다.[7]

2. 도스토옙스키 소설과 인문강좌

안락함과 쾌락의 추구. 과학만능주의 시대. 고통과 수난, 인간의 본성과 구원에 관한 도스토옙스키 소설과 오늘날 포스트모던 시대의 키워드는 명백히 부조화를 이룬다. 위 세 저자가 "선뜻 손이 가지 않을"[8] 만큼 두껍고 보기만 해도 "예상되는 심오함이 먹구름처럼 몰려"[9] 오는 도스토옙스키 소설의 독해를 강좌의 주제와 목표로 선정한 최우

5) 석영중, 『도스토옙스키, 돈을 위해 펜을 들다』(예담, 2008); 이현우, 『로쟈의 러시아 문학 강의』(현암사, 2014); 오종우(a), 『신은 우리 곁에 있는가』(예술행동, 2011); 오종우(b), 『무엇이 인간인가』(어크로스, 2016)

6) 나보코프, 블라디미르, 『나보코프의 러시아문학 강의』, 을유문화사, 2012, 191-261쪽.

7) https://bloggerskaramazov.com/2016/08/16/on-teaching-crime-and-punishment/ 검색일 2017년 2월 10일.

8) 석영중, 같은 책, 5쪽.

9) 같은 곳.

선적 동기는 공통적으로 그의 작품이 제시하는 우리 시대에 대한 예측성과 우리의 현실 감각을 일깨우는 통찰력이다. 다시 말해, 고전 작품임에도 불구하고 도스토옙스키 작품이 담고 있는 현대성과 보편성, 나아가 삶에 대한 부박한 정보를 전달하는 "힐링이나 자기계발서"나 "재테크관련 서적"이 따라오지 못하는 현대의 문제에 대한 깊이 있는 통찰을 줄 것이라는 믿음[10]이다. 위 세 저자들은 모두 본론으로 들어가기에 앞서 "고전을 읽는 힘"에 대하여 강조한다. 아울러 도스토옙스키의 소설언어가 담고 있는 다성악적 성질에 바탕을 둔 다양한 관점과 풍부한 해석의 잠재력[11] 또한 이들이 도스토옙스키의 소설을 강의의 주제로 선택한 이유이며, 이는 허구적 인물과 상황을 통해 현실과 현실 속 인간의 이해에 대한 인지적, 교육학적 효과를 "소설을 왜 읽는가?"라는 물음에 대한 답변으로 제시한 현대 소설 연구가들[12]의 입장에서 벗어나지 않는다.

"인간은 모든 고통으로부터 면제되고 심지어 죽음으로부터도 벗어나고자 합니다. 늙음이나 추함을 겪지 않아도 되는 사회를 지향합니다. 그런데 도스토옙스키가 보기에는 인류가 이런 식으로 가게 되면 인간 사회는 완전히 동물화, 가축화되고 맙니다....... 이데올로기가 사라진 시대, 이념이 무의미해지는 시대는 가축들의 유토피아와 같을 겁니다. 굳이 애써서 문학 작품을 쓰려 하지도 않을 것이고 읽으려 하지도 않을 겁니다. 나한테 뭔가 결여돼 있고, 뭔가 고통스럽고, 뭔가 알고 싶고 그래야 문학 작품을 읽고 생각하는 거니까요. 이게 도스토옙스키가 우려

10) 오종우(b), 같은 책, 102쪽; 석영중, 같은 책, 12쪽.
11) 이현우, 같은 책, 203-204쪽.
12) Peleš, Gajo, Tumačenje romana, Zagreb: Artresor, 1999, pp.310-312; Zunshine, Lisa, Why We Read Fiction: Theory of Mind and the Novel, The Ohio State Univ. Press, 2006, pp.16-17.

했던 거예요. 그래서 그는 고통이 필수적이라고 생각한 것이죠."(이현우, 2014)[13]

"도스토옙스키의 위대함은 이토록 통속적인 소재(돈-필자)로부터 세기를 뛰어넘는 철학과 사상과 예술을 빚어냈다는 것에 기인할 것이다....... 도스토옙스키는 소설에서 이 가장 강력한 힘(돈의 힘-필자)의 위력과 한계를 풀어나가는 가운데 이 문제에 대한 해답을 모색한다. 지난 몇 년 간 고려대학교에서 내 강의를 수강한 학생들은 대부분 도스토옙스키가 무척 재미있다고 했다. 심오하다든가, 커다란 의미를 주었다든가, 인생에 도움이 됐다든가, 뭐 그런 이야기가 아니라 재미있다는 것이다! 참으로 의외였다. '요즘 세상'에 그 길고 깊은 고전이 재미있다니...... 그(도스토옙스키-필자)는 부자가 되는 법, 투자에 성공하는 법, 혹은 반대로 돈에 초연하는 법을 가르쳐주는 대신 돈에 관해 생각할 기회를, 돈과 관련하여 우리가 선택할 수 있는 다양한 삶의 모델들을 제공해 준다....... 사람을 읽고 사회를 읽어내는 데 천재적이었던 이 작가는 사람의 삶에서 가장 중요한 요소 중의 하나인 돈도 정확하게 읽어냈다."(석영중, 2008)[14]

"도스토옙스키는 인간의 심연을 들춰내고 있어서 우리는 그의 작품에서 어두운 음모와 모략, 뒷골목의 음울한 풍경을 자주 만나게 된다. 그것은 비현실적인 어떤 다른 세계가 아니라 우리 인간 세상의 감춰진 뒷면이다....... 도스토옙스키의 작품들에서 우울한 모습을 보게 되는 까닭은 도스토옙스키가 인간의 고뇌와 아픔에 민감했고, 고통받고 수모를 당하는 사람들에게 깊은 연민을 느낀 작가였기 때문이다....... 도스토옙스키에게 글쓰기는 사기 수련이었다....... 그는 인간이라는 수수께끼를 풀고 세상을 알기 위해 글을 썼다. 도스토옙스키의 작품이 인간의 신비를 알려주는 까닭은 이러한 자세로 그가 글을 썼기 때문이며 인간과 삶을 사랑했고, 또한 같은 현상을 보더라도 그 의미를 더 깊고 예리하게 읽어내는 통찰력이

13) 이현우, 같은 책, 198쪽.
14) 석영중, 같은 책, 12쪽.

있었기 때문이다....... 도스토옙스키는 문학이 현실과 긴밀한 관계를 맺는다는 점을 확신했다."(오종우, 2016)[15]

위 세 저자는 공통적으로 도스토옙스키의 작품 중 『죄와 벌』과 『카라마조프가의 형제들』을 강의의 주제로 선택했지만, 강의에서 다루는 소주제와 내용에서 나름의 차이점을 보여 강의 전체의 메시지와 강조점에서 차별성을 드러낸다. 물론 논점의 대상과 견해의 차이는 강의 분량에서 차이를 드러내는 것과 관련되어 있음을 전제할 필요가 있다. 강의의 분량이 상대적으로 적은 이현우(2014)와 석영중(2008)에서는 도스토옙스키의 해당 작품에 대한 강의가 전체 강의 주제의 중심이 아닌 일부로 포함되어 있고(19세기 러시아 작가들에 대한 개괄적 강의, 돈의 주제로 살펴본 도스토옙스키의 작품 세계), 오종우(2011, 2016)의 경우에는 해당 작품을 강의의 주제로 설정했기 때문에 각 작품에 대한 강의마다 책 한 권 분량에 이른다. 분량의 차이에도 불구하고, 『죄와 벌』과 『카라마조프가의 형제들』에 대한 이들 세 저자의 강의에 대한 비교는 매우 흥미로운 사실을 보여준다.

세 저자의 강의에서 유사성과 차이를 살펴보기 위해 이를 도표로 나타내보았다. 분류 기준은 다음과 같다. 먼저 I.작품 내적 정보의 차원(텍스트 내적 차원)과 II.작품 외적 정보의 차원(메타 텍스트적 차원)으로 구분했고, 작품 내적 정보의 차원 아래 1.작품 줄거리 소개 여부, 2.본문 발췌 및 읽기 여부, 3.작품의 의미 해석 여부를 살펴보았다. 또한 작품의 의미 해석을 3-1.강연자 본인의 해석 위주 여부, 3-2.타인의 해석 인용 여부, 3-3.해당 텍스트와 도스토옙스키의 다른 작품 간의 연계된 해석 여부, 3-4.도스토옙스키의 전기적 정보와 연계된 해석

15) 오종우(b), 같은 책, 8-12, 232쪽.

여부, 3-5.한국 사회 현실과의 연관 속에서 작품 텍스트 해석 여부 등으로 세분하였다. 작품 외적 정보의 차원에서는 1.작품 텍스트의 외부 정보에 대한 소개 여부, 2.도스토옙스키의 다른 작품에 대한 언급 여부, 3.도스토옙스키의 진기적 정보 소개 여부 등으로 나눠 보았다.

『죄와 벌』에 대한 인문강좌

I	이현우(2014)	석영중(2008)	오종우(2016)
1	○	○	○
2	○[16]	○	○
3-1	○	○	○
3-2	×	○	×
3-3	×	○[17]	○
3-4	×	○[18]	×
3-5	×	×	○

『카라마조프가의 형제』에 대한 인문강좌

I	이현우(2014)	석영중(2008)	오종우(2016)
1	○	○	○
2	○	○	○
3-1	○	○	○
3-2	○	×	×
3-3	×	○	○
3-4	○	○	○[19]
3-5	×	○	○

16) 언급은 되어 있으나 분량이 적음.
17) 언급은 되어 있으나 분량이 적음.
18) 매우 강조되어 언급되어 있음.
19) 매우 강조되어 언급되어 있음.

작품 외적 정보의 차원

II	이현우(2014)	석영중(2008)	오종우(2016)
1	○	○[20]	○
2	○	○	○
3	○	○	×

위 세 저자는 공통적으로 강의 내용의 핵심과 가장 관련성이 높은 대목을 작품 속에서 발췌하여 청중에게 제시하고 해당 부분을 세밀히 읽도록 유도한다. 또한 작품 이해에 도움이 될 수 있는 작품 외적 정보나 다른 작품들의 줄거리에 대한 소개도 곁들이고 있다. 다만 다른 두 저자와 달리 오종우(2016)에서는 작가의 전기적 사실에 대한 소개가 생략되어 있고, 다른 작품들을 통한 강의 대상 작품에 대한 해석 역시 최대한 자제하고 있는 점, 그리고 강의의 많은 부분을 작품 속 상황을 오늘날 우리 사회 현실과 관련시킨 논의에 할애한다는 점이 눈에 띈다. 또한 청중에게 같이 고민하고 생각할 시간을 주려는 듯 적당한 순간에 논의를 끊고 다시 잇는, 리듬감 있고 절제된 템포의 진행이 특징이다.

위 세 저자가 제시한 강조점 및 주제는 차이를 보인다. 『죄와 벌』의 경우 이현우(2014)에서는 러시아적 사유의 특수성, 고통을 통한 구원, 삶의 변증법이 강조되었고, 석영중(2008)에서는 전체 책의 주제에 따라 돈을 동기로 하는 범죄스릴러라는 관점이 부각되었으며, 오종우(2016)에서는 인간의 신비, 고통과 공감, 정의의 전제조건으로서의 타인에 대한 공감이 중점적으로 제시됐다. 『카라마조프가의 형제』의 경우 이현우(2014)에서는 모순적이고 복잡한 인간성, 서구적 이성과 휴머니즘의 한계가, 석영중(2008)에서는 돈과 성, 돈과 자존심, 돈과 갱

20) 매우 강조되어 언급되어 있음.

생, 돈과 자유의 관계가 강조됐으며, 오종우(2016)에서는 인간 영혼의 심오함, 현실주의자의 참뜻, 세상의 정의와 신의 존재에 대한 물음, 진짜 자유와 복종의 의미가 중점적으로 언급됐다.

다음으로, 위 세 저자가 작품 텍스트에서 중점적으로 분석한 대목을 살펴보면 큰 차이를 발견할 수 있다. 『죄와 벌』의 경우 이현우(2014)에서는 1부와 3부에서 공통적으로 등장하는 주인공의 꿈 장면과 에필로그가 주요 분석 대상이 됐고, 석영중(2008)에서는 주인공의 분신관계(스비드리가일로프와 루진)와 돈의 행적, 돈과 인물들의 관계가 중점적으로 분석됐으며, 오종우(2016)에서는 1부 전체와 6부, 에필로그가 주요 분석대상이 됐다. 『카라마조프가의 형제』의 경우 이현우(2014)에서는 "대심문관의 전설"과 "러시아 수도사" 편이, 석영중(2008)에서는 3천 루블의 행방과 "대심문관의 전설"이, 오종우(2016)에서는 표도르의 살해사건, "대심문관의 전설," "러시아 수도사" 편이 각각 중점적으로 분석됐다.

『죄와 벌』에서 오종우(2016)와 이현우(2014)는 모두 1부와 에필로그의 분석에 집중하고 있으며, 1부 가운데서도 주인공이 전당포 노파의 살해 계획을 세우는 과정에서 꾸는 꿈의 내용에 대해 세밀히 분석하고 있다. 가족을 위해 나이 많은 루진과 원치 않는 결혼을 계획하는 여동생 두냐의 소식을 어머니의 편지를 통해 접한 후 주인공은 답답한 심정에 보드카를 마시고 길가 수풀에서 잠이 들고, 일곱 살 때 보았던 광경이 그의 꿈속에서 떠오른다. 이현우(2014)는 "사상이 육화된 인물을 등장시켜서 과연 현실에서는 그것이 어떻게 구현되는지 관찰해"[21] 보고, "철학적 논박을 제시하는 대신에 소설이라는 공간 속에서 시험해"[22] 보는 것이 "도스토옙스키의 소설이 소설이면서 동시

21) 이현우, 같은 책, 206쪽.
22) 같은 곳.

에 철학책이 되는 이유"[23]라고 전제하면서, 1부의 꿈 장면에 논의를 집중한다. 강연자는 1부의 이 장면을 3부 끝에 나오는, 죽지 않고 살아서 주인공을 비웃는 전당포 노파의 꿈과 연관 지으면서 이 꿈을 주인공의 자신에 대한 혐오감, 자기학대로 풀이하고, 주인공의 "자긍심이 최저로 떨어지는 지점"[24]이자 소냐와의 만남을 통해 갱생을 맞이하는 계기로 설명한다. 위의 설명이 문학적 해설로 국한되었다면, 오종우(2016)에서 강연자는 주인공의 꿈 내용을 상세하게 소개하여 인물의 갈등 상황을 설명하면서, 이성과 양심의 일체성, 현실에 대한 단순한 이론화의 위험성을 주지시키는 데까지 해석을 확장한다.

"떠들썩한 술집 입구에는 커다란 짐마차 한 대가 서 있었고, 작고 비쩍 마른 늙은 암말이 매여 있었다. 갑자기 주위가 시끌시끌해지더니 한 무리의 사람들이 술집에서 우르르 몰려나왔다. 술에 취해 얼굴이 홍당무처럼 붉어진 짐마차 주인이 다들 데려다주겠으니 타라고 소리친다....... 하나둘 마차에 올라타고 사내는 암말을 채찍으로 사정없이 내리치며 달리라고 외친다. 암말은 제대로 걷지도 못하고 그저 버둥거릴 뿐이다....... 화가 치민 사내가 채찍을 더 세차게 갈겼다. 채찍질을 견디지 못한 암말이 힘없이 뒷발길질했다....... 이번에는 주위에 있던 술꾼들까지 가세해서 암말을 향해 채찍을 휘둘렀다....... 채찍으로 성에 차지 않자 사람들은 손에 잡히는 대로 몽둥이와 쇠 지렛대를 들어 내리친다. 그때 군중 속에서 어떤 사람이 도끼로 내리찍으라고 고함을 질렀다. 눈에 핏발이 선 여윈 말은 괴롭게 숨을 몰아쉬다가 결국 쓰러져 죽고 말았다. 어린 로쟈는 그 광경을 보고 울면서 군중을 헤치고 암말에게 달려가, 숨이 끊어진 말의 피투성이 목을 끌어안았다. 그러고는 채찍을 든 사내에게 조그만 주먹을 불끈 쥐고 달려들었다. 아버지가 간신히 로쟈를 붙잡아 끌어낸다. 가슴이 죄어와서 소리를 지르려고 하다가 로쟈

23) 같은 곳.

24) 이현우, 같은 책, 211쪽.

는 꿈에서 깼다. 다수의 쾌락을 위해 죽어가는 하나의 존재. 로쟈는 암말을 가여워하며 다수의 횡포를 향해 울분을 터뜨렸다. 무자비한 폭력, 피투성이가 된 채 쓰러져 죽어가는 암말의 고통, 그 악마적인 광경에 치를 떨었다. 그러다가 로쟈는 무의식중에 노파를 제거함으로써 다들 잘 살아보겠다는 계획이 무엇이었나 하고 혼란스러웠다."[25]

강연자가 이 대목을 발췌한 이유는 갈등하는 주인공의 의식이 "기계적인 움직임" 속에서 살인을 저지르는 이성이 마비된 상태의 그의 이후의 모습과 극명하게 대조되는 '삶의 본질'을 보여주기 때문이다. 늙은 암말과 전당포 노파, 마부와 주인공 자신의 동일시는 그의 양심의 목소리뿐 아니라 이성이 올바로 작동하여 발생한 것이라는 뜻이다. 이 대목과 관련하여 강연자는 인간다움을 "머뭇거린다는 것"으로 정의한다. 회의하고 번민한다는 것은 이성이 살아있다는 증거이며 우리의 의식이 건강하다는 증거라는 뜻이다. 주인공 로쟈를 살인의 범죄로 이끈 것은 그가 미망과 착각에 빠졌기 때문이다. "로쟈는 계시를 받았다고 생각했다. 그런데 그것이 진짜 계시일까. 그는 생각을 거듭하다가 주위에서 벌어지는 일을 자기중심으로 해석한 것이다....... 그것은 세상이 자신을 중심으로 돌아간다고 여기는 것과 비슷한 일로, 자기가 신이 되는 것이다. 어떠한 일도 다 자신을 위해 벌어진다는 착각은 조심해야 한다."[26] 강연자는 작품에서 주인공이 "자기 현혹"에 빠진 뒤 "아이러니하게 기계적인 상태가 되어" 살인을 저지르는 과정을 중점적으로 설명하면서, 이성적인 태도의 중요성에 관한 논의로 옮겨간다. "이성은 사물의 이치를 생각하고 파악하는 능력으로, 인간의 중요한 속성이다. 이성은 문제를 일으키지 않는다. 문제를 낳는 것은

25) 우종우(b), 같은 책, 78-79쪽.
26) 같은 책, 83쪽.

이성이 아니라 이성을 대하는 비이성적인 태도다....... 여기서 로쟈의 기계적인 행동은 자기 판단을 이성적으로 검토하지 못하고 계시로 받아들인 결과였다."[27] 다시 말해, 강연자는 이성의 극대화가 주인공의 살인행위의 원동력으로 작용했다는 그간의 단순한 해석을 지양하고 주인공의 범죄가 오히려 이성을 격하시킴으로써 유발됐다는 새로운 해석을 제시하고 있다. 도스토옙스키는 이 작품에서 라스콜리니코프와 카테리나 이바노브나(마르멜라도프의 아내)를 통해 바람과 망상이 어떻게 인간의 이성의 정상적인 작동을 가로막는가, 또 이성에 의해 근거 지워지지 않은 사고가 얼마나 무서운 결과를 초래하는지를 지적하고 있는바,[28] 강연자는 기계적인 움직임의 상태, 안일과 자기중심적인 미몽이 잦아든 상태, 이성이 작동하지 않는 상태, 즉 인격이 사라진 상태에 대한 도스토옙스키의 경고를 좇아 안일함과 편안함을 추구하는 현대인의 삶의 방식을 비판하는 데까지 나아간다.

위 두 저자의 관심 사항 및 견해와 다르게, 석영중(2008)에서는 『죄와 벌』에서 흔히 놓치기 쉬운 부분인, 인물들을 매개하는 돈의 역할에 집중함으로써 자본주의 아래서 인간관계의 핵심적 역할을 하는 돈의 위상에 대해 강조한다. "돈은 인간관계의 근원이다"라는 부분에서 강연자는 인물들의 관계(라스콜리니코프와 전당포 노파, 라스콜리니코프와 소냐, 라스콜리니코프와 라주미힌, 라스콜리니코프와 두냐, 라스콜로니코프와 어머니, 라스콜리니코프와 포르피리, 두냐와 스비드리가일로프, 두냐와 라주미힌, 두냐와 루진, 스비드리가일로프와 그의 아내, 스비드리가일로프와 소냐, 소냐와 루진)를 성립시키는 계기가 돈임을 밝히고 이렇게 결론을 내린다. "복잡하게 얽히고설킨 인간관계의 끈인 돈을 현실에서 무시하거나 폄하할 수 없다. 이 점을 도

27) 같은 책, 85쪽.
28) 이에 대한 보다 자세한 설명은 Zunshine, Lisa, op. cit., pp.54-58을 참조하라.

스토옙스키는 누구보다도 절실하게 인식하고 있었다. 가슴 아픈 일이고 인정하기 싫은 일이지만 어쩔 수 없는 것이다....... 그는 돈이 지배하는 현실적인 관계를 그리는 한편 끊임없이 돈으로부터 자유로운 다른 관계를 꿈꾸었다."[29]

아울러, 석영중(2008)의 장점은 서로 달라 보이는 현상들 사이에서 논리적 연관성과 동일한 본질을 파악하도록 청중을 훈련시킨다는 점에 있다. 일례로 "고상한 매춘과 아주 고상한 매춘"이라는 제목이 달린 부분에서 강연자는 소냐와 두냐의 상황, 라스콜니코프의 살인을 동일한 '매춘'으로 보면서 매매의 관계로 변질된 관계와 매매에서 벗어난 순수한 관계를 서로 대조하고 있다. "소냐는 가난에 찌든 가족을 먹여 살리기 위해 거의 살신성인 수준의 매춘을 한다....... 라스콜리니코프에게 두냐는 소냐와 마찬가지로 매춘부다....... 아니, 두냐의 '매춘'은 어쩌면 소냐의 매춘보다 아주 조금 더 추한지도 모른다. 그것은 합법적인 결혼의 탈을 쓰고 있기 때문에 더 역겨운지도 모른다....... 그러나 이 소설에서 가장 무시무시한, 그리고 가장 위험한 '매춘'은 라스콜리니코프의 '매춘'이다. 그가 파는 것은 물론 육체가 아니라 영혼이다. 그는 이론을 위해, '인류'를 위해, 그리고 소냐 같은 가난의 희생자들을 위해 영혼을 판다....... 그의 매춘은 어찌 보면 가장 고상한 매춘처럼 보인다....... 『죄와 벌』의 인물들은 끊임없이 사고판다. 싸구려 옷가지부터 노동과 육체와 정신과 영혼에 이르기까지 온갖 것들을 사고판다. 이 사고파는 행위의 끝은 어디인가. 인간은 이 괴곤한 매매의 순환에서 벗어날 수 없는가."[30] 석영중(2008)의 장점은 흔히 '초인사상'이나 '사상적 살인'이라는 개념을 통해 피상적으로만 이해되어 왔던 『죄와 벌』을 동일한 자본주의 아래서 살고 있는 우리의 현실 속에 맞

29) 석영중, 같은 책, 173쪽.

30) 같은 책, 166-170쪽.

추어 직접적인 이해를 도모한다는 점에 있다.

러시아 소설가 블라디미르 나보코프가 도스토옙스키, 특히 『죄와 벌』에 대해 "감상적"[31] 주제를 위해 주인공의 살해동기의 억지성을 비롯하여 인물의 행위를 개연성이 없게 조작했으며, "책의 구조 전체를 도덕적으로, 미학적으로 허물어뜨려"[32] 버렸다는 비판과 함께, 작품의 일관성의 측면에서 에필로그가 군더더기라는 논란이 있어왔다. 따라서 위 세 저자들이 이 논란의 중심이 되는 부분을 어떻게 해석하고 있는가가 흥미롭다. 이현우(2014)는 에필로그의 기능이 선고를 받고 시베리아로 유형을 떠난 주인공이 여주인공과 타인들에 대한 자신의 오만함을 인식하고 진정한 속죄를 통해 갱생으로 나아가는 계기로 해석하면서 변증법적 과정을 통해 선으로 이르는 도스토옙스키의 논리를 강조한다. 오종우(2016)에서는 소설의 에필로그가 강의의 끝과 일치하는 점을 부각시키면서 작품에 대한 학생들의 감상을 부기해 두었다.

> "에필로그를 강의할 때 작품을 끝까지 읽은 소감을 물었다. 인간이란 자신을 포함해서 참으로 신비한 존재라는 것을 알게 되었다, 자기 안에 있어도 몰랐던 자신의 모습을 보게 되었다는 등 여러 감상이 나왔다. 가장 인상적인 소감은, 지금까지 자기는 그래도 착하게 살아왔다고 생각했는데 『죄와 벌』을 읽다보니 생각보다 졸렬한 일을 꽤 했다는 사실을 깨달았다는 거다. 참 좋은 일이다. 자신을 선하고 옳다고 여기는 것보다 어딘지 잘못한 점이 있고 옹졸했던 점도 있다고 인정하는 태도는 훨씬 가치 있는 인생을 살 수 있게 해준다."[33]

31) 나보코프, 같은 책, 201쪽.
32) 같은 책, 213쪽.
33) 오종우(b), 같은 책, 228쪽.

강연자는 청중의 이런 반응을 에필로그에 묘사된 주인공의 대폭적인 의식의 변화와 연관 짓는다. 이현우(2014)와 마찬가지로 강연자는 에필로그에 묘사된 동료 수인들로부터의 외면과 선모충에 대한 꿈, 발병과 회복을 통해 주인공이 경험하는 갑작스런 심경의 변화(타인들에 대한 우월감에서 자신을 진정한 죄인으로 인식함)를 소개하면서 도스토옙스키가 묘사한 "감염된 사람은 즉시 악령에 사로잡혀 발광"하게 하고 감염된 사람들을 "자신의 판단, 학문적 결론, 도덕적 신념, 신앙을 확고부동하게 여기"도록 만드는 "인체에 기생하는 미생물"인 선모충을 우리 시대의 병리현상과의 연관 속에서 해석한다. 주지하다시피, 『죄와 벌』과 『카라마조프가의 형제』를 잇는 매개지점은 '자기주장(самоутверждение)'의 위험성에 대한 경고, "만인은 만인에게 책임이 있다(Всяк за всё и вся в ответе)"의 명제, 타인에 대한 나의 비타산적인 헌신의 강조이다. 『죄와 벌』에서 도스토옙스키는 이 '자기주장'의 극대화를 "모두들 자기에게만 진리가 있다고 타인을 비난하며 터무니없는 적의에 사로잡혀 상대를 죽이는"[34]상태로 정의한다. 강연자는 도스토옙스키의 정의를 "자신을 강화하는 상태," 즉 "안락의 추구"라고 풀이하면서 강의의 서두에서 언급한 내용을 마지막 강의에서 다시 언급하며 강의의 전체 메시지를 다시 주지시킨다.

> "이 작품의 이야기는 '인간의 마음이 혼탁해지고 안락이야말로 인생의 핵심이라고 떠들어대는 현대의 사건, 바로 우리 시대의 사건'이다. 편안한 상태를 추구하는 안락. 안락은 자신을 강화하는 상태다....... 경쟁 강조 시대는 자기 사랑 시대로 전개될 수밖에 없다. 남보다 자신을 먼저 생각하고 더 중요하게 여기려는 자기

---

34) Достоевский Ф.М. Преступление и наказание, СПб.: Азбука, 2014, С.633, 오종우(b), 231-232쪽에서 재인용.

중심의 시대, 자기 관심에만 집중해야 한다고 강조하는 시대....... 사랑은 내가 작아지는 것이다....... 사랑하는 마음이 생긴 로쟈를 대하는 죄수들의 태도가 달라졌다. 그를 향한 적의가 사라졌다. 드디어 사람들 속으로 로쟈가 들어간 것이다. 현대는 타자가 사라져 위험하다....... 자신을 강화했더니 어리석게도 그(로쟈-필자)는 타락했고 살인까지 저질렀다....... 자유는 자기 자신이 넓어지는 것이다....... 자기 안에 속박되는 것이 역설적으로 인간의 본질을 어기는 일이다. 이제 로쟈는 자기 자신을 넘어선다....... 자기 안에 갇히지 않고 자기를 강화하지 않으면 자기가 넓어진다. 진정한 자기 긍정은 자신을 넘어서는 일이다."[35]

강연자는 도스토옙스키 연구자들 사이에서 거의 정설처럼 굳어진 에필로그에 관한 주장을 반박하며, 강의의 전반부에 중점적으로 언급했던 '정의란 무엇인가'라는 논의로 되돌아간다. 이 대목에서 강의는 수년 전 화제가 됐던 샌델 교수의 동명의 저작과의 명시적인 대화로 옮겨가는데, 이런 언급은 동시에 오늘날 도스토옙스키학에서 부각되고 있는 '공감(compassion)'과 사회적 정의의 주제와 연관되어 있다.

"거의 모든 도스토옙스키 해석자들은 『죄와 벌』의 에필로그를 소설의 리얼리즘에서 일탈한 부분이라고 설명한다. 심지어 사족처럼 필요 없는 부분이라고도 한다. 또는 작가가 의도를 강조하기 위해 무리수를 두었다고도 본다. 예술적인 유기성을 잃었다는 평가까지 나왔다. 그러나 로쟈의 갑작스러운 변화는....... 좁은 사실에서 넓은 진실로 나아가는 인간과 인생의 본질을 보여준다. 세상에는 작은 논리를 넘어선 큰 논리가 있기 때문이다....... 역경을 겪으면 다른 사람의 고통을 이해할 수 있다. 타인을 심판하는 것이 아니라 같은 인간으로서 타인의 처지에 서는 일, 그것이 공감이다. 상대에게 굴욕감을 주는 동정이나 베풂이 아니라 공감.

---

35) 오종우(b), 같은 책, 232-252쪽.

'고통을 공감하는 것(сострадание, compassion)'이 인간 존재의 유일한 법칙이라고 도스토옙스키는 『백치』에서 말한다........ 정의는 여러 사람들과 더불어 지내는 사회에서 타인의 처지를 고려해야만 가능하다. 정의를 이루려면 먼저 서로 공감해야 한다."[36]

강의 말미의 이런 언급과 관련하여 강의 전반부로 다시 돌아가서 '정의란 무엇인가'라는 주제로 강연자가 강조했던 내용을 되짚어 보자. 강연자는 주인공이 전당포를 나오면서 품는 '큰 뜻'-가난한 사람들을 이용해서 돈을 버는 거머리 같은 존재인 전당포 노파를 살해하고 '정의를 실현'하는 것-의 모순성, 그리고 주인공이 멋쟁이 신사에게 추근거림을 당하는 만취한 소녀를 구해주려다가 갑자기 마음을 바꾸는 대목의 문제성에 청중의 관심을 집중시키면서, 주인공의 생각과 닮은 공리주의 정의론의 한계를 지적하고, 나아가 "사회 현안을 해결하는 강력한 도구"[37]로 간주되는 빅데이터에 대한 맹신을 비롯하여 오늘날 민주주의 제도 내의 여러 공리주의적 발상을 비판한다. 강연자의 공리주의 비판은 마이클 샌델의 견해와 중요한 지점에서 궤를 같이하는데, 그것은 정의의 논의에서 빠질 수 없는 '인격'에 대한 태도와 관련되어 있다. 샌델의 공리주의 정의론 비판("공리주의 정의 계산법에서 개인은 모두 유사한 내용의 욕구를 갖는 욕구 주체로만 여겨지므로, 각 개인의 독특함이나 개별성은 사라진다"[38]는)은 강연자의 다음의 발언과 맞닿아 있다. 강연자는 오늘날 한국 사회의 근본적인 문제에까지 작품의 논의를 확장하고 있다.

36) 같은 책, 243-244쪽.

37) 같은 책, 63쪽.

38) 김도균, "샌델 렌즈로 한국사회 읽기," 『무엇이 정의인가?: 한국사회, <정의란 무엇인가>에 답하다』, 마티, 2011, 134쪽.

"온갖 사람들이 사는 이 세상에서는 낮은 비율의 사례는 어쩔 수 없다거나 별로 문제가 안 된다는 태도를 우리도 자주 대한다....... 공리주의로 정의를 말하는 문제가 여기에도 있다. 공리주의를 뒷받침하는 '최대 다수의 최대 행복'이라는 논리는 문장 안에 숫자가 담겨 있듯이 계산의 문제다. 그렇기 때문에 많은 사람들을 설득할 수 있어 유용하다....... 효율성과 정의가 늘 비례하지만은 않는다는 점이다........ 효율성은 배제의 원리이기 때문이다. 경제성을 높이는 데 걸림돌이 되는 것은 따돌린다. 현대 사회의 많은 갈등이 이러한 소외에 의해 발생하고 있다....... 지금 우리 사회의 갈등을 낳는 소외된 사람들의 분노는 일제강점기 이후 군사정권을 거치면서 옳은 것에 대한 논의를 미루어둔 채 효율적인 일부터 강조하고 경제정책마저 정치논리로써 풀어 나온 데서 비롯된 후유증이다....... 지난 2014년 4월 16일, 우리는 끔찍한 일을 겪었다. 세월호 침몰. 수학여행을 떠난 수많은 학생들과 선량한 시민들이 배와 함께 바다 속으로 가라앉았다. 그렇다면 범인은 누구일까. 돈이 최고라면서 더 큰 이윤을 내기 위해 무슨 일이든 마다하지 않는 우리다. 실리를 챙기는 데 심취해 있는 우리다. 운항 원칙마저 어기며 조금이라도 더 많은 화물을 싣고 날씨가 좋지 않은 상황에서 안전보다 이윤을 높이기 위해 개조한 낡은 배를 출항시킨 데에는 실리라면 무슨 일이든 마다하지 않는 우리 자신의 모습이 투영되어 있다. 선박은 원래 바다나 강을 안전하고 쉽게 건너기 위한, 즉 사람을 위한 운송수단이다. 그런 본래의 용도마저 이윤 창출을 위해 왜곡했다....... 이기는 주체와 완전히 다른 말이다. 그러나 요즘에는 서로 같은 말처럼 섞여 쓰임으로써 두 단어는 이 시대의 정신적 현상을 드러내준다."[39]

도스토엡스키의 소설은 인간의 존엄성, 인격, 자유와 공리주의적 사고방식의 모순을 주제화했다. 도스토엡스키의 작품과 위 세 강연자의 요지를 간추려보면 인문학은 인간 개개인의 우주를 헤아리는 학문이

39) 오종우(b), 같은 책, 68-106쪽.

고, 공감과 개별성에 대한 관심이 인문학의 방법론이라고 말할 수 있을 것이다.

3. 나가면서 - 소설 텍스트의 인문강좌 활용의 가치

인문학적 사유를 그 현실적 해석자를 요구하는 하나의 '악보'로 보는 한 러시아 인문학자의 견해[40]에 기대어 말하면, 소설 작품의 사상은 하나의 '악보'와 같다고 할 수 있다. 그것은 다양한 개성과 인격을 지닌 강연자들에 의한 '연주'를 필요로 하며, 이런 구체적 다양성 속에서만 존재한다. 소설이 일상적 언술에 대한 2차적 발화이듯이[41], 소설을 소재이자 주제로 하며 소설 속 세계를 청중과의 상호작용 속에서, 청중이 살아가는 시공간 속에서 새롭게 재구성하는 인문강좌 또한 소설을 1차적 발화로 사용하여 구축되는 2차적 발화 장르이다. 고차원적 발화 장르로서의 인문강좌는 소설작품을 단순히 반영하지 않고 새로운 의미적 현실을 생성한다.[42] 번역으로 말하면 과감한 의역처럼 소설작품에 대한 축자적 해석에 얽매이지 않고 사유의 고리를 무한히 확장할 수 있는 자유로움을 특징으로 하는 인문강좌의 특수성은 그 장르적 메타성에 기인한다.

"일차적인 (단순한) 발화 장르와 이차적인 (복잡한) 발화 장르 사이의 대단히

---

40) Библер В.С. *Михаил Михайлович Бахтин или поэтика культуры*. M.:Direct Media, C.293.

41) Бахтин М.М. *Эстетика словесного творчества*. М.:Искусство. 1986. CC.250-296.

42) Миловидов В.А. *Семиотика литературно-художественного дискурса*. М.:Буки Веди, 2016. С.121.

본질적인 차이에 주목하는 것이 필요하다. 이차적 (복잡한) 발화 장르-소설, 드라마, 온갖 종류의 학문적 연구물, 큰 규모의 사회평론 장르 등등-는 보다 복잡하고 비교적 더 발달하고 조직화된 문화적 소통(예술적, 과학적, 사회 정치적 소통 등)의 조건 속에서 발생한다. 그 형성 과정에서 이차적 장르는 직접적인 발화적 소통의 조건 속에서 생성된 다양한 일차적 (단순한) 장르를 자체 내로 흡수하고 가공한다. 복잡한 장르의 조직 속에 포함될 때 이런 일차적 장르는 이차적 장르 속에서 변형되고 독특한 성격을 획득한다."[43]

2차적 발화 장르로서의 인문강좌에서 발생하는 세미오시스는 강연자와 청중 사이의 소통뿐 아니라, 고전 텍스트와 청중 사이, 고전 텍스트와 오늘날 사회 현실 사이의 대화적 관계 등 다가적인 입장을 전제하는 독특한 대화 관계를 연출하며, 이런 기호학적 소통 속에서 예기치 못한 새로운 의미가 생성된다.[44]

오늘날 인문학의 지배적인 발화 장르는 무엇인가. 물리적으로 한정된 인간의 수명과 기하학적으로 증가하는 정보의 양은 서로 불균형을 이루면서 개인을 "주변의 정보적 환경에 완전하게 적응할 수 없는 불구자"[45]로 만들고 있으며, 인문학 내부에서도 이런 불균형을 일부

---

43) Бахтин. Там же. С.252.

44) "대화의 기호학적 개념은 현실적 인간들 사이의 교환에 국한되거나 심지어는 그것을 중심으로 삼지 않는다....... 문화 전반에서 언어와 같은 규칙에 지배되는 체제로부터 비롯되는 구조와, 신화처럼 규칙을 생성하는 텍스트 사이의 변증법적인 교환을 추적하는 것이 가능하다. 이와 같은 기호학적 원천과 상호작용하면서, 개인은 그 자신의 능력을 초월하게 될, 생물학이 전혀 예측하지 못할 사고와 행위의 패턴에 대해 이해할 수 있다." Bouissac, Paul, *Encyclopedia of Semiotics*, Oxford Univ. Press, 1998, p.563.

45) 엡슈테인, 미하일, 『미래 이후의 미래』. 조준래 옮김. 서울: 한울 아카데미, 2009, 62쪽.

분이나마 상쇄하고자, 축적되는 지식과 정보를 축약하고 리라이팅하는 발화 형식이 등장한 지 오래다.

> "다이제스트와 앤솔러지와 백과사전의 기능은 점점 더 커져간다....... 18-19세기의 고전 소설을 읽어본 독자의 수는 점점 더 적어지고 있다. 그들은 백과사전, 간단한 요약본, 영상 번안물 혹은 비평 논문을 통해서 그런 고전과 접하기 때문이다. 그렇다고 그런 독자만을 탓할 수도 없다. 왜냐하면 오늘날의 독자들은 실로 볼테르와 톨스토이 뿐 아니라 조이스, 프루스트, 포크너, 토마스 만, 나보코프, 마르케스, 에코까지도 알아야 하지만, 애석하게도 그들의 물리적 수명은 고작 3분의 1 또는 4분의 1만큼만 증가했기 때문이다."[46]

그러나 이런 '인볼루션'(involution)의 산물인 축약본을 마다하고 고전 소설을 원전의 형태로 읽어야 하는 이유는 "소설을 해석한다는 것은 우리가 사는 세상, 현실을 이해하는 일과 비슷"[47]하기 때문이다. 『죄와 벌』의 강의 서두에 실린 오종우 교수의 말을 다시 인용해 보기로 한다.

> "소설이라고 하면 별것 아닌 듯해도, 그 내용이 주는 감동과 의미뿐 아니라 작품을 읽어내는 행위를 바탕으로 세상과 현실을 파악하는 능력이 커진다. 소설 읽기의 가치다....... 우리 현실이 그렇듯이 단순히 한 방향으로만 의미를 전하지는 않으니까....... 고전은 끊임없이 우리를 괴롭힌다. 자꾸 생각해보라고 한다. 왜 그러는 걸까. (고전은-필자) 우선 진짜 세상을 만나게 해주고, 다음으로는 정답이 중요한 게 아니라 정답을 찾고자 하는 자세가 소중하다는 점을 알려준다....... 인공지능은 여러 데이터를 조합하고 계산해서 작동한다. 아주 편리할지도 모르겠다.......

---

46) 같은 책, 71-72쪽.
47) 오종우(b), 같은 책, 20쪽.

(그러나-필자) 그것은 사실 내 마음이 아니라 지시된 마음을 갖는 일이다."[48]

단순해 보이지만 실상은 복잡하기 그지없는 삶의 문제를 직면할 때 우리는 어떤 간명하고 확고한 처방을 그리워하며, 그런 해결책에 나의 결정을 위임하고 편안한 상태에 놓이기를 간절히 바란다. 도스토옙스키의 작품을 비롯한 고전 소설은 이런 안일함과 정지의 상태에서 우리를 끄집어낸다. 끊임없이 고민하고 망설이라고. 오늘날 고전 문학을 통한 인문강좌의 의미는 "진리는 밖에서 주어지는 것이 아니라....... 찾아가는 과정 속에서 발견"[49] 되며, 오늘날 나의 입장에서 "모든 이론과 사상이....... 새롭게 정립되어야"[50] 하기 때문이다.

48) 같은 책, 21, 237쪽.
49) 같은 책, 238쪽.
50) 같은곳.

참고문헌

김도균. "샌델 풍으로 한국사회 읽기." 『무엇이 정의인가?: 한국사회, <정의란 무엇인가>에 답하다』. 마티, 2011.

석영중. 2008. 『도스토엡스키, 돈을 위해 펜을 들다』. 예담.

엡슈테인, 미하일. 2009. 『미래 이후의 미래』. 조준래 옮김. 서울: 한울 아카데미.

오종우. 2011. 『신은 우리 곁에 있는가』. 예술행동.

오종우. 2016. 『무엇이 인간인가』. 어크로스.

이현우. 2014. 『로쟈의 러시아 문학 강의』. 현암사.

나보코프, 블라디미르. 2012. 『나보코프의 러시아문학 강의』. 이혜승 옮김. 을유문화사.

Bouissac, Paul. 1998. *Encyclopedia of Semiotics*. Oxford Univ. Press.

Laughey, Dan. 2010. *Media Studies*. Kamera Books.

Peleš, Gajo. 1999. *Tumačenje romana*. Zagreb: Artresor.

Scannell, Paddy. 2007. *Media and Communication*. Media and Communication.

Zunshine, Lisa. 2006. *Why We Read Fiction: Theory of Mind and the Novel.* The Ohio State Univ. Press.

Бахтин М.М. 1986. *Эстетика словесного творчества.* М.:Иску сство.

Библер В.С. 2013. *Михаил Михайлович Бахтин или поэтика культуры.* М.:Direct Media.

Бурмакина, Н.Г. 2013. "Жанр лекции и его культурно обус ловленная маркированность." *Вестник Ленинградского государственного университета им. А.С. Пушкина.* No.1. т.1.

Миловидов В.А. 2016. *Семиотика литературно-художественного дискурса.* М.:Буки Веди.

Эпштейн, Михаил. 2016. *От знания к творчеству.* Центр гума нитарных инициатив.

제4장

로고 스토리텔링

제4장 로고 스토리텔링

김요한

"모든 미디어는 경험을 새로운 형태로 바꾸는 적극적인 힘을 갖는 은유이다."

(맥루한)

1. 재매개와 재목적화

미디어 개념을 단순히 내용을 전달하는 기능적인 관점에서 벗어나 폭 넓게 정의하려는 시도는 맥루한에게서 뚜렷이 드러난다. 맥루한은 미디어를 "모든 인간이 지닌 재능의 심리적 또는 물리적 확장"(맥루한/피오르 2001, 26)으로 정의한다. 그에 의하면 의복은 피부의 확장, 바퀴는 발의 확장, 책은 눈의 확장, 라디오는 귀의 확장, 전기회로는 중추신경계의 확장이 되며, 따라서 중요한 미디어로 기능한다. 메시지나 정보의 전달 수단으로 보는 도구적 관점이나 문화의 공유 과정으로 보는 문화적 관점과 달리 인간의 감각과 정신, 나아가 세계와 맺는 관계 모두에 전면적인 영향을 미치는 모든 것을 미디어로 보는 것이다. 이 같은 시각에서는 인간의 감각기관이나 신체기관을 확장시켜 인간의 삶과 감각양식의 변화를 초래하는 모든 것은 미디어가 된다. 이 때 중요한 역할을 하는 것은 테크놀러지다. 인쇄 기술이나 전자 기술의 발전이 가져온 미디어의 발전이 감각기관의 확장으로 이어져 인간 삶의 시공간적 한계를 극복하는데 있어 커다란 변화를 가져오기 때문이다. 따라서 맥루한에게 있어 미디어의 실제 '메시지'는 미디어가 전달하는 '내용'이 아니라 미디어가 초래하는 인간 삶의 범위, 속도, 양식의 변화 그 자체가 된다.

이 같은 맥루한의 '기술 결정론적' 미디어 개념은 그의 이론에 영향을 받은 다수의 이론가들에 의해 새로운 반향을 얻는다. 네트워크로 묶인 디지털 미디어가 지배적인 역할을 하고 있는 현재의 미디어 환경에서는 맥루한의 이론이 어느 정도 타당성을 얻고 있는 것도 사실이다. 그 대표적인 이론가로 헤블록 E. Havelock을 들 수 있다. 헤블록은 고대 말기의 정보기술이 파피루스 두루마리에서 코덱스로 바뀌면서 변화된 텍스트의 형식(텍스트의 효과적인 2차원 표면 활용)을 언급한다. 볼터 J. D. Bolter는 전자적 글쓰기를 예로 들며 맥루한과 헤블록의 시각에 동의한다. 그에 의하면 하이퍼텍스트와 같은 전자적 글쓰기 역시 새로운 미디어 기술의 결과로 텍스트의 내용과 형식의 변화를 초래한다는 것이다. 그러면서 볼터는 '재매개 Remediaition'(볼터 2010, 36)라는 개념으로 시대에 따라 새롭게 등장하는 미디어의 특성을 설명한다.

> 재매개란 말 속에는 새로운 매체들이 앞선 매체를 대체하면서 그 매체의 글쓰기 특징들을 빌려 와서 재조직하며, 그것들의 문화적 공간을 새롭게 형성한다는 의미가 담겨 있다. 파피루스에 글을 쓰는 것은 귀뿐 아니라 눈까지 관여시키면서 단어들에 현실에 대한 다른 요구를 부여해 줌으로써 구술 커뮤니케이션을 재매개했다. (...) 재매개에는 존경과 경쟁이 함께 수반된다. 왜냐하면 새로운 매체는 이전 매체의 일부 기능들을 모방할 뿐 아니라 옛 매체를 개선해야한 한다고 주장하

기 때문이다(볼터 2010, 36).

볼터가 그루신 R. Grusin과 함께 제시한 개념인 '재매개'는 하나의 미디어가 다른 미디어의 표상 양식, 인터페이스, 사회적 인식이나 위상을 차용하거나 나아가 개선하는 미디어 논리다. 이 개념은 하나의 미디어가 고립되어 독립적으로 존재하는 것이 아니라 다른 미디어들과 계보적, 관계적 맥락 속에 있으며, 나아가 그 미디어가 존재하는 사회문화적 조건들 속에 위치하고 있음을 설명해준다(이재현 2013, 20). 때문에 재매개의 과정은 하나의 미디어가 이후 등장하는 다른 미디어와 끊임없이 서로를 지시하는 "기호의 놀이 paly of signs"(볼터/그루신 2006, 18)가 된다. 이러한 '재매개'의 개념은 볼터와 그루신이 맥루한에게서 아이디어를 가져온 것이다. 맥루한은 『미디어의 이해 Understanding the Media』에서 다음과 같이 말한다.

> 모든 미디어의 '내용'은 언제나 또 하나의 미디어라는 것을 뜻한다. 글을 쓸 경우의 내용은 스피치(speech)이고, 스피치의 내용은 씌어진 말이며, 인쇄된 것이 전신의 내용이 된다(맥루한 1997, 24).

맥루한은 시대마다 새롭게 등장하는 미디어가 발생 초기에는 내용과 형식적인 측면에서 늘 이전 미디어가 다루었던 것을 차용한다는 점을 지적한다. 글쓰기가 말을, 인쇄물이 문자를, 전보가 인쇄물을, 영화가 소설을, TV가 영화를 내용으로 다루었던 것이 그 사례인데, 이러한 미디어의 속성을 볼터와 그루신은 다시 '재목적화 repurposing'라는 개념으로 설명한다(볼터/그루신 2006, 53). 즉 한 미디어가 갖고 있는 속성을 취해 그것을 다른 미디어에서 재사용하는 것이 재목적화이며, 이 같은 속성은 영화나 게임과 같은 현대의 오락 산업에서 강하게 드러난다는 것이다. 게임은 영화의 특성을 가져오고 증강현실은 게임의 형식을 취하는데, 이것은 각각의 미디어가 자기 특성에 맞게 몰입도를 높이기 위해 이전 미디어에서 친숙한 부분들을 자연스럽게 가져오기 때문이다. 넓게 보면 재목적화는 새롭게 등장하는 미디어가 지배적인 미디어가 되기 위해 거쳐야 하는 필연적인 과정이기도 하다. 아직은 낯선 그래서 대중들에게 낯설지 않게 다가가기 위해서, 그리고 새로운 미디어에 걸맞은 새로운 내용과 형식이 개발되기 전까지 새로운 미디어는 이런 방식으로 이전 미디어의 내용과 형식을 공유한다. 예컨데 초기 영화가 잘 열려진 연극 작품들을 그대로 필름에 담았던 것, 혹은 영상에서의 장면전화효과를 연극에서 막을 이용하는 것과 같은 방식으로 표현한 것 등은 영화라는 미디어가 자리 잡는 과정에서 나타나는 불가피한 현상이었다.

재매개와 재목적화가 강하게 드러나는 지점은 이미지를 문자화하려는 노력에서다. 고대 수사학에서는 이러한 노력을 '에크프라시스 ekphrasis'라는 개념으로 설명한다. 에크프라시스는 명료한 회화적 구상성을 언어로 표현해내는 기술 또는 텍스트 장르를 말한다. 볼터는 이를 '시각 예술과 맞서려는 문자의 시도'로 정의한다(볼터 2010, 85). 시각적 이미지를 언어적으로 재현하려는 것을 말하는데, 인쇄기술의 발명 이후 언어를 통해 세계를 포착하려고 했던 지난 세기까지의 욕망[1]을 대변하는 개념으로 이해할 수 있다. 하지만 이러한 욕망

---

1) 맥루한이 말하는 '구텐베르크 은하계'를 이러한 욕망의 또 다른 표현으로 이해할 수 있을 것이다. 맥루한은 지난 500년 동안 서양에서 이룩한 문화, 예컨데 예술 분야를 비롯한 정치, 경제, 교육, 군사, 행정 시스템 등이 인쇄기술에 기반한 발전 형태임을 지적하고, 이러한 인쇄기술이 서구사회에 끼친 커다란 영향을 은유적으로 '구텐베르크 은하계'로 표현한다. 서양문화의 모든 기반이 인쇄기술 덕분에 가능해졌다는 것을 말하는 것인데, '구텐베르크 은하계'는 모든 문화적 형태를 인쇄라는 언어적 기록의 형태로 이해하고 소통시키려는 인쇄기술 이후의 문화적 의지를 대변하는 모토다.

은 시각 미디어가 지배적인 현재의 미디어 환경에서 '역 에크프라시스 reverse ekphrasis'(볼터 2010, 86)라는 역전된 형태로 나타난다. 거꾸로 언어적 이미지를 시각적으로 표현하려는 욕망이 커지고 있는 것이다. 소설의 영화화는 그 노골적인 형태이고, 최근 출간되는 젊은 작가들의 소설이 마치 영화처럼 읽히는 현상, 혹은 웹툰의 유행이나 MCN 같은 스넥 컬쳐의 장르들도 한 편으로는 역 에크프라시스의 욕망이 표출된 형태라 할 수 있다. 본 글에서는 역 에크프라시스의 관점에서 신화를 기반으로 디자인된 몇몇 로고 logo의 사례를 분석하고, 미디어로서 로고가 가지고 있는 특성을 중심으로 브랜딩의 관점에서 로고를 살펴보도록 한다.

2. 신화와 미디어

2.1. 원형 이야기로서의 신화

어원적으로 신화는 '권위 있는 말', '이야기', 혹은 '플롯'을 의미한다. 이에 따르면 신화는 일정한 플롯을 가진 서사적 구조로서 그 시작과 중간과 끝이 있다는 의미를 갖는다. 더불어 신화에는 등장인물과 함께 일정한 시공간적 배경이 나타나 이야기적 특성을 가진다. 신화는 이야기라는 것이다. 이야기로서의 신화는 '전승(구전)'이라는 특성을 갖는다. 전승되는 이야기로서의 신화는 과거와의 관계 속에서 한 세대에서 다음 세대로 그 의미를 전하면서 한 사회의 관심사와 가치를 후대에 전달하는 기능을 갖는다. 구전으로 전승된다는 것은 현대적 의미에서 특정한 저자가 불분명하다는 것을 의미한다. 저자가 불분명하기 때문에 신화는 시간이 지나면서 필연적으로 이야기의 변화를 겪는다. 오이디푸스 왕의 이야기가 소포클레스를 비롯한 여러 작가들의 작품에서 다양한 버전으로 다양하게 전해지는 것은 좋은 예이다. 다시 말해 신화를 수용하거나 배경으로 사용하는 이야기들은 서술자가 전승되는 신화의 어느 측면을 강조하는가에 따라 혹은 어떤 내용을 추가하는가에 따라 그 내용이 조금씩 혹은 상당부분 달라진다. 역으로 이야기하면 신화는 시간적으로 이후 생성되는 관련 이야기들의 원형으로 기능하면서 다양한 변용 이야기를 가능하게 한다. 여기에 신화가 가지는 이야기적 가치가 놓여있다. 최근 영화와 게임을 비롯한 다양한 문화콘텐츠산업분야에서 신화에 대한 관심이 증가하고 있는 이유는 이야기로서 신화가 지니는 이러한 이야기적 가치 때문이다.

미디어는 신화의 이야기적 가치를 높이고 실재화하는 요소다. 원형 이야기로서 신화 이야기를 변용시키는 일차적인 요인은 작가의 의도이지만, 그것을 구체화시키는 것은 작가가 사용하는 미디어다. 같은 이야기이라도 어떤 미디어를 사용하는가에 따라 그 내용과 형식이 다를 수 있다. 특정 미디어의 사용은 특정 이야기의 내용과 형식의 변화를 가져오는데, 극단적인 예로 사랑의 여신 아프로디테 Aphrodite는 PS3 게임 <God of War Ⅲ>에서 관능적인 창녀로 등장하기도 한다. 게임 <God of War Ⅲ>에서 아프로디테는 신화에서와 달리 게임 속 주인공을 침실로 유혹하는 창녀로 등장한다.[2] 이야기적인 측면에서 미디어는 원형 이야기로서의 신화 이야기를 변용시키는 데 있어 그 내용을 특정하면서 구체화시키는 역할을 한다.

이러한 맥락에서 이야기로서 신화가 가지는 가치는 원형 이야기로

---

2) <아프로디테의 방>이라는 일종의 퍼즐 형식의 게임으로 삽입된 장면에 등장하는 아프로디테는 게임의 메인 캐릭터인 크레토스를 유혹하는데, 거의 반라의 차림에 가슴이 드러나 있고, 요염한 포즈와 목소리로 영웅을 유혹하는 도발적인 모습을 보인다. 상업적인 특성이 강한 게임이 많은 소비자를 끌어들이기 위해 아프로디테를 좀 더 자극적이고 관능적으로 만든 것이다.

서 기능하는 능력이다. 반복되는 모든 이야기들의 기본 패턴으로서 신화는 추상적인 이야기 구조의 원형 형태를 제공한다. 때문에 원형 이야기로서 신화는 다음과 같은 특징을 지닌다.

- 일정한 패턴을 지니고 있는 전승되는 이야기
- 인류의 보편적 감성과 기억에 호소하며 지속적인 변용이 가능한 이야기
- 인류공동체의 무의식과 향수를 자극하는 이야기
- 다양한 미디어를 통해 전이되면서도 지속적으로 기본 스토리로 기능하는 이야기

2.2. 이야기를 변용시키는 미디어

신화는 단순히 신들의 이야기가 아니라 인간과 인간을 둘러싼 자연에 대한 이야기다. 이러한 이야기는 인간이 자신과 자신 주변의 환경을 인식하는 수단이 된다. 따라서 이야기로서의 신화는 이러한 인식의 결과를 표현하고 소통·저장하는 도구인 미디어와 밀접한 관계를 맺는다. 흥미로운 점은 신화가 미디어와 맺는 공생의 관계다.

명료한 이성으로서의 로고스 Logos와 구분되는 이야기로서의 신화 Mythos는 과학적이고 개념적인 세계상에 기초하지 않는다. 때문에 그 서술 방식은 다분히 비유적이다. 다시 말해 신화의 이야기는 비직설적이다. 예컨대, 신화는 사람을 죽이는 것이 어떤 결과를 가져오는가에 대해 법적으로 설명하지 않는다. 그 대신 살인자를 끝까지 뒤쫓는 복수의 여신 에리니에스 Erinyes에 대해 이야기한다. 신화는 사랑을 개념적으로 정의하지 않는다. 대신 사랑의 여신 아프로디테가 사랑과 관련하여 신과 인간의 운명에 개입하는 다양한 방식을 보여준다. 이 때 복수를 상징하는 복수의 여신 에리니에스와 사랑을 상징하는

사랑의 여신 아프로디테는 추상적으로 표상된다. 신화는 에리니에스와 아프로디테가 어떻게 생겼고 나이는 몇 살이고 머리 색깔은 어떤지 말하지 않는다. 그저 에리니에스는 끔찍하게 생겼고 아프로디테는 아름답게 모습이라는 정도로만 말한다. 이들이 복수와 사랑과 관련해 취하는 행동 역시 지엽적으로 특정되어 있지 않고 추상적이다. 대신 이들의 행동은 일정한 패턴을 가지고 있고 일정한 결과를 가져온다. 단순하게 이야기하면 에리니에스와 아프로디테라는 인물, 그리고 이들의 행위 자체는 그저 복수와 사랑의 표상일 뿐이다. 때문에 이들과 관련한 이야기는 후대에 전승되면서 이야기꾼들에 의해 다양한 변용이 가능하다.

이러한 맥락에서 이야기로서 신화가 가지는 가치는 그것이 원형 이야기로서 기능하는 능력이다. 반복되는 모든 이야기들의 기본 패턴으로서 신화, 그 패턴이 모티프이던 테마이던, 혹은 플롯이던 간에 신화는 추상적인 이야기 구조의 원형 형태를 제공한다. 원형 이야기로서 신화가 지니는 이러한 특성 때문에 신화를 기반으로 또 다른 이야기를 만들고자 할 때 작가가 개입할 공간은 크다. 일차적으로는 작가의 의도에 의해, 그리고 다음으로는 작가가 선택한 미디어에 따라서 원형 이야기로서의 신화는 필연적으로 변용된다. 추상적인 이야기를 구체화시키는 과정에서 원형 이야기의 내용과 형식은 변화된다. 이 때 미디어가 작가의 의도를 구체화시켜주는 중요한 도구로 기능한다. 어떤 미디어를 사용하는가에 따라서도 작가의 의도에 따른 원형 이야기의 변용은 다양하게 나타난다(김요한 2016). 이 때 미디어는 자신의 특성에 따라 원형 이야기를 변용시키며 변용된 이야기를 실제화시키고 구체화시키는 핵심적인 요소가 된다.

3. 미디어로서의 로고

사전적으로 로고 logo는 상품이나 상업 단체, 회사 등의 조직에 적용되는 시각 디자인을 말한다. 좁은 의미에서 로고는 로고타이프 logotype의 약자로 회사나 제품의 이름이 독특하게 드러나도록 만들어 상표처럼 사용되는 디자인화 된 글자체를 의미한다. 좀 더 넓은 의미에서는 그림 같은 시각적인 이미지도 로고 개념으로 이해되는데, 로고를 사용하는 목적은 소비자들이 상품을 잘 인식하도록 하거나 공공의 목적으로 정책 등을 널리 알리는 데에 필요한 광고나 홍보의 효과를 높이는 데에 있다. 말하자면 특정한 상표나 브랜드를 표기할 때 그 이름 을 시각적으로 디자인한 것이 로고라 할 수 있다.[3] 로고를 사용함으로써 해당 상표나 브랜드는 동종의 다른 제품 혹은 재화와 차별화를 가져올 수 있고, 자신만의 특성이나 정체성을 소비자에게 보여줄 수 있다.

상업적으로 로고 사용이 중요한 이유는 브랜딩의 관점에서 로고가 브랜드 아이덴티티를 대표한다는 점에서다. 브랜드 아이덴티티는 기업이 소비자로부터 자사 브랜드에 대해 기대하는 연상들이다. 브랜드 아이덴티티를 수립한다는 것은 소비자게에 자사 브랜드에 대하여 궁극적으로 어떤 이미지를 각인시킬 것인가를 결정하는 것이다.(최원주, 2014, 22) 이러한 브랜드 아이덴티티를 소비자가 처음으로 인지하는 접점이 로고라는 측면에서 로고의 역할이 중요하다. 앞서 언급했듯이 로고는 어원적으로 logotype을 줄인 말로 원래 '말의 형태'를 의미한다. 다시 말하면 로고는 "형태를 부여받은 이름, 즉 시각적으로 만들어진 이름"(매튜 힐리, 2009, 90)이다. 로고를 통해 소비자들은 특정 브

---

3) Wikipedia 참조, https://en.wikipedia.org/wiki/Logo

랜드와 관련된 경험을 떠올리게 되고 경쟁 브랜드들과의 차별화를 인식한다. 더불어 특정 브랜드를 소유한 회사가 의도한 연상 작용과 정서적 반응을 떠올리게 된다. 따라서 로고는 소비자의 마음속에서 의미 있는 상징[4]으로 인식된다. 그런데 로고가 '의미 있는 상징'이 되려면 그 안에 일정한 스토리가 있어야 한다. 스토리를 통해 특정한 이미지를 만들어내고, 그러한 이미지가 제품의 특성과 이상적으로 결합될 때 인상적인 로고로 기능할 수 있다. 이러한 로고는 거의 모든 형태로 만들어질 수 있다. 어떤 로고는 단어로만 이루어져 있는 반면 어떤 로고는 문자가 없는 심벌의 형태를 띤다. 상당수의 로고는 문자와 심벌 둘 다를 결합한 형태이며, 쓰임새에 따라 형태나 생각에서 다양한 변형이 가능하다. 중요한 것은 소비자가 로고를 인식하고 회사가 의도하는 느낌을 받을 수 있는가 하는 점이다.

그림 1. 심벌 로고　　그림 2. 문자 로고　　그림 3. 심벌+문자 로고

로고는 브랜딩의 관점에서 뿐만 아니라 미디어적인 측면에서 고찰될 수 있다. 그 이유는 로고가 앞서 언급한 '재매개'와 '재목적화'의 개념에서 분석될 수 있기 때문이다. 특히 그 가운데서도 서양 문화권에서 신화를 기반으로 디자인된 로고는 원래 언어적으로 재현된 이미지

4) 의미 있는 상징으로서의 로고의 대표적인 형태로 국기를 예로 들 수 있다.

(스토리)를 시각적으로 표상(재현)하고 있다는 점에서 관심을 환기시킨다. 커피 브랜드인 스타벅스 Starbucks의 로고와 패션 브랜드인 베르사체 Versace의 로고는 그리스 신화에 등장하는 대표적인 괴물인 '세이렌 Seiren'과 '메두사 Medusa' 이야기를 모티프로 하고 있는데, 각각 원래의 이야기가 가지고 있는 이미지의 특정 부분을 로고 사용을 목적으로 시각적으로 차용하거나 변용시킨다. 스포츠 용품 브랜드인 나이키 Nike의 로고는 승리의 여신인 '니케 Nike'를, 란제리 브랜드인 비너스는 아름다움의 여신 '아프로디테 Aphrodite'를 모티프로 가져온다. 이들 로고들은 '상업화' 혹은 '브랜딩'이라는 목적을 위해 원래의 이야기를 시각적으로 재사용한, 다시 말하면 '재목적화'된 미디어라 할 수 있는데, 이와 관련하여 관련 로고를 스토리텔링의 관점에서 살펴보도록 한다.

3.1. 스타벅스의 로고 세이렌

그리스 신화에 등장하는 세이렌은 몸집은 작지만 노래로 사람을 죽음에 이르게 하는 괴물이다. 강의 신 아킬로오스 Achelous와 뮤즈 Muse의 여신 스테로페 Sterope의 딸로 상반신은 여자 하반신은 새의 모습을 하고 있고 날카로운 발톱과 날개를 가지고 있는 바다 괴물이다. 아름다운 노래를 불러 뱃사람을 자신이 살고 있는 섬으로 유혹해 죽이는 것이 특징이다. 주로 여럿이 몰려다니기 때문에 복수형인 '세이레네스 Seirens'라고 불리기도 한다. 때문에 세이렌은 여느 괴물들과 마찬가지로 공포와 누려움, 죽음의 이미지를 가지고 있다.

세이렌은 오디세우스 Odysseus이야기와 아르고호를 타고 황금양털을 찾으러 떠나는 영웅 이아손 Jason의 이야기에 등장한다. 세이렌은 트로이 전쟁을 승리로 이끌고 배를 다고 고향으로 돌아가는 오디세우스를 아름다운 노래로 유혹한다. 하지만 오디세우스는 부하들의 귀를 미리 밀랍으로 막게 하고 자신의 몸은 돛대에 묶게 함으로써 세이렌의 유혹을 이겨낸다. 세이렌은 이아손과 아르고호의 선원들도 유혹한다. 하지만 이들은 마침 아르고호에 타고 있던 명가수 오르페우스 Orpheus의 노래 덕분에 세이렌의 노래를 듣지 않게 됨으로써 위험을 벗어난다. 두 이야기 모두에서 세이렌은 뱃사람을 유혹해 죽음에 이르게 하는 괴물의 모습으로 나타난다. 세이렌의 무기는 아름다운 노래다. 노래를 듣는 선원들로 하여금 노래에 취하게 만들어 바다에 뛰어들게 한 다음 죽이는 것이다. 세이렌의 유혹을 이겨내기 위해서는 노래를 듣지 않거나 바다로 뛰어들지 않기 위해 몸을 묶는 수밖에 없다. 세이렌의 원래 모습은 아름답다. 끔찍하고 기괴한 모습의 일반적인 괴물과 달리 작고 아담하고 노래까지 잘 부른다. 세이렌의 치명적인 무기는 자신의 아름다움과 노래를 통한 유혹이다. 그래서 세이렌을 형상화한 콘텐츠는 주로 '유혹'의 모티프와 관계있다.

커피 브랜드 <스타벅스 Starbucks>는 빠져나오기 힘든 세이렌의 유혹을 시각적으로 디자인하여 로고로 사용한다. 1971년 테리 헤클러 Terry Heckler가 'STARBUCKS' 글자를 동그랗게 배열한 원형의 가운데에 세이렌의 모습을 집어넣어 디자인한 스타벅스 로고에서 세이렌은 '유혹'의 이미지가 강조되어 형상화된다. 스타벅스는 세이렌에게서 괴물 대신 아름다운 유혹자의 이미지를 활용한다. 노래 대신 커피로 사람들을 유혹하겠다는 의미로 세이렌의 이미지를 형상화한 것이다. 때문에 로고에서 보이는 세이렌의 모습에는 세이렌이 원래 가지고 있던 괴물, 죽음의 이미지가 빠진다. 그 대신 바다와 아름다운 인어의 이미지만이 단순하게 도식화되어 나타난다. 스타벅스 로고는 원래 아래 왼쪽의 디자인에서처럼 동그라미 가운데 들어있는 세이렌이 가슴을 드러낸 채로 양 다리를 벌리고 있는 형태였다. 일반적인 소비자를 대상으로 하는 로고로서는 다소 민망한 형상이었다. 때문에 이 로고는 좀 더 대중적인 커피 체인점에 적합한 형태로 사용하기 위해 두 차례 변형을 거친다. 현재의 로고는 세이렌이 가슴을 머리로 가리고 배이하를 드러내지 않는 모습으로 이전보다 훨씬 도식화된 양식을 사용한다. 색깔도 초록색으로 바꿈으로써 따뜻하고 편안하며 좀 더 안락한 느낌을 주도록 한다. 중세 이후 화가들이 즐겨 그린 인어의 모습을 이용해 왕관을 쓰고 긴 머리를 늘어뜨린, 그리고 두 개의 다리처럼 보이는 꼬리를 양쪽으로 벌려놓은 모습으로 세이렌을 형상화시킴으로써 신화에서 세이렌이 가지고 있던 괴물 혹은 유혹의 이미지를 대중적으로 친근하게 변용시킨 것이다. 초록색은 스타벅스의 공정무역과 친환경 이미지를 나타내주기도 한다. 스타벅스는 90년대 이후 겪게 된 동종 업체들과의 경쟁 위기를 공정무역과 친환경이라는 이념을 브랜딩화하면서 돌파하는데, 초록색은 이러한 스타벅스의 경영이념을 드러내준다.

그림 4. 스타벅스의 로고

3.2. 베르사체의 로고 메두사

메두사는 그리스 신화에 나오는 대표적인 괴물로, 바다의 신들인 포르키스 Phorcys와 케토 Ceto사이에 태어난 흉측한 얼굴을 하고 있는 고르고 세 자매들 Gorgones 중 한 명이다. 메두사가 끔찍한 괴물의 대명사가 된 것은 그 모습 때문이다. 이탈리아의 화가 카라바조 Caravaggio가 그린 것처럼 메두사는 머리카락 한 올 한 올이 실뱀으로 되어 있는 무시무시하고 괴기스러운 형상의 얼굴을 하고 있는 것으로 알려져 있다. 그래서 메두사의 얼굴을 보는 생명체는 그 공포와 두려움에 사로잡혀 그 자리에서 돌로 변해버린다. 하지만 메두사가 처음부터 이러한 괴물의 모습을 하고 있던 것은 아니다. 메두사는 원래 누구나 사랑에 빠지게 만들만큼 눈부시게 아름다운 여인이었는데, 아크로폴리스에 있는 아테네 여신의 신전에서 포세이돈과 몰래 사랑을 나누다 들키는 바람에 아테네 여신의 저주를 받아 괴물이 된다. 끔찍한 괴물의 모습으로 변신하게 된 메두사는 수많은 영웅들에게 도전을 받는 대상이 되고 결국 아테나 여신의 도움을 받은 영웅 페르세우스 Perseus에 의해 목이 잘리면서 죽게 된다. 이후 메두사의 머리는 불행을 막아주는, 혹은 전쟁에서 적의 공격을 막아주는 일종의 부적으로 방패, 갑옷, 술잔 램프 등에 쓰인다.

그림 5. <메두사>, 카라바조 1597

신화에서 메두사는 영웅 페르세우스가 자신의 목적을 이루기 위해 물리쳐야할 괴물로 등장한다. 이 점에서 메두사는 서사적으로 일반적인 괴물, 즉 남성 괴물의 역할과 비슷한 기능을 수행한다. 괴기스러운 모습과 난폭하고 사악한 이미지도 비슷하다. 남성 괴물과 다른 점은 자신을 물리치러 오는 자와 대적하는 방식이다. 메두사는 그 모습만 기괴할 뿐 강력한 힘과 무기가 없다. 메두사의 특별한 능력은 자신의 기괴한 모습이 주는 공포와 두려움이다. 공포와 두려움에 굴복하는 자는 돌로 변해 죽음에 이른다. 반대로 공포와 두려움을 극복하는 자는 영웅이 된다. 신화에 등장하는 영웅의 덕목 중 하나가 용기이고, 용기를 통해 공포와 두려움을 극복한 페르세우스는 그래서 영웅이 된다. 하지만 영웅은 많지 않다. 보통 사람들에게 메두사는 그저 공포와 두려움의 대상일 뿐이다. 이들에게 메두사는 쳐다만 봐도 돌처럼 몸이 굳어버리는 괴물일 뿐이다.

그림 6. <베르사체>의 로고

패션 브랜드 <베르사체 Versace>는 메두사의 이러한 모습을 팜 파탈 femme fatale의 이미지로 시각화하여 1981년부터 로고로 사용한다. 로고에서 메두사의 얼굴은 아름답고 관능적인 모습으로 표현된다. 관능적이고 상식을 뛰어넘는 자유롭고 도발적인 의상을 선보이는 이탈리아 디자이너 지아니 베르사체 Gianni Versace에게 신화에 등장하는 메두사는 더 이상 괴물이 아니다.[5] 브랜드 로고로 사용되는 메두사는 사람들의 시선을 사로잡는 마력의 소유자로 두려움과 경외심이 함께 있는 묘한 끌림이 있는 아름다움의 상징이 된다. 베르사체의 패션 스타일은 화려함, 관능미, 사치, 황홀감, 쾌락주의로 설명될 수 있다. 여성의 몸매를 아름답게 살린 간결한 라인을 강조하는 베르사체의 의상 디자인은 그래서 이 회사의 로고인 메두사의 머리와 잘 어울린다. 그래서 신화의 메두사가 가지고 있는 흉측한 모습 대신 로고는 메두사를 좀 더 친숙하고 단순하게 형상화한다. 우선은 메두사의 머리를 뱀의 머리 대신 나뭇잎 모양으로 자연스럽게 만들고 원형의 테두

5) 실제로 베르사체는 어느 잡지와의 인터뷰에서 자신의 브랜드를 한 번 입어보면 누구나 그 매력에서 빠져나올 수 없도록 만들기 위한 의미로 메두사를 로고로 사용했다고 밝힌 바 있다.

리를 고대 그리스의 격자무늬로 덮는다. 단순하지만 강렬한 이미지를 주기 위해 로고는 또한 블랙의 색감을 사용한다. 이것은 유혹적인 여성 메두사의 이미지를 한층 강하게 표현해줌으로써 <베르사체>라는 브랜드 이미지가 가지고 있는 화려함과 정열의 속성을 강조한다. 여기에서 메두사는 더 이상 괴물이 아니라 사람들의 시선을 사로잡는 관능적이고 유혹적인 긍정적 캐릭터 이미지로 변용된다.

3.3. 나이키의 로고 니케

그림 7. 니케 조각상

니케는 티탄 신족인 팔라스 Pallas와 저승의 강을 관장하는 여신 스틱스 Styx 사이에 태어난 여신으로, 그리스 신화에 등장하는 승리의 여신이다. 로마 신화에 등장하는 빅토리아와 동일시되는 여신이다 경쟁심을 뜻하는 젤로스 Zelos와 힘을 뜻하는 크라토스 Cratos, 그리고 폭력을 뜻하는 비아 Bia와 남매지간이다. 니케는 제우스가 자신의 권력을 강화하기 위해 티탄 신족과 전쟁을 치를 때 제우스의 편에 서서 티탄들을 제압하는 데 공을 세운다. 니케는 이때 남매들과 함께 어머니 손에 이끌려 전쟁에 참여해 제우스의 전차를 몰았다고 한다. 니케는 신화에서 단독으로 등장하는 일화가 거의 없고, 제우스나 전쟁의 여신 아테나와 관련하여 나타난다. 커다랗게 펼쳐진 양 날개를 특징으로 하는 니케의 모습은 일반적으로 전투와 경쟁에서 승리한 승리자의 배후 정도로만 등장한다. 때문에 니케는 특정한 이야기나 구체적인 형상으로 등장하지 않고 대신 '승리'가 추상화된 상징적인 이미지의 여신으로 전해진다.

이러한 니케가 구체적인 모습으로 알려진 것은 1863년 발견된 조각상 덕분이다. 머리와 팔이 없는 형태로 에게해 북서부의 작은 섬 사모트라케 Samothrace에서 발견된 니케 조각상은 당시 터키 아드리아노플 Adrianople의 프랑스 부총독 샤를 샹프와조 Charles Champoiseau가 100여개가 넘는 파편들로 발굴한 것이다. 이후 니케 조각상은 프랑스 루브르 박물관 드농관에서 <날개를 단 사모트라케의 승리의 여신 Winged Victory of Samothrace>이라는 이름으로 전시되고 있다. 니케 여신상은 원래 사모트라케 섬의 벽감(niche)속 돌로 만든 전함의 뱃머리 부근에 세워져 신전을 내려다보는 곳에 있었다고 한다. 조각가는 바람을 가르고 옷자락을 펄럭이며 승리를 향해 나아가는 여신의 모습을 묘사한 것으로 보인다. 니케는 이 조각상에서 머리와 팔이 없는 형태이긴 하지만, 오히려 머리와 팔이 없기 때문에 더욱 역동적으로 보인다. 비대칭의 활짝 펼쳐진 커다란 양 날개, 바람이 불어 여신의 다리를 휘감은 옷의 주름과 그 사이로 드러난 몸의 실루엣, 3m가 넘는 크기와 날개에 새겨진 깃털 하나하나에는 승리의 감격과 역동성이 웅장하게 표현되어 있다. 앞서 언급했듯이 니케는 신화에서 독자적인 서사의 주인공으로 등장하지 않고 항상 승리자의 배후로 나타난다. 때문에 니케 조각상 역시 어떤 서사적인 내용을 담고 있기 보다는 '승리'라는 니케의 신화적 이미지를 강조한다.

스포츠 용품 브랜드 나이키는 승리의 여신 '니케'의 이름과 니케를 상징하는 날개를 형상화시킨 심벌을 자사의 로고로 사용한다. 나이키의 로고에는 '승리'가 신격화된 여신 '니케'의 이미

그림 8. 나이키 로고

지가 시각적으로 디자인되어 나타난다. <스우시 Swoosh>라고 불리는 나이키의 로고는 1971년 당시 포틀랜드 주립대학에서 그래픽 아트를 전공하던 캐롤린 데이비슨 Carolyn Davidson이 나이키의 공동설립자 필 나이트 Phil Knight의 의뢰를 받아 제작한 것이다. '스우시'는 '휙 소리를 내며 움직인다'는 의미를 가지고 있는데, 승리의 여신 니케의 가장 특징적인 모습인 날개를 형상화시켜 디자인한 것이다.

로고는 제품이나 기업, 혹은 기업이 속한 집단을 떠올리게 하는 가장 강렬한 표징이다. 잘 관리된 로고는 복잡한 설명이 필요 없이 제품과 기업의 특징을 그대로 드러내준다. '스우시'는 원래 뜻인 '휙 소리를 내며 움직인다'는 의미의 역동성과 승리를 상징하는 여신 니케의 날개를 적절하게 조합시켜 형상화시킴으로써, 스포츠 용품업체인 나이키와 나이키라는 브랜드 이미지를 강렬하게 전달한다. 커뮤니케이션의 관점에서 소비자는 외부에 자신을 드러내는 상징적 수단으로 브랜드 이미지를 활용한다. 다시 말해 소비자는 자신의 이미지와 일치하는 이미지를 갖는 브랜드를 선호한다. 따라서 특정 브랜드가 상기시키는 혹은 연상시키는 특정 이미지는 상업적인 측면에서 대단히 중요하다. '경쟁'이라는 모티프를 기반으로 하는 스포츠 분야에서 '승리'라는 이미지를 가지고 있는 스포츠 브랜드는 그야말로 '경쟁력'을 가질 수 있다. 이러한 맥락에서 나이키는 신화의 스토리텔링을 가져와 네이밍과 심벌을 이상적으로 결합시킨 브랜드라 할 수 있다.

3.4. 비너스의 로고 아프로디테

아프로디테는 그리스 신화에 등장하는 사랑의 여신으로 로마신화에서는 베누스(비너스)로 불린다. 아프로디테의 탄생에 관해서는 두 가지 전설이 있다. 하나는 아프로디테가 제우스 Zeus와 디오네 Dione

의 딸이라는 것과 다른 하나는 거품에서 태어난 여신이라는 것인데, 일반적으로는 후자의 이야기가 많이 알려져 있다. 이에 의하면 아프로디테는 크로노스 Kronos가 자른 우라노스 Uranus의 성기가 바다에 떨어져 생긴 거품에서 태어난다. 아프로디테라는 이름도 거품을 의미하는 그리스어 아프로스 Aphros에서 유래한 것이다. 인간 중에서 가장 아름다운 여인이 헬레네 Helene라면 신 중에서 가장 아름다운 여신은 아프로디테다. 가장 아름다운 여신 아프로디테는 신과 인간의 사랑을 주관하는 사랑과 연애의 여신이다. 그래서 아프로디테는 사랑에 빠진 연인들이 수호신으로 숭배하는 여신이다. 아프로디테는 다른 이들의 사랑에 관여할 뿐만 아니라 그 자신도 주변의 신과 인간들과 수많은 사랑 이야기를 만들어낸다. 아프로디테는 절름발이 대장장이 신 헤파이스토스와 결혼하지만 정작 자신은 전쟁의 신 아레스를 사랑한다. 제우스의 전령인 헤르메스와 관계를 갖기도 하고 미소년 아도니스와 사랑을 나누기도 한다. 트로이의 남자 안키세스 Anchises에게 반해 시골처녀로 변신하여 그와 사랑을 나누고 이후 영웅 아이네이아스 Aeneas를 낳기도 한다. 이처럼 아프로디테는 아름다움과 관련하여 육체적인 사랑과 연애 및 욕망, 유혹, 질투와 관련되어 있는 여신이다.

그림 9. <밀로의 비너스>
작가미상(BC2세기경)

아프로디테는 아름다운 여신의 이미지가 강조되어 로마 신화의 이름 '비너스'라는 명칭으로 한국의 란제리 패션회사 신영와코루의 브랜드 로고로 사용된다. 관련 회사가 주로 여성 속옷인 란제리를 생산하는 회사인 점을 고려하면, 아름다움을 상징하는 미와 사랑의 여신 비너스는 로고로 사용하기에 가장 적절한 신화적 캐릭터라 할 수 있다. 이 회사의 홈페이지에는 "아름다움의 시작 비너스"[6]라는 모토 아래 비너스를 다음과 같이 표현하고 있다: "비너스는 아름다운 패션입니다. 화운데이션 란제리의 패션 추구는 여성들만의 특권이며, 비너스는 여성들이 꿈꾸는 화운데이션 란제리의 멋을 창조합니다."

그림 10. 비너스 로고

심벌과 문자로 구성되어 있는 비너스의 로고는 여성 란제리 제품이라는 브랜드의 이미지를 살리기 위해 비너스의 아름다운 얼굴을 옆면에 내세운다. 그리고 제품 명칭과 배경은 모두 붉은 색을 사용한다. 이 회사의 하위로고에는 핑크색이 사용되는데, 붉은 색 계통의 색이 사랑이나 정열과 관계된 것임을 고려한 것으로 풀이된다. 신화에 등장하는 여신 아프로디테(비너스)가 가지고 있는 이미지인 아름다움, 사랑, 유혹의 이미지를 그대로 시각화하여 로고로 사용하는 것이다.

4. 로고 스토리텔링

<스타벅스>와 <베르사체>가 각각 로고로 사용하고 있는 캐릭터들은 그리스 신화에 등장하는 대표적인 여성 괴물들이다. 괴물을 뜻하

6) http://www.venus.co.kr/

는 독일어 'Ungeheure'는 어원적으로 '사랑스러운' 혹은 '친절한'의 의미를 지니고 있는 'gehiure'에서 파생된 단어다. 여기에 반대의 의미를 뜻하는 접두어 'un'이 붙어 괴물이라는 의미가 만들어진다.(Duden Universal Wörterbuch 2003) 어원적으로 괴물은 사랑스럽거나 친절하지 못하다. 때문에 괴물은 괴상하게 생긴 물체나 괴상한 사람을 비유적으로 이르는 말로, 보통 '크고 끔찍하고, 두려움을 야기하는 신화나 전설 속의 동물 혹은 물체'의 뜻으로 사용된다. 대개는 그 생김새가 크고 힘이 세며 혐오감을 일으킬 정도로 험악하게 생긴 것이 보통이다. 좁은 의미에서 괴물은 인간의 상상 세계에서 만들어진 가상의 기괴한 물체이나, 좀 더 폭넓게는 꿈이나 신화 등에서 두려움을 야기하는 상징적인 존재를 모두 괴물로 볼 수 있다. 물론 귀엽고 사랑스러운 괴물의 모습도 있지만, 본래 괴물의 모습은 부정적이다. 어원적으로 드러나는 괴물의 모습은 괴물의 구체적인 형상화에 그대로 영향을 미친다. 거대하고 끔찍하고 기괴하고 파괴적이거나 어둡고 거친 어떤 것이 괴물의 속성에 부여되고, 그로 인해 괴물에게는 이러한 속성에 부합되는 서사적 기능과 역할이 맡겨진다. 괴물은 생명과 자연을 파괴하고 질서를 어지럽히며 인간에게 해를 끼친다. 평범한 인물이 어떻게 할 수 없는 엄청난 힘과 능력을 지닌다. 그래서 괴물을 물리치는 자는 영웅으로 인정받는다.

이러한 괴물의 모습은 다분히 남성적이다. 하지만 압도적인 크기와 거칠고 파괴적인 모습으로 대변되는 남성 괴물에 비해 여성 괴물은 신화에서 또 다른 모습으로 등장한다. 여성 괴물은 자신을 물리치려 하는 영웅에게 힘으로 맞서지 않는다. 물론 파괴적인 충동은 유효하지만, 그것에 이르는 방법은 특수하고 개별적이다. 대표적으로 메두사는 마법으로, 스핑크스는 수수께끼로, 세이렌은 노래로 상대방을 파멸에 이르게 한다. 여성 괴물은 겉으로 보이는 모습과 유혹의 방식에서 남성 괴물과 차이를 보인다. 여성 괴물은 거대하거나 끔찍한 모습이 아니다. 머리가 뱀들로 둘러싸여 있고 멧돼지의 어금니가 나있는 고르고네스처럼 기괴한 모습을 지니고 있는 여성 괴물도 있지만 보통은 아름다운 모습을 지닌 괴물이 많다. 세이렌이나 스핑크스와 같은 괴물은 상체가 아름다운 여성의 모습을 하고 있고, 메두사의 경우도 머리에 달린 뱀을 제외하면 얼굴은 매력적이다. 몸집도 크지 않고 상대방을 제압하는 압도적인 힘과 무기가 있는 것도 아니다. 때문에 여성 괴물은 대체로 팜 파탈적인 속성을 지닌다. 여성 괴물에게는 자신이 가지고 있는 아름다움으로 상대방을 유혹하여 파멸에 이르게 하는 유혹적인 특징이 많이 나타난다. 그래서 여성 괴물이 등장하는 서사에서는 '유혹'이라는 모티프가 빈번하게 등장한다.

<스타벅스>와 <베르사체>는 신화에 등장하는 여성 괴물의 팜 파탈의 속성을 이용한다. 세이렌과 메두사라는 여성 괴물을 심벌로 차용하며, 이들이 가지고 있는 '유혹'이라는 이미지를 강조하고 이들의 유혹적인 매력을 로고에서 드러낸다. 이러한 로고 사용은 전형적인 괴물의 서사적 기능과 이미지에서 벗어나 상업적으로 유용한 형태로의 적극적인 변용을 시도한 경우라 하겠다. 원래의 이야기가 가지고 있는 이미지를 변용시켜 자신의 브랜드가 추구하는 정체성과 개성에 알맞게 '재목적화'한 것이다. 구술되어 전승되는 이야기가 시각적으로 표상(재현)되어 브랜드 로고로 사용되는 것이다.

<나이키>와 <비너스>는 신화에 등장하는 니케와 아프로디테가 가지고 있는 긍정적인 이미지를 이용한다. '승리'와 '아름다움'이라는 모티프를 가져와 로고 속에 제품 네이밍과 심벌로 그대로 사용한다. 소비자는 이들 로고를 보며 제품 자체가 가지고 있는 기능적인 편익과 함께 감성적인 편익을 함께 연상하며 경쟁 브랜드와의 차이를 인식한다. 이야기의 이미지가 시각적인 이미지로 전이되면서 제품과 관련하

여 특정한 이미지를 연상시켜 주는 것이다.

전통적인 마케팅 기법에서 오늘날 많은 기업들은 제품 자체가 가지고 있는 '기능적 편익' 이외에 '감성적 편익'(더글라스 홀트/더글라스 캐머런, 2012, 27)을 중요시한다. 감성적 편익이란 특정 제품이나 브랜드 혹은 업종과 관련하여 소비자가 연상하는 좀 더 부드러운 가치와 생각 그리고 감정을 일컫는다. 예컨데 스타벅스에서 연상되는 유혹, 베르사체에서 팜 파탈, 나이키에서의 승리, 비너스에서의 아름다움 등과 같은 이미지 등이다. 이렇게 연상되는 이미지는 근본적으로는 해당 제품의 브랜드 아이덴티티가 가지고 있는 스토리에 기반하는 측면이 크다. 이미지가 결국은 스토리를 통해 만들어지기 때문이다. 특정 제품의 이미지를 어떠한 스토리로 어떻게 소비자와 소통할 것인가에 브랜드 아이덴티티가 갖게 되는 이미지가 결정되는 것이다. 이렇게 형성된 이미지가 소비자 자신의 이미지와 연결되어 호감을 얻게 될 때 상업적으로 해당 제품의 성공 가능성은 커진다. 이러한 맥락에서 신화를 기반으로 하는 로고 사용은 스토리텔링과 브랜딩, 커뮤니케이션 관점에서 중요한 의미를 지닌다.

또한 로고는 스토리틀 통한 특정한 이미지를 전달한다는 측면에서 중요한 미디어로 고찰될 수 있다. 중요한 점은 이러한 스토리를 특정한 한 장면으로 압축해서 시각화하여 제품과 관련된 특정 이미지를 어떻게 강조할 것인가 하는 점이다. 때문에 신화를 기반으로 제작된 로고에는 원래의 이야기가 가지고 있는 모든 특성적 요소들이 드러나지 않는다. 따라서 로고는 해당 제품과 관련하여 제품이 드러내고자 하는 특정 이미지와 소비자에게 전달하고자 하는 하나의 임팩트를 집중적으로 강조한다. 본문에 다룬 로고들에서는 그것이 생략과 집중을 통해 나타난다.

소비자는 로고를 보며 그 로고가 함축적으로 전달하는 이야기 속에서 제품과 관련한 특정 이미지를 연상한다. 로고 속에서 원래 언어적으로 기술되어 있는 어떤 '내용'을 떠올리는 것이다. 로고 안에 구전되는 이야기가 그 내용으로 들어있는 것인데, 이것은 언어적 이미지를 시각화한 일종의 '역 에크프라시스'로 볼 수 있으며, 이것은 볼터와 그루신이 주장하는 '재매개'의 특성을 보여준다. 이 같은 맥락에서 로고, 특히 신화와 같은 특정한 이야기를 기반으로 디자인된 로고는 첫째로 이야기의 변용을 가져온다는 점에서, 둘째로 언어적 표상과 시각적 표상이라는 서로 다른 미디어의 특성이 의식적으로 혹은 무의식적으로 재구성되어 있다는 점에서, 셋째로 "경험을 새로운 형태로 바꾸는 적극적인 힘을 갖는 은유"(맥루한 1997, 94)라는 점에서 미디어로 기능하며 새로운 이야기들을 만들어간다고 하겠다.

참고문헌

김요한. 2016. "아리아드네의 실. 신화의 상상력과 미디어의 상상력." 『브레히트와 현대연극』 35십.

더글라스 홀트/더글라스 캐머런. 2012. 『컬트가 되라』. 김정혜 역. 지식노마드.

볼터/그루신. 2006. 『재매개. 뉴미디어의 계보학』. 이재현 역. 커뮤니케이션북스.

마샬 맥루한. 『미디어의 이해. 인간의 확장』. 박정규 역. 커뮤니케이션북스.

마샬 맥루한/꽹땡 피오르. 2001. 『미디어는 맛사지다』. 김진홍 역. 커뮤니케이션북스.

매투 힐리. 2009. 『무엇이 브랜딩인가?』. 신유진 역. 고려닷컴.

이재현. 2013. 『뉴미디어 이론』. 커뮤니케이션북스.

제이 데이비드 볼터. 2010. 『글쓰기의 공간. 컴퓨터와 하이퍼텍스트 그리고 인쇄의 재매개』. 김익현 역. 커뮤니케이션북스.

최원주. 2014. 『브랜드 커뮤니케이션』. 커뮤니케이션북스.

피에르 그리말. 2003. 『그리스 로마 신화사전』. 최애리 역. 열린책들.

비너스 홈페이지: http://www.venus.co.kr/

Wikipedia: https://en.wikipedia.org/wiki/Logo

이미지 출처

[그림 1] https://en.wikipedia.org/wiki/Apple_Inc.#/media/File:Apple_logo_black.svg

[그림 2] https://en.wikipedia.org/wiki/EBay#/media/File:EBay_logo.svg

[그림 3] https://en.wikipedia.org/wiki/AT%26T#/media/File:AT%26T_logo.svg

[그림 4] https://en.wikipedia.org/wiki/Starbucks#/media/File:Starbucks_Coffee_Logo.svg

[그림 5] https://en.wikipedia.org/wiki/Medusa#/media/File:Medusa_by_Carvaggio.jpg

[그림 6] https://en.wikipedia.org/wiki/Versace#/media/File:Versace_logo.png

[그림 7] https://commons.wikimedia.org/wiki/Category:Left_side_views_of_the_Nike_of_Samothrace#/media/File:Nike_of_Samothrace,_The_Louvre,_Paris_(3564816213).jpg

[그림 8] https://en.wikipedia.org/wiki/Nike,_Inc.#/media/File:Old_Nike_logo.jpg

[그림 9] https://commons.wikimedia.org/wiki/Category:Venus_de_Milo#/media/File:Venus_de_Milo_Louvre_Ma399_n3.jpg

[그림 10] http://www.venus.co.kr/

제5장
매체 간의 교차하는 상상력

제5장 매체 간의 교차하는 상상력

– 고전 『겐지이야기』의 만화화 전략

김정희

1. 들머리 – 1990년대 만화의 기호학적 비평이 드러내는 것

일본은 만화대국이다. 그에 걸맞게 남녀노소 모두 만화의 독자층을 이루며, 어려운 문학작품이나 역사 등을 교육할 때에는 학습의 도구로 만화를 적극적으로 활용한다. 그러나 만화 자체에 대한 본격적인 비평은 비교적 늦게 시작되어, 1990년대 영화비평가, 만화가, 사회학자 등이 기호학적 관점에서 만화를 비평·분석하기 시작하였다. 일본의 만화비평사를 살펴보는 것은 이후 논의해 나갈 고전문학과 만화라는 완전히 다른 매체 사이의 전환을 분석하는데 유효한 시점을 제공하리라고 기대한다. 따라서 전혀 다른 매체의 두 작품을 분석하기에 앞서 먼저 일본의 만화비평사에 대해서 살펴보도록 하겠다.[1]

1990년대 초에는 만화가이자 평론가인 나쓰메 후사노스케(夏目房之介)를 중심으로 만화의 표현, 즉 텍스트의 내재적인 성격을 기호하

1) 일본의 만화 비평사에 대해서는 三輪健太朗의 저서(2014)를 참고하였다.

적으로 분석하고자 하는 시도가 이루어졌다. 이것은 기존의 만화비평이 만화는 사회와 대중의 동향을 거울처럼 반영하는 것이라는 '사회반영론'을 주장한 것에 대한 비판에서 비롯된 것으로, 만화의 고유성은 그 표현의 독자성에서 찾아야 한다는 것이다. 그러나 나쓰메는 이러한 사회반영론에 대해서만 반발한 것이 아니라 1970년대에 발표된 이시코 준조(石子順造)의 다음과 같은 만화의 외재적 분석에 대해서도 불만을 표출하였다.

> 대체적으로 신문에 게재되는 만화와 대여를 위한 만화는, 그 표현 자체가 달라진다. 즉 발표되는 장(場)의 문제. 그리고 그 장의 형태와 표현은 밀접하게 연관되어 있다는 것. 다시 말해서 만화는 메시지로서 만화일 뿐만 아니라 미디어로서도 만화라는 것. 그와 같은 관점, 또는 포착하는 방법이 절실히 필요하다고 생각하기 때문에 나는 패전 후 만화를 각각의 시대의 만화정황을 주도한 미디어에 입각해서 점검해 보려고 시도한 것이다. (石子 1994, 80).[2]

인용한 이시코의 주장은 사실 나쓰메와 마찬가지로 기존의 사회반영론에 대항하려는 의도에서 성립된 것이다. 그는 만화를 미디어로 포착하여 발표되는 장에 따라 만화의 표현도 정해진다는 입장을 취했다. 그러나 나쓰메는 이러한 외재적 요인이 만화의 표현을 결정할 수 없다고 생각하여, 텍스트 내부를 기호학적으로 분석(만화 표현의 내재적 분석)하는 작업을 통해서 커트와 선이 만화의 성립조건이라고 주장한 것이다(夏目 1995, 13).

이후 우류 요시미쓰(瓜生吉則)는 이시코와 나쓰메의 문제의식의 차이점에 대해서 지적하면서 '객관적'인 것처럼 보이는 나쓰메의 표현론

2) 이하 일본어 원문의 번역은 필자에 의한 것이고, 필요에 따라서 각주에 원문을 제시하였다.

에는 그러나 텍스트 외부에 있는 중요한 점을 무시하고 있다고 비판하였다.

> 나쓰메의 <표현론>은 만화가 가진 독자적인 표현기법이 매개하는 '의미'를 어딘가에서 전제로 하고 있다. 그러나……만화가 '어떤 의미·사상의 표현'으로 인지되는 것은 거기에 특정한 커뮤니케이션이 성립되기 때문으로, 그 양상을 통시적/공시적으로 질문하고자 한다면 그것을 외측에서 볼 필요가 생긴다. 그러나 그 작업은 <표현론>이 처음부터 무시한 부분인 것이다(瓜生 2000, 136).

나쓰메가 텍스트에서 만화의 성립요소인 선, 커트에 대해서 분석한다는 것은 텍스트를 독자가 이해할 수 있다는 것을 전제로 하는 것이다. 다시 말해서 독자와 텍스트 사이의 커뮤니케이션의 양상을 이해하기 위해서는 텍스트의 내재적 분석은 물론 통시적/공시적인 외재적인 분석이 필요한 것인데, 나쓰메는 기존의 외재적 분석에 반발한 나머지 그것을 간과해 버린 것이다.

사실 내재적 분석은 미디어가 매체로 기능하는 것을 전제로 하고 그에 따라서 무엇이 어떻게 전달되는지를 문제로 삼는 것이며, 외재적 분석은 미디어가 매체로서 어떠한 기능을 하는지에 착목하여 전달하는 행위의 양태를 문제로 삼는 것으로, 만화 분석에서는 양자의 적절한 분석이 필수적이라고 할 수 있다.

이들 만화를 둘러싼 논쟁은 본고에서 다룰 고전문학의 만화화 과정을 살펴볼 때 중요한 시사점을 제공한다. 내재적 분석은 언어로만 되어 있는 문학 표현을 만화가 선과 커트를 사용하여 어떻게 재구성하고 있는지를 생각하는데 효과적이다. 외재적 분석은 고도의 집중력과 해석 능력을 필요로 하는 고전 문학이 만화라는 매체로 변신하면서 독자층을 어떻게 확대해 나가는지를 고찰할 때 중요한 시점을 제공한다. 뿐만 아니라 내재적 분석의 경우 염두에 두어야 할 것은 선과 커트라는 기호가 같은 시대 사람들이 향유할 수 있는 공시성을 가져야 한다는 점, 그러나 이러한 선과 커트에 대한 독자의 이해는 역사적 습관, 즉 통시성에 의해서 습득된다는 것이다. 그리고 이러한 만화의 공시성과 통시성의 문제는 독자의 리터러시(literacy) 문제와 직결된다. 선과 커트에 대한 이해와 해석은 만화 역사를 통해서 독자들이 그것이 가지는 의미를 이해하고 기호의 특수성을 습득해야만 가능한 것이기 때문이다. 나아가 이 독자의 리터러시의 문제는 만화의 선과 커트 등 기호의 해석적 측면뿐만 아니라 그러한 표현을 통해 제시되는 스토리텔링의 해석능력과도 연관된다. 따라서 본고에서는 만화의 스토리텔링에 대한 독자의 이해가 표현법의 발달과 그에 대한 습득과 맞물려 이루어졌다는 점을 소녀만화의 역사를 통해서 분석해 보고, 이러한 양쪽의 성숙이 이루어졌을 때 고전 『겐지이야기』[3]의 만화화 과정에서 독자의 리터러시를 고려한 다양한 전략이 적극적으로 사용되었다는 점에 초점을 맞추어 논의해 보고자 한다.

3) 원제는 『겐지모노가타리(源氏物語)』로, 모노가타리(物語)란 '이야기'라는 의미의 가타리(語り) 앞에 '불특정하다'는 의미의 '모노(もの(物))'가 붙어서 성립된 단어이다. 즉 모노가타리란 특별할 것 없는 이야기를 한다는 뜻이다. 그러나 모노가타리를 한다는 것은 단순한 잡담을 하는 것이 아니라 이야기를 하는 좌담의 장소에서 다수의 사람들이 모여서 펼치는 퍼포먼스라고 하는 것이 정설이다. 여기에서는 경험에서 비롯된 이야기가 아닌 체험하지 않은, 예부터 전해진 이야기를 하는 것이 일반적으로, 모노가타리 문학은 이러한 모노가타리의 전통을 기반으로 성립되었다. 모노가타리 문학은 모노가타리를 듣는 사람(실제로는 작자)이 적고 있는 것처럼 되어 있어서, 이야기하는 다수의 화자, 거기에 개입하는 작자의 목소리, 지문 등 다성(多声)으로 표현되는 것이 특징이다(秋山 2001, 442).

2. 소녀만화라는 장르의 탄생과 독자의 성숙

만화가 야마토 와키(大和和紀)가 발표한 소녀만화 『아사키유메미시』[4]는 1008년경에 성립되었다고 추정되는 일본의 고전 『겐지이야기』를 만화화한 것으로, 현재 중·고등학교에서도 『겐지이야기』를 쉽게 이해하기 위한 학습서로서 애용하고 있는 작품이다. 1400만부 이상의 판매고를 올린 이 만화의 성공 요인으로는 원작의 내용을 효과적으로 표현했다는 점, 어려운 문학작품을 그림과 언어로 되어 있는 만화라는 매체로 변환시킴으로서 대중사이에서 확산을 가능하게 했다는 점 등을 들 수 있다. 그러나 이 『겐지이야기』라는 작품이 단순히 만화(또는 소년만화)가 아닌 소녀만화라는 장르로 변신한 것에는 이 장르가 역사적으로 독특한 기호학적 특징을 가지는 표현기법을 구사해 왔다는 필연적 요소가 있었기 때문이다.

『아사키유메미시』는 1979년 12월호부터 월간 소녀만화 잡지 『mimi』에 부정기적으로 연재되다가 후에 자매지인 『mimi Excllent』로 옮겨 연재되어 1993년에 완결되었다. 이 만화가 60년대나 70년대 초반이 아닌 1979년에 비로소 연재되기 시작한 것은 소녀만화라는 독특한 장르와 그것의 표현기법, 스토리의 성숙이 이루어졌기 때문이다. 따라서 소녀만화의 흐름을 스토리의 다양화와 그에 따른 표현기법의

4) '아사키유메미시(あさきゆめみし)'는 헤이안 시대(795년~1182년) 중기에 일본의 문자인 가나(仮名) 전체를 한 번도 중복시키지 않고 만든 당시의 유행가 이로하우타(いろは歌)에 나오는 표현이다. 이로하우타의 내용에 대해서는 중세 이후 현대에 이르기까지 여러가지 해석이 이루어져 왔는데, 그 중에서 가장 유력한 것은 불교의 무상을 나타내고 있다는 것이다. '아사키유메미시'의 경우에도 해석이 두 가지로 나뉘는데, 하나는 '덧없는 꿈을 꾸었다.', 다른 하나는 '덧없는 꿈을 꾸지 않는다.'라는 정반대의 의견이 제시되고 있다. 『겐지이야기』는 불교의 색채가 짙은 작품으로 무상관이 이야기 전체를 지배하고 있으므로, 전자로 해석하는 것이 적절하다고 판단된다(秋山 2001, 58).

변화에 주목하여 살펴보고자 한다.

패전 후 소녀만화는 60년대를 거쳐 70년대에 만화의 하나의 장르로 자리매김하게 된다. 60년대 말~70년대에 걸쳐 소녀만화 잡지의 창간이 봇물처럼 이어지고, 작가층도 확대되어 기존에는 남성이 소녀만화를 그리는 경향이 있었으나, 이 시기부터는 여성이 소녀만화를 그리기 시작하였다. 소녀만화의 작가가 여성이라는 점은 여성이 자기의 표현 수단으로 만화를 창작하기 시작했다는 것을 의미하는데, 이러한 여성 작가가 탄생할 수 있었던 배경에는 당시 여성해방운동의 영향력도 감안해 볼 수 있다(ドラージ土屋 2012, 12). 특히 70년대 초에는 '꽃의 24년생(1949년생, 일본의 연호인 쇼와시대(昭和, 1926년~1989년) 중 쇼와 24년도에 태어난 작가들)' 작가들에 의해 걸작이 쏟아져 나오는데, 주로 외국을 배경으로 한 장대한 로맨스로 소녀들의 감성을 대리 충족시키는 경향이 강했다. 이 시기의 대표작품은 우리나라에도 잘 알려진 『베르사이유의 장미(ベルサイユのばら)』(1972년부터 『주간마가렛(週刊マーガレット)』에 연재)이다. 뿐만 아니라 소녀만화의 여명기 이래로 꾸준한 사랑을 받고 있는 이야기, 즉 오로지 한 소녀만을 사랑하는 이상적인 소년과 그로 인해 행복을 얻는 소녀의 신데렐라 이야기도 하나의 붐을 이루고 있었다.

70년대 중반 이후 소녀만화의 특성도 변화해가기 시작하는데, 이른바 오토메치크(乙女チック, 너무나 소녀다운 이야기)(ドラージ土屋 2012, 16) 만화가 붐을 이룬다. 이 소녀만화의 특징은 이전의 작품들과는 다르게 주인공인 소녀가 평범한 인물로, 연애의 성취를 통해 자기를 긍정하게 된다는 패턴을 이루고 있고, 따라서 소녀의 내면에 대한 묘사가 많은 것이 특징이다(藤本 2008, 36). 그와 동시에 남자주인공의 캐릭터도 변하게 되는데, 그들은 평범하고 어딘가 둔하며 다른 사람들보다 뒤처져 있는 소녀를 '너의 그대로가 좋아.'라고 긍정해 주는 섬세하

고 배려심이 많은 소년으로, 기존의 잘 생기고 멋있는 주인공과는 분명히 다르다. 이와 같은 소녀만화의 특징은 80년대 학원물(중고등학생들이 주인공이 되어 평범한 일상 속에서 연애를 하는 이야기)로 이어져 간다.

1970년대 초 만화 표현의 특징 중 가장 두드러진 것은 소녀만화에서 금기시 되었던 소녀의 성(性)을 본격적으로 다루기 시작한다는 점이다. 72년에 『베르사이유의 장미』에서 처음으로 남녀의 성관계가 그려진 이후, 소녀의 임신과 성 문제를 다룬 작품이 발표된다. 사회학자 미야다이 신지(宮台真司)에 따르면 성으로부터 격리되었던 소녀의 신체가 성적인 신체로 변모하게 되었다는 것이다(宮台 2007, 30).

그러나 70년대 중반까지 소녀만화에서 보이는 남녀의 성문제는 매우 단순한 것이어서, 성적인 관계를 통해 남녀의 사랑이 성취된다는 식의 패턴이 주를 이루었다. 즉 사랑=성=결혼이라는 도식이 성립되어, 남녀의 성관계는 사랑을 전제로 하며, 그 결과 결혼에 이른다는 것이다. 다시 말해서 성관계가 성립된 이후에 남자가 여주인공을 버린다든지 여성이 남자를 배반한다든지 하는 복잡한 사건은 발생하지 않는다.

77년을 기점으로 일본사회는 큰 변화를 겪게 된다. 60년대 고도경제성장기를 지나 70년대 후반이 되면서 고도소비사회에 돌입한다. 80년대가 되면 이러한 현상이 더욱 가속화되어 대중의 소비패턴과 취향이 다양해지고 여성의 사회진출이 활발해지면서 소녀만화에서 묘사하는 남녀의 사랑 패턴도 다양해진다. 평범한 소녀를 주인공으로 하는 학원물에서도 성관계가 그려지게 되며, 여자 주인공도 수줍음을 잘 타는, 앞에 나서기를 싫어하는 주인공에서 불량소녀, 남자같고 당당한 소녀 등 다양한 캐릭터가 등장하고, 이들은 백마를 탄 왕자님을 기다리고만 있는 것이 아니라 사랑의 성취를 위해 적극적으로 행동히는 여성들로 묘사된다. 소녀만화 안에서의 장르도 분화되어 오토메치크, 해외 청춘물, 미스테리, 서스펜스, 호러, SF 등이 등장하여 소재의 폭이 넓어져 간다.

이러한 여자주인공의 캐릭터 변화와 소녀만화의 장르의 다양화는 등장하는 남성들의 캐릭터에도 리얼리티(reality)를 부여하게 된다. 80년대 후반~90년대가 되면 소녀만화에서는 성관계에 대한 묘사가 일상적으로 등장하게 되는데, 여주인공들은 자신들이 경험하고 있는 현재의 사랑이 운명적인 것이 아닌, 때에 따라서 변화하는 것이며, 성을 사랑의 통과의례로서 당연하게 받아들인다. 이러한 남녀관계의 현실을 가장 잘 이해하고 있는 것은 먼저 만화 속의 여자주인공이고, 그 여자주인공을 통해서 자신의 현실을 바라보는 여성 독자들이다. 따라서 여자 주인공들의 변화에 따라 남자주인공도 현실적인 캐릭터로 바뀌어 간다. 그들은 자신의 마음에 확신을 가지지 못하고 방황하는가 하면, 여자주인공의 라이벌과도 관계를 가지는 등 현재의 사랑이 운명적인 것이 아니라는 점을 드러낸다. '남자가 자신을 긍정해 주는 타인에서 이해해야만 하는 타인으로 변화하게 된 것이다.'(藤本 2008, 56)

이와 같은 소녀만화의 변화는 젊은이들 문화의 생성, 그리고 그 발달단계와 맞물려 있다. 50년대에서 70년에 걸쳐서 이른바 전공투(全共闘)[5]세대를 중심으로 어른과 대치되는 젊은이라는 개념이 형성되어 젊은이들만의 고유문화가 탄생했다. 그러나 70년대 중반이 되면 젊은이들 사이에서는 그룹에서 소외된 자신이라는 관념을 가지게 되는 층이 생겨나고, 80년대에 이르면 그 층은 더욱 분화된다. 이러한 젊은이들의 심리적인 변화를 가장 빠르게 섭취했던 것이 소녀만화라는

5) 전학공투회의(全学共闘会議)의 준말로, 1960년대 후반에 일본에서 일어난 전국적인 학생운동을 가리킨다. 기성세대의 권력과 권위에 도전하여 혁명을 꿈꾸었으나 이루지 못한다. 그 후 일본의 청년층은 보수화되어 간다.

장르로, 따라서 꽃의 24년생 작가들은 등장인물들의 복잡하고 섬세한 내면을 표현하기 위해 '틀이 없는 커트, 커트와 커트가 겹쳐지는 커트분할 양식, 외곽선과 말풍선에 둘러싸이지 않은 언어의 다용'(宮本 2005)[6] 등 다양한 표현법을 개발해낸다. 소년만화가 비교적 정확한 커트분할과 프레임을 가지고 있다면, 소녀만화가 일으킨 혁명은 가변적인 커트분할에 의해 중층적인 내면묘사가 가능해졌다는 점이다. 만화는 비평사에서 일정 프레임을 가지고 스토리를 진행시킨다는 점에서 영화와 자주 비교되어 왔는데, 특히 소녀만화는 영화의 눈(Kino-Eye)과 근대소설의 내적 모노로그를 자연스럽게 동화시키고 있다는 점이 언급되고 있다.

> 내레이터는 커트와 그 크기를 자유자재로 바꿔서 때로는 커트의 틀을 오픈하는 것으로 카메라의 눈이 등장인물의 시점에 선 직후에 다시 단지 표정을 포착하는 카메라 위치로 돌아갈 수 있다. ……미디어의 문법에 생소한 사람들에게는 이해하기 어려운 시점의 중층성이야말로 스토리만화라는 표현의 특성을 영상과 언어로 말하는 유사한 장르로부터 두드러지게 하는 것이다(足立 2003, 260-261).

불특정한 커트가 시점의 이동을 자연스럽게 한다는 것으로, 이와 같은 커트 분할뿐만 아니라 소녀만화의 특징으로 지적할 수 있는 것은 언어의 배치방식이다. 다음의 두 개의 예를 보도록 하자.

---

6) 이 강연은 서적으로 발간되지 않았고, 본고는 이도(伊藤 2011, 236)가 언급한 부분을 재인용하였다.

그림 1.1. 소녀만화의 커트분할과 언어 배치방식의 예(萩尾 2016, 117)

그림 1.2. 소녀만화의 커트분할과 언어 배치방식의 예(萩尾 2016, 24)[7)]

위의 [그림 1.1]과 [그림 1.2]는 '쇼와 24년생'을 대표하는 작가 하기오 모토의 『포의 일족』에 나오는 장면이다. 먼저 첫 번째 그림에서 눈에 띄는 것은 3단으로 크게 커트가 분할되어 있지만 다른 쪽의 커트를 침범하는 방식으로 인물의 얼굴이 왼쪽 중앙에 놓여 있고 그를 중심으로 하여 언어가 산발적으로 배치되어 있다는 것이다. 그리고 등장인물의 얼굴을 전면에 내세움으로서 먼저 독자는 그의 얼굴로 시선을 고정시켰다가 점차 오른쪽 위에서 왼쪽으로, 왼쪽에서 오른쪽 하단부로 시선을 이동하면서 지면의 문장을 읽게 된다. 이러한 시선유도 방법을 통해서 독자들은 인물이 과거를 회상하면서 과거의 사건을 지금 이야기하고 있다는 것을 이해할 수 있다. 소년만화가 일정한 커트 안의 연

---

7) 하기오 모토(萩尾望都)의 작품인 『포의 일족(ポーの一族)』은 『별책 소녀코믹(別冊少女コミック)』에서 1972년 3월호부터 1976년 6월호까지 단속적으로 연재되었다.

결과 말풍선 속의 언어로 구성되는 경향이 강하다면, 소녀만화는 지면의 다양한 위치에 언어를 어떻게 배치시키는지, 그 배치에 의해 감정이 어떻게 표현되는지가 관건이다. 두 번째 그림은 한 장의 지면에 크게 커트를 가로로 분할하고, 첫 번째 커트는 지면의 2/3를 차지하고 있다. 이 역시 등장인물의 회상장면이지만 내면의 표현으로, 그 심리를 지면 왼쪽 위에서 차례로 배치하고 과거와 현재가 혼재하도록 그림을 겹겹이 그리고 있다. 또한 위의 그림에서 한눈에 알 수 있는 것은 인물과 언어의 배후에 위치하고 있는 그림의 장식적 요소이다. 초기 소녀만화가 '귀여운 것', '예쁜 것'을 추구하기 위해서 장식적 요소를 과다하게 사용한 것과는 달리 70년대 중반 이후가 되면 장식적 요소는 전부 '의미' 있는 것이 된다. 이와 같은 커트 분할 방식, 언어 배치의 문제, 배경의 기호화는 복잡한 복수의 선을 탄생시킬 수밖에 없는 것이다.

소녀만화라는 장르가 탄생한 이후, 스토리, 캐릭터의 다양화에 따른 표현기법의 성숙에 익숙해진 독자들은 내면이 복잡한 주인공을 통해서 등장인물들에게 자신을 이입시키며 자기가 겪는, 앞으로 겪어야 할 남녀의 다양한 관계성 모델(宮台 2007, 34)을 미리 만화를 통해서 배우게 된다. 『아사키유메미시』가 연재되기 시작한 79년은 바로 소녀만화의 여성 캐릭터가 세분화되고 그에 맞춰 남성의 캐릭터도 변화해 가면서, 소녀만화 안에서도 다양한 장르가 공존하게 되는 시기라고 할 수 있다. 이것은 복잡한 캐릭터를 그려내기 위해서 작가들이 다양한 커트와 선의 활용을 구사하게 되고 독자들은 그러한 표현기

그림 2. 소녀만화(좌)와 소년만화(우)의 커트 분할 방법(伊藤 2011, 234)

법을 소녀만화의 변화와 더불어 이해하고 습득하게 되는 것이다.

고전 『겐지이야기』를 만화 매체로 변환시킨 『아사키유메미시』는 이와 같은 소녀만화의 성숙과 독자의 리터러시의 확대를 배경으로 이루어진 것인데, 사실은 이와 같은 배경이 없었다면 이 고전작품은 만화화될 수 없었을 것이다. 왜냐하면 『겐지이야기』에는 다양한 캐릭터의 여성들과 그 여성들이 남성과 관계하면서 드러내는 굴곡진 내면 묘사가 압권을 이루는 작품이기 때문이다. 그렇다면 구체적으로 이 고전작품을 어떻게 소녀만화라는 장르로 변환시키고 있는지에 대해서 다음의 장에서 살펴보고자 한다.

3. 문학 캐릭터와 소녀만화 캐릭터 사이

야마토 와키는 『아사키유에미시』 완간 후 인터뷰에서 다음과 같이 이야기하고 있다.

> 『러브팩』을 그릴 무렵부터 『겐지이야기』는 재미있다고 생각했습니다만, 그 무렵에는 제대로 그리더라도 아직 독자가 성장하지 않은 시대였습니다. 그 후에 소녀만화 붐이 있었고 독자도 상당히 독해력이 깊어졌다고 할까, 그런 일이 있어서 겨우 그리기 시작했습니다(大和 1994, 150).

야마토 와키가 『겐지이야기』에서 힌트를 얻어 창작한 최초의 만화인 『러브팩』은 1973년부터 1974년까지 『주간 소녀프렌드(週刊少女フレンド)』에 연재되었다. 이 작품을 창작할 당시부터 『겐지이야기』의 만화화를 염두에 두었으나 독자들의 독해력이 충분한 수준에 이르지 못했다고 판단하고 소녀만화 붐을 통해서 독자의 이해력이 상승한 뒤

에야 『아사키유메미시』의 창작을 결심한 과정이 드러나 있다. 여기에서 가리키는 독자의 독해력이란 앞서 언급한 것처럼 복잡한 스토리와 인물들의 내면을 표현하는 만화 고유의 표현기법을 독자들이 습득한 후, 그에 따라 텍스트를 분석하는 능력을 말한다. 특히 소녀만화라는 매체를 접하는 독자층은 10대에서 20대 초반의 여성이 주를 이루고 있어서 남녀관계의 다양성에 익숙하지 않은 것도 사실이었다. 소녀만화의 성숙이란, 만화를 창작하는 쪽도 표현기법을 다양화해서 복잡한 인간관계를 만들어내고, 독자도 그 창작물의 독해방법을 습득하는 상호작용을 나타내는 것이다. 따라서 위에서 인용한 작자의 언급은 창작하는 쪽이 독자의 스토리텔링 리터러시를 의식하여 독자가 『겐지이야기』라는 고전을 만화 매체로 전환했을 때 이해할 수 있는 텍스트와의 커뮤니케이션 능력을 측정한 결과라고 할 수 있다. 1979년부터 연재된 『아사키유메미시』의 주인공인 히카루 겐지(光源氏)라는 인물이야 말로 이러한 소녀독자들(이 시기에는 10대에 소녀만화를 통해 이해력을 높인 독자층이 20대의 성인이 되었고, 사실상 이들이 주요 독자층이 됨)[8]의 인간관계에 대한 이해의 성숙 없이는 성립될 수 없는 것이었다.

70년대 후반에 이루어진 독자들의 스토리텔링 리터러시의 확대에도 불구하고, 방대한 분량의 장편인 『겐지이야기』를 이해하기 위해서는 소녀만화로 재구성하는 쪽인 작자와 출판사 편집부 나름의 전략이 필요했다. 특히 연재 초기에는 소녀만화라는 장르적 특성과 10대 소녀층을 타겟으로 한 잡지 『mimi』에 연재되었다는 점에서 주인공인 히카루 겐지의 인물상이 소녀들의 이상적인 남성상에서 완전히 벗어날

8) 인터뷰에서 야마토 와키는 소녀만화를 정말 좋아하면서 읽는 연령층을 어린 시절에 소녀만화를 향유하여 성장한 40대(1990년대 시점)라고 이야기하고 있다(大和 1994, 150).

수는 없었다. 이러한 시각은 『아사키유메미시』의 첫 번째 독자이기도 한 편집자의 강한 요구에 의한 것이기도 했다.

> 집필을 시작할 때, 어쨌든 『겐지이야기』를 그리려고 할 때, 편집 담당자가 있었는데요. 그 담당자가 "앞으로 여자를 농락하게 될 테니까 맨 처음에는 귀여운 점을, 그리고 동정을 사지 않으면 안 된다, 그렇게 하지 않으면 용서받지 못 한다."라고 했어요. (웃음) (大和 1994, 167).

수많은 여성들과 교제하는 히카루 겐지라는 인물은 소녀만화의 독자에게는 쉽게 받아들여지지 않았으며 따라서 연재개시 당시에는 원문을 바탕으로 하면서도 좀 더 적극적으로 히카루 겐지라는 인물을 소녀만화라는 장르에 맞출 필요가 있었던 것이다. 그렇다면 이후 문학의 만화화라는 완전히 다른 매체로의 전환을 이해하기 위해서 『겐지이야기』에 대해서 간략히 개괄해 보도록 하겠다.

이 작품은 11세기 초 무라사키 시키부(紫式部)라고 하는 여성작가가 쓴 54권(각 권에는 이름이 붙어있다)의 장편으로, 주인공인 히카루 겐지의 일대기를 그린 정편과 그 자손들의 이야기를 그린 속편으로 이루어져 있다. 작품 내의 시간은 74년이고 등장인물은 무려 490명에 달하는 방대한 분량으로, 주로 당시 귀족의 결혼과 연애를 통한 갈등, 그리고 삶과 죽음에 대해서 이야기하고 있다. 그 내용을 구체적으로 살펴보면, 기리쓰보(桐壺) 천황의 아들로 태어났으나 신분이 그다지 높지 않은 어머니의 죽음으로 마땅한 후견인이 없었던 주인공 히카루(光)는 왕자에서 신하의 신분이 되면서 미타모토(源)라는 성을 받게 된다. 히카루 겐지의 어머니를 너무나 사랑한 천황은 그녀와 닮은 후지쓰보(藤壺)라고 하는 여성을 중궁으로 맞이한다. 그녀가 자신의 어머니와 닮았다는 이야기를 들은 히카루 겐지는 어려서부터 후지쓰보를 잘 따르고 성인이 된 후에는 그녀를 사랑하게 된다. 아버지의 부인이자 중궁인 후지쓰보와 겐지는 결국 밀통을 저지르고, 둘 사이에서는 아들이 태어난다. 그러나 이 사실은 둘만이 아는 비밀로 한 채, 밀통의 결실인 아이는 천황과 후지쓰보의 아들로 키워지고, 결국 천황의 자리에까지 오른다. 히카루 겐지는 후지쓰보와 이루지 못하는 사랑에 괴로워하면서도 상류귀족 계급의 여성뿐만 아니라 중류계급의 여성들과의 사랑도 경험한다. 든든한 후견인이 필요했던 겐지는 아버지에 의해 권세가의 딸인 아오이노 우에(葵の上)와 정략결혼을 하지만 그녀는 유기리(夕霧)라는 아들을 낳고 사망한다. 아버지 기리쓰보 천황의 죽음으로 정치적으로 열세에 몰린 겐지는 스마(須磨)라는 곳에 유리(流離) 되었다가 극적으로 복귀한다. 그 후에는 로쿠조인(六条院)이라는 저택을 지어 자신과 관계를 맺은 여성들을 그곳에 살게 하고 남편이자 후견인으로서의 역할을 한다. 이 저택에서 히카루 겐지의 사랑을 받아 정실부인으로 인정받은 무라사키노 우에(紫の上)는 변변한 후견인이 없는 관계로 겐지가 그녀를 양육하여 자신의 부인으로 삼은 여성으로, 후지쓰보의 조카이기도 하다. 겐지는 천황이 된 자신의 아들에 의해 최고의 영화를 누리고, 무라사키노 우에를 중심으로 한 로쿠조인 세계는 안정된 듯이 보인다. 그러나 그가 40세가 되는 해에 후지쓰보의 조카이자 황녀(皇女)인 온나산노미야(女三宮)를 부인으로 맞이하면서 정실부인으로서 총애를 받던 무라사키노 우에는 겐지의 사랑을 의심하게 되고 로쿠조인 세계의 인간관계에 균열이 생기기 시작한다. 그러한 가운데 온나산노미야는 남몰래 그녀를 흠모하던 가시와기(柏木)라는 귀공자와 밀통을 저지르고, 둘 사이에서는 가오루(薫)라는 아기가 태어난다. 이 사실을 눈치 챈 겐지는 분노하면서도 자신의 과거를 돌이켜보며 가오루를 자신의 아들로 받아들인다. 겐지와의 관계에서 상처를 입은 무라사키노 우에는 출가를 원하지만 그

뜻을 이루지 못한 채 죽게 되고, 그녀를 잃은 겐지는 1년 동안 모습을 드러내지 않다가 후에 불교의 세계로 귀의한다.

작품의 간략한 소개에서도 알 수 있듯이 『겐지이야기』는 히카루 겐지가 수많은 여성들과 사랑을 나누고, 그로 인해 영화에 이르렀다가 결국 출가하는 것이 주된 스토리이기 때문에 아무리 소녀만화의 스토리와 캐릭터의 다양화에 의해 독자의 리터러시가 성숙되었다고 해도 현대 독자들이 그의 여성편력을 이해하는 것은 어려운 일이었다. 따라서 작자와 편집부는 소녀만화의 독자를 위한 다양한 전략을 구사하게 되는데, 이것은 겐지와 후지쓰보의 만남에서부터 나타난다. 어머니의 얼굴을 알지 못하는 어린 겐지가 연못 속의 자신의 얼굴을 바라보면서 어머니와 자신의 얼굴이 닮았을까 궁금해 하는 사이, 물속에 자신과 닮은 여성, 즉 후지쓰보의 얼굴이 비친다. 그러나 이 시점에서 두 사람은 서로가 계모와 계자의 관계가 될 것이라고는 예상하지 못했다[그림 3].

그림 3. 소녀만화의 극적인 해석 (大和 2005a, 61)[9]

이와 같이 원전에는 없는 극적인 만남이 삽입되고 있는 것은 둘의 사랑이 운명이라는 것을 암시하는 것으로, 이후 『아사키유메미시』에서는 어머니인 기리쓰보노 고이(桐壺更衣)를 그리워 한 나머지 후지쓰보에게 사랑을 느끼고, 그러나 그녀

9) 이하 『아사키유메미시』의 그림은 일본에서 출판된 문고판(2005a, 2005b)을 사용했으며, 경우에 따라서 필자가 한국어 번역을 첨부하였다. 한국어로 번역한 부분 중에서 지면에 표현되어 있는 내면고백은 사각형 안에 넣었고 그림에 대한 필자의 설명부분은 그림 옆에 표시해 두었다.

와 맺어질 수 없는 괴로움에 다른 여성들과 만나서 마음을 달래고자 하는 남성으로서 겐지의 모습이 그려진다. 예를 들어 로쿠조노미야슨도코로(六条御息所)의 처소를 방문한 겐지는 발 사이로 비치는 그녀의 얼굴을 보고서 후지쓰보와 닮았다고 생각하고 마음을 연다(大和 2005a, 107). 실제로 원문에서도 겐지의 후지쓰보에 대한 연정은 일관적인 형태로 나타난다. 『겐지이야기』에는 '비오는 날 밤의 품평회(雨夜の品定)'라는 유명한 장면이 있는데, 비오는 날 밤에 남자들이 모여서 여성에 대해서 비평을 하는 것이다. 겐지의 친구인 도노추조(頭中将) 등이 이야기하는 여성에 대한 평가를 듣고 나서도 '겐지는 단 한 사람 그 분을 계속해서 마음속으로 생각하고 계셨다.'(阿部 1994, 90)[10]라고 하여, 후지쓰보만을 떠올리고 있었다. 즉 그는 다른 남성들의 여성들에 대한 평가를 듣고도 후지쓰보만한 여성이 없다는 생각에 사로잡혀 있는 것이다.

그러나 원문에서 묘사하고 있는 겐지의 여러 여성들과의 사랑을 단지 후지쓰보에 대한 미련 때문이라고는 설명할 수 없다.

> 사람의 눈을 피해서 마음에 두고 있는 여성이라도 있는가 하고 의심하는 일도 있었지만, 그렇게 바람둥이 같은, 흔한 바람둥이 같은 짓은 좋아하지 않는 성미여서, 그렇다고는 해도 가끔 한결같이 다른 사람처럼 공교롭게도 너무나 괴롭게 집착을 하시는 버릇이 있으셔서 난처한 행동도 하시곤 한다(阿部 1994, 53-54).[11]

겐지는 성실하지만 가끔 다른 사람처럼 정열에 휘눌려 여성에게 집

10) 君は人ひとりの御ありさまを心の中に思ひつづけたまふ。

11) 忍ぶの乱れや、と疑ひきこゆることもありしかど、さしもあだめき目馴れたるうちつけのすきずきしさなどは好ましからぬ御本性にて、まれには、あながちにひき違へ心づくしなることを御心に思しとどむる癖なむあやにくにて、さるまじき御ふるまひもうちまじりける。

착하는 버릇이 있다고 평가받고 있는데, 이러한 버릇이야 말로 다수의 여성들과 사랑을 거듭하는 겐지의 특성을 단적으로 드러내고 있다. 뿐만 아니라 그의 이 버릇이 등장하는 여성들의 개성을 두드러지게 할 뿐만 아니라 그녀들의 고뇌의 원인이 되기도 한다. 앞서 언급한 것처럼 이 작품에서 히카루 겐지는 수많은 여성과 사랑을 나누고 그 사랑을 통해서 권력자로서 최고의 영화를 누리게 되는데, 이러한 겐지의 특성을 '이로고노미(色好み)'로 설명하고 있다. 이 표현은 현대의 대중들에게는 호색(好色)으로 인식되기 쉬우나, 이 용어를 최초로 학술용어로 사용한 오리구치 시노부(折口信夫)의 정의는 다르다.[12] 여성의 신분, 재능에 따라 그 장점을 식별하여 애착을 갖고 그에 합당한 대우를 한다는 의미의 '이로고노미'는 그러나 현대에서는 통용되기 어려운 관념으로, 독자에게 이것을 이해시키기는 어렵다. 따라서『아사키유메미시』에서 보이는 겐지의 여성들과의 사랑에서는 '이로고노미'의 관념이 제거된 채 어머니에 대한 그리움과 후지쓰보와의 이루어질 수 없는 사랑에 의한 번뇌 때문에 다른 여성들과 접촉한다는 소녀만화의 공식이 필요했던 것이다.

또한 이 소녀만화에서는 후지쓰보에 대한 겐지의 순애보가 무라사키노 우에(紫の上)와의 관계에까지도 영향을 미치고 있다. 온나산노미야(女三宮)와 겐지의 결혼 후, 정실부인의 자리를 위협받게 된 무라사키노 우에는 괴로운 나머지 겐지의 애정을 의심하기 시작하는데, 그 과정에서 그녀는 겐지의 진실한 애정은 이미 죽은 후지쓰보를 향해 있었다고 생각하고 있다[그림 4].

12) 고대국가 성립 이전의 소국의 난립시대에 그것을 병합하여 일본 최초의 왕국인 야마토(大和)가 탄생한다. 이 소국의 정벌과정은 무력으로만 이루어진 것이 아니라 신을 섬기는 소국의 미코(巫女, 신을 섬기고 제사지내는 여성)와의 결혼을 통해서도 이루어졌다. 즉 히카루 겐지라는 인물상에는 이러한 고대국가 성립과정에서 파생된 이상적인 남성상이 투영되어 있다(西村亨 1989, 150-151).

이와 같은 해석은 야마토 와키의 독자적인 것으로, 원문에서는 겐지가 후지쓰보와의 사랑이 이루어지지 못한 것에 대해서 평생의 한으로 간직하고 있지만, 무라사키노 우에에 대한 각별한 애정은 진실한 것으로, 그녀가 후지쓰보와 겐지의 관계를 알고 있다고 암시하는 부분은 확인할 수 없다. 만화에서의 겐지는 평생 한 사람만을 사랑하는 순애보적인 인간이지만, 그 사랑이 성취되지 못하자 자신도 모르게 다른 사람과 관계를 가지는 인물로, 그러나 그 순간만큼은 그 여성에게도 성심성의와 최선을 다하고 있다. 즉 후지쓰보에 대한 한결같은 사랑은 독자의 감성을 자극하고 그 때문에 방황하는 그의 모습은 동정심을 불러일으킬 뿐만 아니라 일시적으로 만난 다른 여성들도 평생 동안 돌봐주는 포용력 있는 남성으로 묘사되고 있는 것이다.

그림 4. 원전에 없는 해석을 첨부한 예 (大和 2005b, 209)

그러나 이와 같은 설정은 1960년대~70년대 중반까지 보이는 소녀만화의 남성상이라는 기준에서 볼 때 당시의 독자들이 도저히 받아들일 수 없는 것이었다. 육체적인 관계의 묘사가 배제되었던 소녀만화의 남자주인공은 그 마음이 항상 여주인공을 향해 있었고, 육체 노한 한 사람에게만 주는 것이 소녀만화의 공식이었기 때문이다. 그러나 70년대 후반부터 다양해진 연애 패턴, 성 묘사의 증가, 리얼리티를 더한 남성 캐릭터의 등장을 통해 소녀만화의 독자들은 히카루 겐지라는 인물의 완벽하지 못한 부분도 어느 정도 받아들일 수 있을 정도로 성숙하

게 되었다.[13] 물론 그러한 독자의 이해는 고대적인 '이로고노미'라는 관념을 충분히 흡수하는 것을 의미하는 것이 아니라, 한 여성과의 못 이룬 사랑이 초래하는 내면의 고독이 다른 여성들과의 관계로 이어진다는 인간의 연약함을 드러내는, 소녀만화 장르 안에서의 겐지에 대한 이해인 것이다. 그리고 이러한 완벽하지 않은 남성의 묘사는 그를 둘러싼 여성들의 내면 묘사의 다양함과 풍부함을 오히려 가능하게 하고 있다(トミヤマ 2014, 211). 다시 말해서 방황하는 남성에 의해 그와 관계를 가지는 여성들의 고뇌는 깊어지고 이것이 그녀들의 내면묘사의 폭을 넓히는 것이다. 이와 같이 소녀만화의 정석인 남성의 한결같은 마음과 원전의 이상적인 남성상인 고대적 이로고노미 사이의 균형을 잡는 것으로 독자의 스토리텔링 리터러시를 확대한 것이라고 할 수 있다.

4. 고전 이해의 빈틈 메우기와 향유의 전략화

일본문화연구의 세계적인 권위자인 도널드 킨(Donald Keene)은 일본고전문학의 최대의 매력에 대해서 "일본어 안에 있는 애매모호함이야말로 많은 사람들이 빠져드는 이유라고 생각합니다."라고 지적하였다.[14] 원작 『겐지이야기』 야말로 다층적인 해석이 가능한 텍스트로 애

13) 『아사카유메미시』의 겐지는 완벽하지 못한 방황하는 남성으로 묘사되어 있지만, 원전에서 겐지가 여러 여성과 관계를 가지는 것은 여성들의 고뇌의 원인이 되고는 있어도, '이로고노미'를 체현하는 이상적인 남성으로 간주되고 있다.

14) ドナルド·キーン名誉博士講演会「国際化時代の日本古典文学の可能性」(도널드 킨 명예박사 강연회 '국제화 시대의 일본고전문학의 가능성', 장소:일본 동양대학(東洋大学), 일시:2012. 5. 26)의 내용은 http://www.toyo.ac.jp/site/schedule/news-5625.html 에 자세히 소개되어 있고 본고도 여기에서 인용하였다. (검색일 : 2014. 9. 23)

매모호한 표현이 독자의 해석의 가능성을 증대시키고 있다. 그리고 이러한 표현 기법은 독자의 이해라는 측면에서 상상력의 자유를 보장하는 장점으로 기능하기도 하지만, 명백하지 않기 때문에 초래되는 텍스트 이해의 빈틈을 낳거나 과도한 해석의 원인이 되기도 한다. 구조주의 문학비평 이래 텍스트 언어해석의 복수성은 이미 당연한 사실이 되어, 롤랑 바르트(Roland Barthes)는 독서는 능동적으로 소통하는 즐김이라고 설명하고(바르트 2007, 11-14) 텍스트는 향유하는 자를 필연적으로 요청하며 따라서 독자는 능동적인 비평가가 된다고 하였다. 그러나 1990년대 움베르토 에코(Umberto Eco)는 스스로 오랜 기간 동안 작품은 해석자에게 열려있다는 것을 주장해 왔으면서도, 텍스트의 과도한 해석, 기상천외한 해석을 제한해야 한다고 주장하기에 이른다(エーコ 2013, 66-97). 이것은 바꿔 말하면, 텍스트는 독자에게 열려있는 것이지만, 무한한 해석의 가능성을 가지는 것은 아니며, 독자는 '텍스트의 의도'를 읽어내야 한다는 것이다. 본고의 집필자도 이러한 에코의 의견에 동의하는 입장으로, 그러한 면에서 볼 때 대중의 리터러시를 고려한 작품을 만들어내는 쪽의 전략이라는 것은 독자에게 어느 정도 일정한 해석을 유도하려고 하는 시도이기도 하다.

『겐지이야기』에 대한 비평사는 이 작품이 탄생한 이후 13세기부터 현재까지 방대한 양의 주석서와 연구논문을 축적하는 것으로 이루어져 왔다. 중세, 근세에 만들어진 주석서는 독자에게 일정한 방향으로 해석해 줄 것을 제시하고 있는 반면, 현대의 연구논문은 서양의 구조주의의 영향으로 무수한 새로운 해석을 제시해 왔다. 이와 같은 작품을 대중이 언어를 통해서 이해한다는 것은 결코 쉬운 일이 아니며, 더군다나 만화화하는 것, 그리고 만화화한 것을 이해하는 것도 지난한 작업이라고 할 수 있다. 문학의 만화매체로의 전환은 언어의 시각화를 초래하는데, 원전의 언어는 말풍선 속의 대사나 내면묘사, 상황 설명

등 언어만으로는 처리할 수 없을 뿐만 아니라 그림으로 표현해야 하기 때문에 언어의 애매모호함은 단순화되기 쉽다. 또한 만화라는 장르를 고려해 볼 때, 시각과 언어를 통한 독자 향수의 스피드성이 요구된다. 말이 가시화된다는 것은 필연적으로 언어와 그림표현에는 차이가 생겨날 수밖에 없는 것을 의미한다(三輪 2014, 179). 당연히 원작과 만화 『아사키유메미시』 사이에도 이러한 거리는 존재하는데, 그 대표적인 예가 후지쓰보와 겐지의 관계이다. 원작에서는 겐지와 후지쓰보의 관계에서 후지쓰보의 겐지에 대한 감정을 정확하게 읽어낼 수 있는 장면이 없다. 따라서 선행연구 중에는 이 관계를 겐지의 일방적인 사랑으로 규정하기도 한다. 그러나 다른 한편으로는, 두 사람이 악기를 연주하는 장면에서 보이는 다음과 같은 표현이 후지쓰보의 겐지에 대한 애정을 드러내는 부분이라고 지적하기도 한다.

> 성인식을 하고 난 후에는 (천황께서도) 지금까지와 마찬가지로 겐지를 발 안으로 들어가지 못하게 하셨기 때문에 관현의 연주가 열리는 날에는 (후지쓰보가) 연주하는 고토와 (겐지의) 피리 소리가 서로 통하고, 희미하게 들리는 후지쓰보의 목소리를 위안으로 삼아 궁중에서의 생활만을 마음에 들어 하신다(阿部 1994, 49).[15]

위의 인용문에 대한 신편 일본고전문학전집의 주를 확인하면 '후지쓰보가 연주하는 고토(琴)의 음에 겐지가 피리 소리를 맞춰 들려준다는 뜻. 그로 인해 마음이 통한다. '통한다'라고 하여 후지쓰보 쪽에서도 마음이 움직인다.'라고 설명하고 있어 서로가 연주하는 악기의 소

---

15) 大人になりたまひて後は、ありしやうに、御簾の内にも入れたまはず、御遊びのをりをり、琴笛の音に聞こえ通ひ、ほのかなる御声を慰めにて、内裏住みのみ好ましうおぼえたまふ。

리가 상대에 대한 마음의 표현이라고 해석하고 있다. 그러나 이것만으로 후지쓰보의 진심을 읽어내기는 어려우며, 또한 이 외에도 텍스트 전체에서 볼 때 후지쓰보의 겐지를 향한 애정표현에 대해서는 구체성이 결여되어 있다. 따라서 선행연구에서도 후지쓰보의 심리를 구체적으로 읽어내려고 하는 시도들이 계속 반복되어 왔던 것이다.

그러나 『아사키유메미시』에서는 이와 같이 원전에서는 배후로 물러나 있는 후지쓰보의 심정을 전면에 내세우고 있는 것이 특징이다. 예를 들면 다음과 같은 장면[그림 5].

그림 5. 매체 변환에 따른 서사구조의 변화
(大和 2005a, 204)

이 장면은 성인이 된 겐지가 후지쓰보와 만나지 못하게 되어 만나달라고 떼를 쓰자 이를 거부하면서도 눈물을 흘리는 후지쓰보의 모습을 확인할 수 있는 부분이다. 이렇게 후지쓰보의 내면을 구체화하는 것은 겐지의 유일한 사랑의 대상이 그녀이고, 그녀 역시 겐지를 사랑하고 있다는, 그렇기 때문에 독자에게 두 사람의 이별에 안타까움을 더하는 요소로 작용하고 있다. 이와 같은 독자의 이해를 유도하는 명확한 해석의 제시는 소녀만화의 팬의 심리를 충족시킬 뿐만 아니라 『겐지이야기』의 선행연구들이 후지쓰보의 내면을 확실하게 읽어내려고 시도해왔던 것처럼 독자들의 고전 텍스트 이해의 빈틈을 메워 작품을 이해하는 방법을 제시하는 역할을 한다.

고전 텍스트의 만화화는 고전과 현대라는 요소를 적절히 섞어서 『겐지이야기』의 독자에게는 애매모호했던 언어의 묘사를 분명하게 그려냄으로서 원전을 이해하도록 하고, 원전과 접한 적이 없는 『아사키유메미시』의 독자들에게는 당시(헤이안 시대(平安時代, 795년~1182년))의 시대적인 요소, 남녀관계의 구체적인 양상, 이야기의 무대가 되는 배경 등을 시각화하여 제시함으로서 원전에 대한 흥미를 유발시키고 있다. 즉 독자의 고전 이해의 빈틈을 메우는 수법은 원전의 팬들과 현대 만화 팬들의 욕구를 모두 충족시키고 있는 것이다.

이와 같은 수법은 애매모호하게 그려져 있는 등장인물의 심리를 전면에 내세우는 것에 그치는 것이 아니라, 간과해 버리기 쉬운 인물관계와 그 사이에 오고가는 심리를 정확히 끄집어내어 충분히 설명하고 있는 점에서도 확인할 수 있다.

무라시키노 우에가 온나산노미야와 겐지의 결혼 후 오랫동안 마음의 병을 치유하지 못한 채 죽음을 예감하고 겐지에게 출가하게 해달라는 허락을 구한다. 그러나 겐지는 끝내 무라사키노 우에에 대한 집착을 버리지 못하고 죽을 때까지 함께하고 싶다면서 출가를 만류한다. 그러한 겐지의 말에 무라사키노 우에는 다음과 같이 출가를 체념하면서 복잡한 심경을 드러낸다.

> (겐지의) 허락 없이 나 혼자의 마음으로 출가를 결정하는 것도 남 보기에 좋지 않고 내 자신도 원하지 않는 것이라고 생각하면서 이 일 때문에 겐지를 원망하셨다. 내 자신의 죄업이 많기 때문에 염원을 성취하지 못하는 것 아닌가라고 생각되어 그것이 마음에 걸리시는 것이었다(阿部 1996, 494-495).[16]

이 인용문에서 주목해야 할 점은 겐지의 허락없이 출가하는 것은

---

16) 御ゆるしなくて、心ひとつに思し立たむも、さまあしく本意なきやうなれば、このことによりてぞ、女君は恨めしく思ひきこえたまひける。わが御身をも、罪軽かるまじきにやと、うしろめたく思されけり。

무라사키노 우에의 뜻과도 어긋난다는 점, 그리고 출가하지 못하는 것에 대해서 겐지를 원망하면서도 무엇보다도 무라사키노 우에 자신의 운명을 원망하는 자세이다. 그녀가 출가를 강행하지 않고, 그러한 행위는 자신의 뜻이 아니라고 하는 것은 홀로 남겨질 겐지의 고독을 충분히 인식하고 있기 때문이며, 이것은 겐지의 여성문제로 온갖 고통을 겪으면서도 평생을 함께 해 왔기 때문에 그를 깊이 이해하는 심정에서 비롯된 것이라고 할 수 있다. 그러나 위의 인용문에서 읽어낼 수 있는 이러한 무라사키노 우에의 심경은 지금까지의 겐지와 무라사키노 우에의 관계를 충분히 이해하고 텍스트를 정독해 온 독자만이 정확하게 읽어낼 수 있는 성질의 것이다. 다시 말해서 무라사키노 우에는 겐지의 모든 것을 포용하는 여성으로, 독자는 스스로가 상당한 노력을 통해서 이와 같은 텍스트 해석의 빈틈 부분을 메워가야만 하는 것이다.

그에 비해서 『아사카유메미시』는 이 점을 전면에 내세워 무라사키노 우에가 죽음에 이르는 과정에서 강조하고 있다. 자신의 소녀시절, 겐지의 만남에서 부터 현재까지 둘 사이에 일어났던 다양한 사건들을 되돌아보면서—이 부분은 원전에는 없음— 무라사키노 우에는 겐지에게 사랑받고 그를 사랑해 온 것에 자신의 인생의 의미가 있다고 정의하고 있다. 뿐만 아니라 그렇기 때문에 더욱 겐지를 홀로 남겨두고 출가하는 것도, 그를 혼자 남겨두고 죽는 것도 괴롭다는 심경을 반복해서 드러낸다. 이러한 묘사는 원전 텍스트에는 확실하게 세시되어 있지는 않지만, 이 작품을 깊게 음미하는 독자들만이 읽어 낼 수 있는 것이다. 그러나 만화에는 이 부분을 접한 독자들이 죽음을 앞둔 무라사키노 우에의 내면이 실제로 그러했을 것이라고 납득할 수 있도록 구성되어 있다[그림 6].

이와 같이 원전에 대한 해석을 가장 읽기 쉽게 제시한 예는 유가오

그림 6. 원전의 해석을 전면에 내세운 예
(大和 2005b, 301)

(夕顔)라고 하는 중류계급의 여성이 전(前) 동궁의 아내인 로쿠조노미야슨도코로(六条御息所)의 살아있는 영혼(생령(生霊))에게 살해당하는 부분이다. 로쿠조노미야슨도코로는 교양과 시를 읊는 소질, 신분 등 무엇 하나 빠지지 않고 두루 갖추고 있으며, 장차 천황이 될 동궁의 부인이었기 때문에 유독 자존심이 강했다. 동궁이 죽고 미망인이 된 후 그녀는 연하인 겐지를 사랑하게 되었으나 그에게는 권세가의 딸인 아오이노 우에(葵の上)라는 정실부인이 있었고, 그렇기 때문에 자신이 정실부인이 될 수 없다는 것을 인식하고 있었다. 고뇌는 날로 깊어져 자신도 모르는 사이에 영혼이 몸속에서 빠져나가 아오이노 우에를 죽인다.[17] 그러나 이 이야기는 유가오와 겐지가 만난 훨씬 뒤에 일어났던 일(약 4~5년 후)이며, 사실 원전에는 유가오를 로쿠조노미야슨도코로가 죽였다는 표현은 나오지 않는다. 다만, 유가오와 겐지가 만날 때 그가 로쿠조노미야슨도코로의 저택이 있는 로쿠조 부근에 사는 여성과 만나고 있었다는 점, 후에 아오이노 우에를 살해했다는 점에서 유가오 역시 그녀에 의해서 죽은 것이 아닐까

17) 사실 이 부분에 대한 원전의 표현은 상당히 애매해서 아오이노 우에를 로쿠조노미야슨도코로가 죽였다는 결정적인 증거를 찾기는 어렵다. 그러나 원한을 품은 영혼에게 지배당한 아오이노 우에가 괴로워하자 로쿠조노미야슨도코로의 상태도 이상해지는 모습이 동시에 그려지고 있어서, 이러한 정황으로 미루어 볼 때 아오이노 우에의 죽음의 원인이 로쿠조노미야슨도코로에게 있다고 해석할 수 있다.

추측할 수 있을 뿐이다. 이러한 해석은 중세시대의 주석서에서도 확인할 수 있는데, 그러나 오히려 현대의 해석에서는 표현이 명확하지 않기 때문에 유가오를 죽인 인물이 로쿠조노미야슨도코로라고 확정 짓는 것을 유보하는 경우가 많다. 그렇지만 로쿠조노미야슨도코로라고 하는 여성의 캐릭터는 강렬하고 유가오를 그녀가 죽였다는 것이 이야기의 전개를 드라마틱하게 하는 것은 확실하다. 더구나 『아사키유메미시』가 소녀만화라는 점을 고려해 볼 때, 이러한 여성 사이의 시기와 질투를 명백히 드러내는 것은 독자의 흥미를 유발시키는 데에 큰 역할을 한다. 따라서 이 작품에서는 로쿠조노미야슨도코로와 겐지의 만남, 유가오와 겐지의 만남, 그리고 유가오와 영혼이 빠져나가는 로쿠조노미야슨도코로의 이상한 상태를 번갈아 묘사함으로서, 유가오를 살해한 범인이 바로 자존심 강하고 자신의 약한 모습을 남에게 절대로 보이지 않는 로쿠조노미야슨도코로라는 점을 효과적으로 암시하고 있다.

『아사키유메미시』가 소녀만화라는 한정된 장르적 제약에도 불구하고, 높은 작품성으로 평가받고, 나아가 소녀만화 팬뿐만 아니라 남녀노소를 불문하고 다양한 독자층을 확보하게 된 이유는 바로 이러한 전문성이 요구되는 고도의 텍스트 이해를 그림과 적절한 대사, 해석의 전면화를 통해서 알기 쉽게 제공하고 있기 때문이다. 그러한 점에서 소녀만화라는 매체로의 전환은 고전 텍스트, 즉 문자 텍스트가 가지고 있는 한계를 뛰어넘어 폭넓은 독자를 흡수하는데 성공한 것이다.

5. 커트분할과 언어 배치에 의한 다성(多声, Polyphony)의 재현

만화의 커트는 시간의 흐름과 밀접한 관계가 있다. 움직임의 연속성을 나타내는 경우나 사건의 계기(繼起), 등장인물의 시점의 이동 등 하나의 지면에 연속되는 커트가 시간의 흐름을 암시한다. 또한 그러한 커트 구성 속의 여러 가지 만화적 기호들, 예를 들어 속도감을 드러내는 선의 표시, 소리를 나타내는 음성의 기호들은 시간의 연속성을 구체적으로 드러내는데 일조한다. 그러한 점에서 만화는 수많은 커트로 구성된 영화적 수법과 자주 비교되곤 했다. 1960년대 이후 소년만화가 명확한 커트 구분과 그것의 연속성에 의해 영화적 리얼리즘을 추구했다는 것은 비평가들이 자주 지적하는 부분인데, 그렇다면 커트분할이 불특정한 소녀만화의 경우는 어떠한가?

소녀만화의 불명확한 커트분할과 지면의 언어배치의 산재는 이야기 전개를 나타내는 외면적 시간의 흐름을 표현하는 동시에 등장인물들의 내면적 시간의 표현을 가능하게 했다. 이러한 내면 고백적인 수법의 치중은 영화적이기 보다는 문학이 추구해온 내면고백과 유사하다. 즉 소녀만화의 커트의 불확정성은 문학적 리얼리즘의 표현을 가능하게 한 것이다.

『겐지이야기』의 서술 방법은 일반적으로 내레이터의 역할을 하는 복수의 화자, 등장인물의 대사나 내면묘사, 갑자기 작자로 생각되는 인물이 얼굴을 내밀어 의견을 이야기하는 소시지(草子地)로 이루어져 있다. 그러나 이 서술 방법의 특징은 이 요소들이 텍스트 안에서 확실하게 구분되어 있지 않고, 특히 화자의 경우, 등장인물의 내면을 추측하거나, 대변하는 등 상당히 복잡한 형태로 나타난다. 『겐지이야기』에서 내면묘사가 급증하는 와카나(若菜)권의 예를 살펴보면 다음과 같다.

(A) ① 이와 같이 뇨보들이 보통 일이 아닌 것처럼 이야기하고 있는 것도 듣기 거북하다고 생각하시고 "이렇게 이분 저분 많이 계시지만, (겐지)의 마음에 드시어 화려하고 훌륭한 신분을 타고난 분은 계시지 않다고, 언제나 보시고 부족하다고 생각하시고 계신 곳에 미야(온나산노미야)가 이렇게 시집을 오신 것은 참으로 훌륭한 일입니다. 역시 어린아이 같은 마음을 잃지 않은 탓인지 저도 사이좋게 지냈으면 좋겠다고 생각하고 있습니다만, 공교롭게도 거리가 있는 것처럼 사람들이 이야기하고 있는 것인지요. 신분이 비슷하거나 신분이 아래거나 하는 사람에게야말로 그냥 흘러들을 수 없는 일도 생기지만 (온나산노미야)에게는 황송하게도 가엾은 사정이 있는 것 같으니 어떻게든 안심하셨으면 하는 마음입니다"라고 말씀하셨기 때문에 나카쓰카사와 추조노키미 등 뇨보들은 눈짓을 하면서 '지나치게 배려를 하시는구나'라고 말하고 있음에 틀림없다. 옛날에는 (겐지가) 특별하게 정을 준 사람들이지만 오랜 기간 무라사키노 우에를 모시고 있어 지금은 모두 (그녀의) 편을 들고 있는 것 같다. ② 다른 분들도 '어떻게 생각하고 계실까. 처음부터 체념하고 있었던 사람들은 오히려 마음이 편한 것을'이라는 등, 이쪽을 살피면서 문안을 드리는 분도 있는데, ③ (무라사키노 우에는) 이렇게 추측을 하는 사람들이야 말로 오히려 괴롭구나. 이 세상이라는 것은 정말이지 허무한 것인데 어찌 괴로워하고만 있을 수 있겠는가 ④하는 등의 생각을 하고 계신다(阿部 1996, 66-67).[18]

---

18) 다음의 [그림 7]의 이해를 돕기 위해 일본어 원문을 인용해 둔다.
① かう人のただならず言ひ思ひたるも、聞きにくしと思して、「かくこれかれあまたものしたまふめれど、御心にかなひていまめかしくすぐれたる際にもあらずと、目馴れてさうざうしく思したりつるに、この宮のかく渡りたまへるこそめやすけれ。なは童心の失せぬにやあらむ、我も睦びきこえてあらまほしきを、あいなく隔てあるさまに人々やとりなさむとすらむ。等しきほど、劣りざまなど思ふ人にこそ、ただならず耳たつこともおのづから出で来るわざなれ、かたじけなく心苦しき御事なめれば、いかで心おかれたてまつらじとなむ思ふ」などのたまへば、中務、中将の君などやうの人々目をくはせつつ、「あまりなる御思ひやりかな」など言ふべし。昔は、ただならぬさまに、使ひ馴らしたまひし人どもなれど、年ごろはこの御方にさぶらひて、みな心寄せきこえたるなめり。②他御方々よりも、「いかに思すらむ。もとより思ひ離れたる人々は、なか

인용문은 온나산노미야와 겐지의 신혼 3일째 밤, 홀로 남아 있는 무라사키노 우에를 둘러싸고 그녀를 모시는 뇨보(女房)[19]들이 정실부인의 자리를 위협받는 무라사키노 우에와 황녀인 온나산노미야 사이에서 좋지 않은 일이 발생하지는 않을까 수군대는 장면이다. 무라사키노 우에의 친정에는 그녀를 보호해 줄만한 후견인은 없었지만, 겐지는 많은 부인들 중에서 그녀를 가장 사랑했고, 따라서 현재의 정실부인의 자리는 겐지의 애정으로만 유지되고 있다는 사실을 그녀 스스로가 가장 잘 이해하고 있었다. 그러나 애정이라는 것은 변하기 쉬운 것. 지금까지는 겐지의 사랑을 받을 수 있었지만, 영원한 것은 없기 때문에 그 사랑이 식는다면 갈 곳도 없는 그녀로서는 로쿠조인에서 괴로운 나날을 보내야만 했다. 하물며 무라사키노 우에가 10살 무렵부터 겐지의 손에 키워져 각별한 애정을 받아 정실부인이 되었다는 점을 감안해 볼 때, 13~4살 정도의 어린 나이로, 심지어 천황의 딸인 온나산노미야가 겐지의 사랑을 독차지할 가능성이 있다고 생각했던 것이다. 그럼에도 불구하고 이 결혼이 성사될 때부터 무라사키노 우에는 자신의 고뇌를 어느 누구에게도 말하지 않고 겉으로는 의연하게 대처하고 있었다. 그런 와중에 뇨보들이 무라사키노 우에와 온나산노미야 사이에 무슨 일이 벌어지지는 않을지 이야기하고 있어, 무라사키노 우에가 괴로워하는 부분을 정확히 집어내고 있는 것이다.

なか心やすきを」など、おもむけつつとぶらひきこえたまふもあるを、③かく推しはかる人こそなかなかくるしけれ、世の中もいと常なきものを、などてかさのみは思ひ悩まむ、④など思す。

19) 뇨보(女房)란 '방(房)'을 가지고 있고 주인을 모시는 여성으로, 천황과 중궁(中宮), 상황(上皇)과 여원(女院), 그리고 귀족을 모셨다. 모두 출신에 따라 계급에 차이가 있고 부르는 이름에 따라서도 신분의 차이를 알 수 있었다(秋山 2001, 328).

이러한 소리를 듣고 무라사키노 우에는 그녀들에게 자신은 온나산노미야와 사이좋게 지내고 싶은데 주변사람들이 억측을 한다고 나무란다. 밑줄부분 ①은 화자가 무라사키노 우에의 심정을 이야기하는 부분이고, 따옴표로 (“ ”) 표시한 부분은 무라사키노 우에가 뇨보들을 나무라는 대사 부분이다. 그리고 이중 밑줄 부분은 뇨보들이 서로 눈짓을 하면서 수군대는 것을 화자가 추측하여 전하는 것으로, 뇨보들이 ‘지나치게 배려를 하시는구나’라고 말하고 있음에 틀림없다는 형태로 화자의 목소리가 직접 개입되고 있다. ② 부분은 화자가 다른 여성들이 ‘어떻게 생각하고 계실까. 처음부터 체념하고 있었던 사람들은 오히려 마음이 편한 것을’이라고 하면서 무라사키노 우에의 기색을 살피기 위해서 찾아온다는 사실을 드러내고 있다. 그리고 문맥은 무라사키노 우에의 내면묘사로 전환된다(③ 부분). 그러나 이 부분의 표현은 단순히 무라사키노 우에의 내면묘사라고만은 할 수 없는데, 그 이유는 이 부분의 서술이 ④의 ‘하는 등의 생각을 하신다’라는 표현으로 마무리되고 있다는 점에서 ③의 문장은 화자가 무라사키노 우에의 내면과 중첩시켜 그것을 직접적으로 묘사하고 있는 형태라고도 설명할 수 있기 때문이다. 이러한 복잡한 본문은 현대의 독자에게는 익숙하지 않은 서술방법이라고 하겠다.

이와 같이 『겐지이야기』의 본문은 매우 복잡한 서술형태를 띠고 있어서, 등장인물의 내면적 고백을 포함한 다양한 목소리(다성(多声))가 겹겹이 텍스트 안에서 발화되고 있는 점이 특징이다.

이러한 복잡한 본문을 『아사키유메미시』는 어떻게 처리하고 있는가?

그림 7. 다양한 커트로 표현된 인물들의 대사와 내면묘사(大和 2005b, 218)

그림 8. 한 커트 안에 대사와 내면묘사를 병치시킨 예(大和 2005b, 219)

위의 [그림 7]을 살펴보면 먼저 전게본문(A)의 무라사키노 우에의 대사는 두 번째 사각형 형태의 커트와 말풍선 속에 담겨 뇨보를 향해서 사용되고 있다. 그리고 무라사키 우에와 온나산노미야의 관계에 대한 뇨보들의 억측은 첫 번째 커트의 부채를 들고 있는 여성들이 수군거리는 모습으로 묘사되어 있고, 한편 다른 여성들이 무라사키노 우에를 떠보며 수군대고 있는 모습이 아래 왼쪽 커트의 무라사키노 우에의 배후에 있는 여성들의 모습으로 시각화되고 있다. 그리고 [그림 7]에서 시작된 뇨보들과의 대화는 다음 페이지([그림 8] 부분)의 말풍선에서 매듭지어지고 있다. 또한 그와 병행하여 한 커트 안에 어떤 경우라도 좋지 않은 마음을 먹어서는 안 된다는 무라사키노 우에의 심정이 담겨있다. 그렇다면 [그림 7]의 아랫부분에서 보이는 무라사키노 우에의 내면고백과 배후에 있는 여성들의 수군거림, 그리고 뇨보들의 대사와 동시 진행형으로 묘사되는 무라사키노 우에의 내면묘사가 각각 하나의 커트에 담겨 있어 독자들도 이것을 거의 시간의 간격을 두지 않고 시각적으로 확인하게 되는 것이다. 이러한 점은 위의 전게본문(A)에서 독자들이 먼저 대사부분을 읽고, 다른 여성들이 질투하는 문장에서 무라사키노 우에의 내면묘사로 전환되는 것을 시간의 순서에 따라 읽어나가야 한다는 점에서 눈으로 확인하는 속도가 다르다. 다시 말해서 만화에서는 인물의 대화와 심리를 한 커트 안에서 동시에 다층적으로 표현할 수 있어서 독자의 독해의 속도가 빠르다는 것이 드러난다.

그러나 여기에서 주목해야 할 것은 독자의 독서속도가 다르다고는 하더라도, 만화의 스토리텔링 방법의 다층성이야말로 원전의 다성성을 가장 효과적으로 구현할 수 있는 방법이라는 점이다. 위의 본문(A)의 설명에서 밝혔듯이 『겐지이야기』는 화사의 목소리와 등장인물의 내면묘사가 그 경계를 명확히 구분할 수 없게 되어 있어 마치 화사에

의한 설명과 등장인물의 내면묘사가 동시에 이루어지고 있는 것처럼 표현되어 있다. 그리고 ②와 ③의 문장의 경우, 독자들은 텍스트를 순서대로 읽지만, 실제로 다른 여성들이 무라사키노 우에의 눈치를 살피고 그에 대해서 무라사키노 우에가 그런 여성들의 태도가 괴롭다고 생각하는 상황은 거의 동시적인 것이다. 즉 만화의 표현은 이러한 상황을 정확하게 한 커트 안에 표현하고 있다. 이야기(모노가타리)의 이러한 다성적인 측면은 영화나 연극, 애니메이션과 같은 매체로는 표현해내기 어렵다. 만화, 특히 그 중에서도 소녀만화라는 매체가 가진 특징, 즉 커트와 커트를 겹쳐놓고 하나의 커트 안에서 여러가지 층위의 것(그림, 말풍선, 말풍선을 배제한 내면묘사, 지문)을 함께 묘사할 수 있다는 이점[20]에 의해 독자들에게 전달되고 있는 것이다.

야마토 와키는 원전의 만화화에 대해 '고전의 문장을 현대문으로 번역하는 것과는 다르다. 이야기를 잘 읽고 드라마로서 재구축하지 않으면 안 된다. ……시작해 보니 그와 같은 잔꾀는 이 괴물과 같은 작품에는 통하지 않고 오히려 순수하게 따르는 편이 전체를 해치지 않고 완성할 수 있다는 것을 깨달았다. ……현대어 번역에서 줄거리를 머리에 넣고 주석본의 위와 옆의 주석에 눈을 돌리면서 음독하여 커트구성을 시작한다. 음독함에 따라 천 년 전의 어두침침한 건물과 등불에 떠오르는 붉은 의상이 눈앞에 보이는 것은 이상한 일이었다.'라고 이야기한다. 여기에서 작자는 『겐지이야기』를 충실하게 재현하면서도 만화로 재구축하고자 했다는 것을 밝히고 있다. 또한 음독을 통해서 커

20) 나쓰메 후사노스케는 소년만화와 소녀만화의 차이에 대해서 '시간의 연속과 압축/개방이 1960년대까지의 소년·청년만화 커트의 기본적 기능이었다고 한다면 70년대의 소녀만화는 장식적인 커트구성의 개발에 의해 커트에 비시간연속적인 중층, 착종, 내포라는 새로운 기능을 초래했다. 그에 의해서 미묘한 뉘앙스의, 의식의 복잡한 중층과 착종의 표현이 가능해진 것이다.'라고 설명하고 있다(夏目 1995, 181).

트를 구성했다는 것도 언급하고 있는데, 이것은 한 커트 안에 모노가타리가 가지는 다성성을 시각적 표현으로 구현해 낼 수 있는 것을 의미하는 것이며, 바로 다성적인 모노가타리에 가장 적합한 것이 소녀만화 장르라는것을 보여주는 것이다.

『겐지이야기』를 소녀만화라는 매체로 성공적으로 전환할 수 있었던 것은 창작하는 쪽의 표현기법의 발달과 독자의 소녀만화에 대한 이해도의 성숙뿐만 아니라 모노가타리라는 문학 장르가 가지는 다성성을 효과적으로 표현할 수 있었기 때문이다. 이와 같은 조합에 의해 『아사키유메미시』는 많은 대중들에게 수용되고, 그 결과 원전 『겐지이야기』의 이해뿐만 아니라 원전을 향유하려고 하는 사람들의 수요를 증대시키는데 성공한 것이다.

6. 마무리

1990년대 일본의 만화비평은 '다른 매체와 구분할 수 있는 만화 고유의 특징은 무엇인가?'라는 점에 주목한 것이었다. 기존의 만화는 사회를 반영한다는 '사회반영론'이나 발표되는 매체에 따라서 만화의 특징이 정해진다는 외재적 분석(미디어론)은 만화라는 매체가 가지고 있는 고유의 특성에 주목했다기보다는 매체 중 한 가지로서 만화의 역할, 의미에 주목한 것이라고 할 수 있다. 또한 1990년대 만화비평에는 만화가 커트로 이루어진 이야기라는 점에서 무수한 커트로 구성된 영화와 자주 비교되기도 했던 동서양의 만화 비평의 역사에 대한 반감도 포함되어 있었다. 따라서 나쓰메 후사노스케를 중심으로 한 만화 안의 내재적 표현의 분석은 만화의 고유성을 논하고자 했다는 점에서 높이 평가할 수 있을 것이다.

그럼에도 불구하고 그들이 만화의 선, 예를 들면 바람이 부는 것을 표현하는 선의 양태, 커트 분할의 역할 등을 기호학적 관점에서 논하는 내재적 분석이 외부에 있는 독자의 존재를 이미 전제로 하고 내부의 표현에 집착했다는 모순을 드러낸다. 즉 기호학의 관점에서 텍스트의 내재적 분석을 한다는 것은 암암리에 외재적 분석을 인정한다는 것을 나타내는 것이다.

1990년대 만화를 둘러싼 논쟁을 통해 드러나는 것은 독자라는 존재이다. 그리고 독자가 텍스트를 이해한다는 것은 같은 시대에 사는 사람들이 기호를 공유하고 있다는 공시성뿐만 아니라 이전부터 텍스트의 기호를 습득해 온 통시적 습관이 있다는 것을 의미하며, 이것은 독자의 리터러시의 문제와 직결된다. 그렇기 때문에 창작을 하는 쪽도, 특히 대중을 대상으로 하는 매체인 만화를 창작하는 쪽은 이러한 독자의 리터러시 문제에 민감할 수밖에 없는 것이다.

고전 작품인 『겐지이야기』는 근현대 일본의 중요한 문화콘텐츠로 자리잡아 영화, 연극, 애니메이션, 만화작품으로 재탄생되었다. 이 장편의 고전을 이해하는 것은 독자들에게 많은 시간과 노력이 요구되며, 뿐만 아니라 그 작품성만큼 해독하고 이해하는 데에도 상당히 어려운 부분이 있다. 따라서 현대의 문화콘텐츠로서 다양한 매체에서 이 작품을 재구성하는 것은 원전 이해를 위한 하나의 길잡이가 될 뿐만 아니라 현대의 새로운 해석을 가미하여 그 나름대로의 재미를 추구할 수 있다는 점에서 이점이 있다. 그럼에도 불구하고 기존의 선행연구에서는 『겐지이야기』를 만화화한 『아사키유메미시』를 고찰할 때 오로지 원전 텍스트와의 비교를 통한 차이점을 논하는 데 그치고 있다. 그러나 스토리텔링을 하는 매체가 다른 만큼 만화와 텍스트 사이에 차이가 생기는 것은 필연적이며, 오히려 원전 텍스트를 비교적 충실하게 구현하고 있는 『아사키유메미시』가 스토리텔링을 하는 과정에서 대중과의 소통을 위해 어떤 전략을 사용하고 있는지를 밝히는 것이 중요할 것이다.

고전을 소녀만화라는 매체로 전환할 때에는 그 기획 단계에서 대중의 만화 텍스트와의 소통 능력인 스토리텔링 리터러시, 즉 독자의 향유의 전략화를 의식하지 않을 수 없다. 그 결과 소녀만화의 독자와 창작자 간의 상호 성숙이라는 시대적 변화를 기다려야만 했고, 원문의 해석에 관한 고민과 전략이 필요했다. 물론 텍스트는 독자에게 열려있는 것이지만, 소녀만화가 보다 많은 독자층을 확보하기 위해서는 명확한 해석의 제시와 원문의 효과적인 시각화 전략이 요구되었던 것이다. 그 결과 『겐지이야기』를 다른 매체로 전환시킨 것 중에서 가장 성공한 사례로 『아사키유메미시』을 꼽을 수 있으며, 이로 인해 원전과 소녀만화의 팬을 만족시킬 뿐만 아니라 원전의 새로운 독자층까지 확보하고 있는 것이다.

참고문헌

김정희. 2014. "고전의 만화화를 통한 독자의 스토리텔링 리터러시의 확대."『일본사상』27: 53-78.

박기수. 2006. "애니메이션 리터러시, 향유의 전략화."『한국학연구』25: 45-70.

롤랑 바르트. 2007.『텍스트의 즐거움』. 김희영 옮김. 동문선.

류은영. 2012. "비평에서 리터러시로-영화 스토리텔링 리터러시를 중심으로."『세계문학비교연구』38: 346.

秋山虔編. 2001.『王朝語辞典』. 東京大学出版会.

足立典子. 2003. "これは仮定だけど､そんなときはぼく--少女まんがと同性愛. "『マンガ美研　マンガの美/学的な次元への接近』. ジャックリーヌ· ベルント編.　醍醐書房.

石子順造. 1994.『戦後マンガ史ノート』. 精選復刻紀伊国屋親書.

泉信行. 2008.『漫画をめぐる冒険(上)』. ピアノ· ファイア· パブリシング.

泉信行. 2009.『漫画をめぐる冒険(下)』. ピアノ· ファイア· パブリシング.

イズミノユウキ. 2007. "ヘブン· ノウズ· ハウ· ザット· ビジョン· イズ＜ねじれる視線＞と＜神の視点＞の可能性."『ユリイカ』臨時増刊号39-14: 146-172.

伊藤剛. 2011.『テヅカ· イヅ· デッド』. NTT出版.

瓜生吉則. 1998. "夏目房之介はどこにいる." 夏目房之介.『手塚治虫の冒険』. 小学館文庫.

瓜生吉則. 2000. "マンガを語ることの＜現在＞." 吉見俊哉編.『メディア· スタディーズ』. 136. せりか書房.

ウンベルト· エーコ. 2013.『エーコの読みと深読み』. 柳谷啓子編. 岩波書店.

鈴木繁. 2010. "SF研究からみたマンガ/コミックス研究ージャンル、トランスメデイア、トランスナショナリズム." ジャクリーヌ· ベルトン編.『世界のコミックスとコミックスの世界ーグローバルなマンガ研究の可能性を開くために』. 京都精華大学国際マンガ研究センター.

鶴見俊介. 1967. "芸術の発展."『限界芸術論』. 勁草書房.

トミヤマユキコ. 2014. "モブ化するイケメンたち."『ユリイカ』46-10: 211.

ドナルド· キーン名誉博士講演会「国際化時代の日本古典文学の可能性」http://www.toyo. ac.jp/ site/schedule/news-5625.html

ドラージ土屋浩美. 2012. "七〇年代ー花開く少女マンガ."『「少女マンガ」ワンダーランド』. 菅聡子他編. 16. 明治書院.

長谷正人. 2000.『映像という神秘と快楽ー＜世界＞と触れ合うためのレッスン』. 以文社.

夏目房之介. 1995. "コマの基本原理を読み解く読者の心理を誘導するコマ割りというマジック."『マンガの読み方』. 夏目房之介編. 13. 宝島社.

夏目房之介. 1995.『手塚治虫はどこにいる』. ちくま文庫.

西村亨. 1989. "いろごのみ."『源氏物語事典』別冊国文学36. 秋山虔編. 150~151. 学燈社.

萩尾望都. 2016.『ポーの一族』3. 小学館文庫. 小学館.

藤本由香里. 2008.『私の居場所はどこにあるの？』. 朝日文庫.

マクラウド, スコット. 1998.『マンガ学』. 岡田斗司夫監訳. 美術出版社.

松谷容作. 2012. “マンガを語るもう一つの方法:認知心理学を援用した『ドラえもん』分析を通じて.” 神戸大学文学部芸術学研究室『美学芸術学論集』8: 16-32.

宮台真司. 2007.『サブカルチャー神話解体』. ちくま文庫.

宮本大人. 2005年1月29日. “マンガ史的記憶の現在ー浦沢直樹を中心にー.” 朝日カルチャーセンター· 夏目房之介のマンガ塾第2回. 인용은 伊藤剛. 2011.『テヅカ· イヅ· デッド』. NTT出版.에 의함.

三輪健太朗. 2014.『マンガと映画』. NTT出版.

村上知彦. 1979.『黄昏通信(トワイライト· タイムス)ー同時代まんがのために』. ブロンズ社.

紫式部. 1994. 新編日本古典文学全集『源氏物語』①. 阿部秋生, 秋山虔他編. 小学館.

紫式部. 1994. 新編日本古典文学全集『源氏物語』④. 阿部秋生, 秋山虔他編. 小学館.

四方田犬彦. 1994.『漫画原論』. 筑摩書房.

大和和紀. 2005a.『あさきゆめみし』1. 講談社漫画文庫.

大和和紀. 2005b.『あさきゆめみし』4. 講談社漫画文庫.

大和和紀. 1994. “(インタビュー)あさきゆめみし.”『源氏研究』4. 翰林書房.

大和和紀. 1995. “月報 少女マンガとしての源氏物語.” 新日本古典文学大系『源氏物語』3. 柳井滋他編. 岩波書店.

제6장
뉴미디어와 장르

제6장 뉴미디어와 장르

- 인터넷 통신을 중심으로

안미경

1. 들어가는 말

현대 사회는 신문, 잡지, 라디오와 같은 대중매체가 컴퓨터의 등장으로 인해 인터넷과 SNS로 확장됨으로써 대중매체의 종류와 기능이 더욱 커지고 다양해 졌다. 대중매체는 사람들의 삶에서 더 이상 분리할 수 없게 되었으며, 그 안에서 이루어지는 언어사용 또한 사람들의 삶을 이끌며 언어변화를 주도하는 힘을 갖고 있다. 특히 인터넷은 그 자체로 중요한 대중 매체의 기능을 맡고 있을 뿐만 아니라 기존의 매체들, 즉 신문이나 잡지와 같은 인쇄매체, 라디오, 텔레비전 등의 방송매체를 그 안에 흡수, 통합하여 '다중매체'시대를 연 점에서 주목할 만하다. 인터넷과 스마트폰을 기반으로 만들어진 사회적 소통망(SNS)은 인터넷 언어 사용의 중심마당이 되었고 그 사회적 소통망에서 '통신언어'라는 새로운 말을 읽고 쓰게 되었다 (이정복 2013가: 35, 2014: 67-68).

대중 매체 언어를 신문, 방송의 언어만을 염두에 두는 전통적 관례에 따른다면 대중 매체의 언어가 되기 위해서는 (1)과 같은 조건을 충족시켜야 한다 (이선웅 2009: 117-118). (1)에 따르면 대중을 대상으로 한 강연이나 연설은 (1가, 다)의 조건을 어기므로 대중매체의 언어라고 볼 수 없고 드라마나 영화 속에서의 대화는 (1가-라)전체의 조건을 어기므로 대중매체의 언어라고 볼 수 없다. 그와는 달리 (1)에 따르면, (1가-라)전체의 조건을 충족시키는 서적에서 쓰인 언어 모두가 대중매체의 언어라고 할 수도 있다. 그러므로 문자언어는 근본적으로 따지면 대중매체언어라고 할 수 있는 것이다. 그러나 서적에 쓰인 문자언어는 신문이나 잡지 등을 매체로 한 문자언어와 대비하여 일반적이고 무표적이기 때문에 문자언어 일반을 '대중매체 언어'로 규정짓는 것은 학문적으로 유의미하다고 할 수 없다 (이선웅 2009: 117-118).

(1) 대중매체언어의 조건

가. 특정매체(media)를 이용한 의사소통이어야 한다.

나. 메시지의 수신자(addressee)가 일반적으로 다수이다.

다. 발신자(addresser)와 수신자가 대면적(face to face) 상황에 있지 않다.

라. 수신자는 발신자로 역할 교대 (role-turning)를 하지 않는다.

(이선웅 2009: 118)

박영준 (2006: 15)에서는 '매체'를 화자와 청자의 의사소통 과정에 개입하는 '전달 물체'로 정의하고 있다. 이에 따르면 '매체'에는 신문의 언어, 방송의 언어, 서적의 언어 뿐만 아니라 인터넷 통신 언어까지 포함된다. 현대 사회에서 가장 중요한 역할을 수행하고 있으며 20세기 언어 사용에 많은 변화를 가지고 온 매체는 바로 인터넷 통신이다. 인터넷은 시공간적 제약을 극복하고 메시지를 대량으로 전달 할 수 있으며 발신자와 수신자간의 실시간 소통을 가능하게 해 주었다. 인터넷 매체는 신문이나 잡지와 같은 인쇄 매체와 방송매체와는 구별되는 (2)와 같은 환경적 특성을 갖고 있다 (이정복 2003).

(2) 인터넷 매체의 환경적 특성

가. 익명성과 비대면성

나. 양방향성

다. 빠른 전달성과 즉시성

라. 대중성과 개방성 (이정복 2003: 65-79)

이와 같은 환경적 특성을 지니고 있는 인터넷은 기존의 인쇄매체와 방송매체를 그 안에 융합하고 통합함으로써 '다중매체'로서의 기능을 수행하고 있다. 인터넷은 종이 신문보다 더 빠르고 널리 신문기사를 전달하며 이 매체의 수신자들(누리꾼들)은 기사에 댓글을 붙임으로써 생각과 정보를 공유하고 양방향으로 서로 소통하게 된다. 신문, 라디오, 텔레비전이 수동적인 매체인데 반해 인터넷은 양방향으로 소통이 가능한 능동적인 대중매체이다 (이정복 2013).

이러한 인터넷과 같은 새롭고 획기적인 커뮤니케이션 매체의 출현은 새로운 장르의 출현을 가능하게 하였다. 입말과 글말의 성격을 함께 갖고 있으며 언어적인 요소와 비언어적인 요소가 통합되어 화자들 간의 상호작용을 가능하게 하는 새로운 장르, 즉 '인터넷 통신'이 등장하게 된 것이다. 본고에서는 이 인터넷 통신언어의 다양한 특성을 표기적, 음운적, 의미, 화용적인 측면에서 살펴보고자 한다. 특히 인터넷 통신 언어의 글말, 즉 문어적인 특성인 그래픽적인 면을 살펴보고, 감정을 나타내는 그림기호(pictorial sign)와 같은 그래픽적인 요소를 이용하여 화자의 태도나 관점, 생각, 혹은 감성을 인터넷에서 어떻게 표현하는지 분석할 것이다. 또한 인터넷 통신 언어에서 소리의 실이나 억양과 같은 입말, 즉 구어의 특성이 어떤 그래픽적인 요소와 기호로 표현되는지 살펴보고자 한다. 끝으로, 이와 같이 인터넷에서 다양하게 사용되고 있는 이모티콘(감정 그림 기호)이 언어의 서로 다른 방식, 즉 입말과 글말 형식을 혼합한 인터모댈러티(intermodality)와 어떤 연관성이 있는지 살펴보겠다.

2. 대중 매체의 발달과 언어사용의 관계

인간의 의사전달 방법에 대한 여러 연구 중에서 '매체 언어'라는 개념은 상당히 흥미로운 개념으로 보여 진다. 일부 연구자들은 '매체 언어'라는 개념을 입에서 귀로 전달되는 경로와 이렇게 입에서 귀로 전달되는 경로를 제외한 다른 방식으로 전달되는 언어의 사용 및 결과로 정의하였다. 이와 같이 여러 연구자들이 언급한 경로나 매개 수단을 우리는 '언어 매체'로 정의할 수 있다. 일반적으로 본다면 최초의 언어 매체는 문자로 볼 수 있다. 동서양의 역사상 거의 일치되는 시점에서 문자가 나타났고 이러한 문자의 출현으로 구술 언어 즉 입말은 문자 체계를 통한 '글자 언어'로 일차적 확대 변형 되었다. 문자는 순간적으로 표현되는 입말에 대해 상대적으로 긴 시간동안의 구체적 실체로 바꾸어 나타낼 수 있는 중요한 방법이다. 인간의 청각과 언어가 표현되는 구체적 상황에 절대적으로 의존하는 입말 즉 '언어'가 '문자'의 등장을 통해 시각에 의해 표현을 습득하고 기록의 도움으로 시 공간의 제약을 넘어 선다. '문자'가 인간 사이의 소통에 중요한 역할을 하는 것은 인간이 아는 시공간의 제약을 넘어서 인간 사이의 소통에 중요한 역할을 하는 전기가 되었다는데 있다. 이러한 '문자'의 등장으로 인간 사이의 소통이 시간과 공간을 초월하는 새로운 기록 매체로서의 의미를 가지고 후대에게 선대의 인간이 가지는 지식과 경험을 전달하게 하는 중요한 전기를 가진다. 점토판, 나무판, 도자기판, 석판 그리고 종이와 같은 기록 매체의 표면에 인간의 손이나 다른 도구에 의해 기록되고 시각적으로 인지되는 '문자'는 기존의 인간 사이의 의미 전달의 통로를 바꾸는 중요한 역할을 수행한다. 이는 '입'에서 '귀'로 전달되는 의미 전달의 과정을 인간이 사용하는 기록 매체에 의해 '도구'에서 '눈'으로 변경함으로써 언어 매체인 의미와 문자 매체인 의미를 동시에 가지는 '매체 언어'의 의미를 부여할 수 있다. 이러한 문자는 기존의 '언어 매체'와 다르게 현대 사회에서 우리가 아는 다른 매체들 즉, 전화, 라디와 TV등의 가장 원시적이고 기본적인 비대면 의사소통의 출발점으로써의 의미를 부여하고 있다(이정복 2014: 68-69).

위에서 살펴본 바와 같이 문자의 등장은 기존의 인간 사이의 경험과 지식을 언어의 구전을 통한 전달과는 달리 종이나 기타의 기록 매체 위에 문자를 기록하거나 인쇄함으로서 '서적'의 형태로 제작할 수 있게 한다. 이러한 '서적'의 등장은 다른 시대, 국가, 사회에 기술과 지식을 전수하게 하였고 인쇄술의 발달을 통해 '서적'을 다양한 사회로 보급하도록 하였다. 이러한 '서적'의 보급은 문자 즉 글자 언어라는 매체의 전성기를 가지게 하는 가장 중요한 원인이다. '문자' 제작의 단계를 자동화 하는 인쇄 기법의 발달을 바탕으로 인간은 '문자'라는 매체를 사용하여 '언어 매체'가 가지는 시공간의 제약을 넘는 새로운 혁명의 시대를 맞이하게 된다. 이러한 '문자'의 '자동화'가 가지는 혁명은 언어 사용의 역사를 발전하는 중요한 계기가 된다. 그러므로 '서적' 혹은 '문서'라는 형태를 가지는 문자 언어는 인간의 의사를 표현하고 전달하는 구체적인 양식 일뿐 아니라 '매체 언어'의 하나로써 새로운 표현 방식으로 볼 수 있다. '서적'은 시대, 문화, 국가를 초월한 독사를 가진다는 의미에서 일반적인 대중 매체의 특징을 모두 가지며 중요한 공동

점을 공유하고 있다. 하지만 우리가 서적을 전형적인 현대의 대중 매체들 즉 라디오, TV나 인터넷과 구별하는 가중 근본적인 부분은 다음의 두 가지로 요약 가능하다. 그 하나는 '신속한 전달성'의 부족이며 나머지 하나는 전문가가 아닌 일반 대중에게 언어 매체에 비해 전문적인 지식이 없는 경우 매체의 '가독성' 및 '전달성'이 떨어진다는 점이다(이정복 2014: 69-70).

신문은 서적과 달리 인쇄 매체에 비해 가장 본격적으로 대중 매체의 기능을 가지며 등장하였다. 이에 비해 잡지는 서적과 시문의 중간적인 특징을 가지는 대중 매체로서의 기능을 가진다. 신문의 등장은 일반 대중에게 대량의 정보를 일방적인 방향으로 신속하고 대량으로 전달하는 특징을 가진다. 또한 신문의 등장으로 나타난 새로운 언어 사용의 변화는 기존의 서적의 등장과 달리 제한된 신문의 지면과 이에 따른 기사의 제목의 선정성 및 대중의 주목성을 위해 압축된 표현의 사용과 기존 문법의 의도적인 무시로 나타난다. 이러한 새로운 언어의 사용은 선정적인 신문사들의 과잉 경쟁으로 야기되었으며 자극적이고 선정적이며 과장된 언어의 사용을 부축임으로서 언어 매체의 변경과 새로운 언어 제작 및 문법의 변경을 가져 왔다(이정복 2014: 70).

현대 사회의 다양한 매체인 라디오와 방송 매체의 등장으로 인한 언어 매체의 질적 양적 변화 또한 무사할 수 없는 특징을 보인다. 이러한 현대 사회에 나타난 새로운 방송 매체의 특징으로는 신속성 즉, 빠른 전달성과 공간적 전달의 확장을 들 수 있다. 기존의 문자 매체인 신문이나 잡지, 서적과 달리 새운 방송 매체들은 시간적 공간적 전달의 범위를 전 세계로 확장이 가능하게 함으로써 기존의 매체와는 차별화된 특성을 보인다. 또한 방송 매체에서 사용되는 언어는 빠른 시간 안에 시청자들의 생각과 감정을 하나로 묶어 주는 특징을 가진다. 이에 따라 기존의 언어 매체나 문자 매체를 뛰어넘는 확정성과 신속성을 가진다. 하지만 방송 매체의 경우 훈련된 방송인들을 통해 정제된 혹은 계획된 내용을 가지는 언어가 일방적으로 대중에게 전달하게 함으로써 일반 대중은 수동적인 일방적인 수신사의 역할을 벗어날 수 없는 제한된 역할을 가진다(이정복 2014: 70-71).

아울러 기술의 발전에 따라 최근에 나타난 컴퓨터와 인터넷, 그리고 스마트 폰을 이용한 새로운 전달 매체의 등장을 주목해 보지 않을 수 없다. 이러한 매체의 등장은 기존의 매체들과는 다른 새로운 특성을 보인다. 그 중 인터넷의 경우는 '시공간적 제약'을 초월하고 대중에게 대량 전달되는 특징을 갖고 있으며 기존의 매체와는 유사하지만 보다 더 자유롭고 대량으로 전세계에 무작위 전달이 가능하다는 특성을 보인다. 인터넷 SNS의 경우에는 SNS 사용자들의 언어 매체 사용에 의도적인 문법과 언어의 변형을 경험하는 특징을 가진다. SNS를 사용하는 인터넷 화자들은 새로운 어휘나 줄임말, 표현을 사용하여 기존의 언어를 무시하고 변형하여 재창조를 수행하였다. 이러한 재미 위주의 언어 변형은 화자와 독자간의 감정의 공유를 목적으로 하며 이에 따라 화자와 독자가 독립적인 커뮤니티를 구성하여 감정의 공유를 가지는 특성을 보인다. 또한 새로운 인터넷 SNS 매체를 이용하여 SNS 스타로 등장한 많은 화자들은 자신만의 언어를 사용하여 일반 대중에게 자신을 새로운 매체로 전파하며 독립적인 위상을 가지려 한다. 또한 인터넷의 경우 기존의 매체와는 달리 실시간적으로 양방향의 소통을 가능하게 한다. 기존의 수동적인 수용자에 머물렀던 일반 대중은 인터넷 매체를 통해 '댓글'을 달고 비판적인 의견을 블로그에 추가적으로 게시하기도 한다. 이에 따라 인터넷은 기존의 서적, 신문과 같은 문자 매체나 라디오, TV와 같은 방송 매체와는 달리 능동적인 매체로서의 특징을 가진다. 또한 최근에는 스마트 폰을 이용하여 화자가 경험하고 있는 상황을 동영상으로 인터넷상에 적극적으로 게시함으로써 현재 상황과 그 상황을 겪는 화자의 느낌을 보다 적극적으로 수용자 즉, 일반 대중에게 전달하는 특징을 가진다. 이러한 변화는 기존 방송 매체의 수용자들이 의도적으로 주어진 수동적인 감정의 수용자의 역할에서 상황이 동영상으로 중계되어 방송 현장에서 느끼는 화자의 감정을 그대로 공유하게 한다. 이러한 새로운 SNS 동영상 매체의 등장은 일반 대중이 보다 더 적극적으로 감정을 화자와 공유하는 상황을 만들어 일반 대중의 감정의 변화를 통해 기존의 일반적인 언어, 문자, 방송 매체를 사용하는 경우보다 더욱 적극적으로 화자의 주장에 대한 동의와 참여를 가져 올 수 있게 한다. 따라서 이러한 새로운 매체의 출현은 기존의 언어와 감정의 공유 구조에 적극적인 변화를 일으키는 계기가 된다.

3. 인터넷 매체에 관한 선행연구

인터넷 매체의 사용이 언어사용에 있어 획기적인 변화를 가져왔기에 최근 인터넷 매체에 대한 어휘, 문법, 화용적인 측면에서 다양한 연구가 행해져 왔다. 먼저, 정한데로(2010)은 '-따름요', '-뿐요', '-채요'와 같은 '의존명사+-요' 형태가 인터넷 통신언어에서 어떤 의미로 사용되었는지를 분석하였다. '의존명사+-요'형태의 사용은 언어사용에 있어서의 경제성을 확보하고 인터넷 공간에서 청자를 높이기 위한 전략이라고 밝혔다. 장경현(2013)은 '-더이다', '-한다는', '-긔', '-음'등의 형태가 인터넷 공간에서 빈번히 쓰이는 현상을 '종결어미 회피 현상'으로 보고 그 유형과 실제 화용적인 측면을 연구하였다. 장경현(2013)은 기존의 종결어미 형식들을 쓰지 않고 '-더이다', '-한다는', '-긔', '-음'과 같은 특수 종결 형식들을 쓰는 이유를 '지향성 완화', '탈개인화 및 집단 소속감 표시', '공손성 약화' 현상으로 보았다. 김순자(2011)은 인터넷 통신 언어에서 쓰이는 '말줄임표'의 의미와 기능을 기본 의미기능 외에 발화 경계 표시, 생략된 요소 내용, 주제 표시, 정보 탐색 과정의 구현 등의 다양한 담화 기능으로 보았다. 허상희(2013)는 대학생들이 교수에게 보낸 전자편지(e-mail) 자료를 분석하여 전자편지에서 사용하는 공손 전략에 관해 화용론적으로 분석하였다.

안태형(2010, 2011)은 인터넷 토론 게시판 언어를 분석 대상으로 하여 댓글의 유형에 따라 분류하고 토론 댓글의 상호 방어 전략과 그 전략의 선택요인을 분석하였다. 양명희 (2011)은 '아고라' 토론 댓글을 텍스트언어학적 관점에서 분석하였다. '아고라' 토론 댓글의 상대 경어법과 의문문, 청유형과 명령형 어미 사용등과 같은 언어적 특징을 살펴보고 토론 참여자가 어떻게 상호 작용을 하는지를 텍스트언어학적 관점에서 분석하였다. 조국현(2011)은 정치인 팬 커뮤니티의 하나인 '박사모'를 연구 대상으로 팬 커뮤니티의 커뮤니케이션 양상과 특성, 그리고 팬 커뮤니티의 정체성을 드러내기 위해 사용된 텍스트 유형을 분석하였다.

허상희(2011)은 트위터의 개념과 특징, 소통구조에 관해 살펴보았다. 트위터는 사회의 변화로 인해 창조된 새로운 의사소통 방법 중 하나이며 트위터의 특징을 '관계 맺기의 일방향성, 간편성, 확장성'으로 설명하였다. 이정복 (2011가)은 트위터의 기능과 소통 구조 및 언어의 특징을 파악하고 이를 바탕으로 트위터를 대화방, 게시판, 전자편지 및 상호간의 의사 전달의 기능을 모두 가진 '다기능 인터넷 소통망'으로 정의하였다. 이러한 트위터를 사용하는 누리꾼들의 언어 사용을 분석하여 트위터를 사용하는 누리꾼들은 트위터 이용 목적에 따라 다양한 입말과 글말의 대화와 독백, 언어 규범을 준수하는 표현과 비

규범적인 표현을 혼용하여 쓴다고 제시하였다. 이정복 (2011가)의 트위터에서의 언어분석을 토대로, 이정복(2011나)에서는 주로 트위터에서 수집하고 분석한 자료를 근거로 '한다요체'라는 문체의 쓰임과 기능, 발생, 유행배경, 사용자 분포등을 사회 언어학적 분석 방법을 통하여 연구하였다. 이정복(2011다)는 트위터 누리꾼의 호칭어 사용 자료를 사회 언어학 관점에서 연구함으로써 한국의 인터넷 공간의 트위터를 통한 사회적 소통 및 통신 언어 사용의 실태와 한국의 세대 간 의사 소통 문제의 원인을 구체적으로 분석하였다. 또 다른 관점에서 기존의 인터넷 상에서 이루어지는 언어 사용에 대해 보다 비판적 관점을 가진 연구도 존재한다. 이러한 연구로는 대표적으로 이정복(2010다), 이정복(2013나) 등이 있다. 이정복(2010다)은 여러 가지 인터넷 공간에서 쓰이는 표현 중에 '김여사, 오크녀, 된장녀'등과 같은 성적 비하 표현들, 특히 여성 비하적 표현의 쓰임을 주목하였다. 이러한 '여성' 비하적인 표현들은 '남성'과 '대중매체'의 암묵적 공모라는 대조적 시점에서 연구하여서 그에 대해 분석하였다. 이와 같은여성 비하적 표현들은 실제 인간관계와 더불어 인터넷 상에서의 불평등한 양성 관계를 반영하면서도 상당히 자극적인 동시에 기존의 상업적인 매체들 즉 신문이나 방송 등과 같은 상업적 대중 매체의 영향을 받은 것으로 파악하였다. 또한 이정복 (2013나)에서는 기존의 인터넷 누리꾼들이 쓰는 비하적인 다른 표현들로 '홍어, 과메기, 전라디언, 개쌍도'와 같은 지역 차별적 표현들의 쓰임과 사용 유형을 비판적인 시각에서 연구하였다.

4. 새로운 장르, 인터넷 통신 언어의 특성

3장에서 살펴본 바와 같이 최근 인터넷 매체 언어에 대한 어휘, 문법, 화용적인 측면에서 다양한 연구가 행해져 왔으나 4장에서는 이 인터넷 통신언어의 다양한 특성을 표기적, 음운적, 의미, 화용적인 측면에서 더 포괄적으로 살펴보고자 한다. 인터넷 매체 언어에는 입말의 특성인 시간적 제약성, 즉시성, 면대면(face-to-face), 쌍방향성, 느슨한 구조(loosely structured), 운율적인 풍부성과 글말의 특징인 공간적 제약성, 정교한 구조와 함께 철자에 의한 도상성이 드러난다 (Crystal 2001). 그리하여 4장에서는 특히 인터넷 통신 언어의 글말, 즉 문어적인 특성인 그래픽적인 면을 살펴보고, 감정을 나타내는 그림기호(pictorial sign)와 같은 그래픽적인 요소가 화자의 태도나 관점, 생각, 혹은 감정을 나타내는 것과 어떤 연관성이 있는지 살펴볼 것이다. 또한 인터넷 매체 언어에서 소리의 길이나 억양과 같은 입말, 즉 구어의 특성이 어떤 그래픽적인 요소와 기호로 표현되는지 살펴볼 것이다. 또한 인터넷에서 다양하게 사용되고 있는 감정 그림 기호(이모티콘)가 언어의 서로 다른 방식, 즉 입말과 글말 형식을 혼합한 인터모댈러티(intermodality)와 어떤 연관성이 있는지 살펴보겠다.

4.1. 인터넷 통신언어의 표기적 특성

4.1.1. 연음 및 소리나는 대로 적기

인터넷 매체언어의 연음표기 및 소리나는 대로 적기는 제한된 시간에 되도록 많은 정보를 전달하려는 전반적인 인터넷 공간의 의사소통에서 보이는 양식이라고 할 수 있다. 인터넷 매체를 통한 실시간 의사소통은 빠른 시간에 많은 정보를 전달하고자 하므로 띄어쓰기를 어기게 되고 소리나는 대로 이어적기를 함으로서 제한된 공간에서 최대한의 정보를 전달하고자 하는 것이다. 이는 인터넷 매체를 이용한 커뮤케이션 과정에서 경제성의 원칙(Economy Principle)이 강하게 작용했다고 볼 수 있다 (이주희 2010).

(1) MSN메신저 이용자의 대화

가1: 오늘 또 춥다네 딱 이틀 **괴안타**가

나1: 그러네 주말에 계속 춥다지?

가2: 날씨언니가 두껍게 입었드라구

나2: 헉 **빨랑봄됬으면 조켔으**

가3: 봄두 만만치 안을 거야..**구정엔설오니**?

나3: 엉

가4: 며칠이나?

나4: 근데 아마짧게 울 아들이 유치원행사하는데

가5: 엉.글쿠나

나5: 연습해야한데--;;;

가6: 어떤연습

나6: 춤추고 노래하고

가7: 행사의 목적이 있을 거 아냐?

나7: 흠..유치원에서 학기가 바뀌면 한번씩 해. 재롱잔치 같은거

가8: 일종의 종강 ㅋㅋㅋ

나8: ㅋㅋ**그러치**

(이주희 2010: 6)

(1)의 대화를 살펴보면 '빨랑봄됬으면' '구정엔설오니?'와 같이 전반적으로 띄어쓰기가 지켜지지 않았고 '괴안타가', '조켔으'와 같이 주로

소리나는 대로 표기하는 것을 알 수 있다. 또한 '설(서울)', '울(우리)'처럼 모음을 탈락하여 단음절로 축약하는 현상 혹은 '글쿠나(그렇구나)'처럼 'ㅎ'과 'ㄱ'을 결합하거나 '그러치(그렇지)'와 같이 'ㅎ'과 'ㅈ'을 결합시켜 격음화 시키는 현상 또한 경제성의 원리와 연관이 있다.

(2) 다음 카페의 10대 게시판 목록

1569091 빕순이4시간째눈팅중이고, 꿈이뭐에요?

1569089 티켓 오셨냐고 묻고싶고, 스탠딩 어떻게 뚫어요?

1569088 저 오늘 7시에 잤어요

1569086 지마켓티켓이벵아시죠?

1569085 지용오빠 미니홈퓌 배경음악이요!

1569084 저 목도리 골라주세요

1569083 **벌써학원끈내고온오쳐왔고**, 다들 뭐하세요!!

1569082 이런 급친 어때요?

1569081 오랜만이구, 언제까지나요

1569080 지금 있는 분들은 다 중학생이죠

1568079 **플카만드신분들도와주세요**

1569078 저 이벤트하고 첫 콘가시는분들 들어와보세요

(이주희 2010: 7)

(2)의 '벌써학원끈내고온오쳐왔고', '플카만드신분들도와주세요'에서와 같이 철자법과 띄어쓰기가 제대로 지켜지지 않았다. 철자법을 지키기 보다는 소리나는 대로 적고 띄어쓰기 라는 규칙 또한 지켜지지 않음을 확인 할 수 있다. 이와 같은 인터넷 통신 언어의 연음 및 소리나는 대로 적기와 같은 표기적 특성은 한국어의 통신언어에만 국한된 것이 아니라 (3)에서 보는 바와 같이 영어권의 통신언어에서도 나

타나는 보편적인 현상이다.

(3) 영어권 문자 메시지의 표기

cos, cuz	because	fone	phone
omigod	oh my god	ova	over
skool	school	sum	some
Thru	through	wot	what
luv	love	shud	should
thanx	thanks	ya	you

(Crystal 2008: 48; 이주희 2010: 7)

4.1.2. 음차표기

소리 나는 대로 적기 외에 또 다른 통신언어의 표기적 특성 중의 하나는 숫자와 기호 혹은 철자의 소리만을 이용하여 뜻을 전달하는 음차표기 방식이다. 이 표기방식에 있어 이용되는 숫자, 기호, 철자의 원래의 의미와 이들이 통합되어 전달하고자 하는 의미와는 전혀 관련성이 없다.(이주희 2010) 아래 (4)에서 살펴보는 바와 같이 숫자 뿐 아니라 @과 같은 기호나 한국어 및 영어의 철자의 음만을 빌려와 조합한 다음 그 혼용된 음이 나타내는 뜻으로 내용을 전달하는 것이다. 예를 들어, 가)의 1004는 숫자 1004에서 소리만을 음차하여 표기함으로써 그 소리가 나타내는 '천사'를 뜻하는 것이다.

(4) 음차표기

가) 8282(빨리빨리), 1010235(열열히 사모해), 1004(천사), 2(to)

나) b(be), @(at)

다) b4(before), @mos(atoms), 2day(today)

하2루(하이루), 미5(미워), 감4(감사), 바2(bye), 밥5(바보)

(이주희 2010: 8)

나)의 경우는, 영어의 철자 b의 소리가 동사 'be'와 일치하므로 b의 소리를 음차한 것이고 @은 영어의 전치사 'at'을 음차한 것이다. 다)의 경우는, 'b4'에서 보는 것처럼 각각 영어의 'b'와 숫자 4에서 각각 음차한 경우처럼, 영어와 한국어에서 각각 소리만을 차용한 것이다. 인터넷 통신 언어의 음차표기는 소리만을 차용하는 것이고 시각적인 면과는 관련이 없다. (이주희 2010: 8)

(5) YY U R 'too wise you are'

(이주희 2010: 9)

따라서 (4)의 경우의 단어 뿐 아니라 (5)에서 볼 수 있듯이 문장의 단위로까지 음차 표기가 가능하다. (5)의 YY U R는 Y가 2개 있으므로 two Ys로 읽을 수 있고 two Ys는 'too wise'와 발음이 유사하다. 그리고 U는 you를 R은 are의 발음과 유사하므로 각각 소리만을 음차해서 'too wise you are'을 YY U R로 표현할 수 있는 것이다. (이주희 2010: 9)

4.2 인터넷 통신 언어의 음운적 특성

4.2.1. 이화현상

4.1에서 살펴본 것처럼 인터넷 매체언어는 주로 소리나는 대로 표기하는 것이 특징이다. 그럼에도 불구하고 인터넷 통신언어에서는 구개음화와 같은 동화 현상이 그다지 생산적이지 않다 (전병용2002). 구개음화 현상은 ㄷ,ㅌ이 후행하는 l와 같은 전설모음의 영향으로 소음위

치를 좀 더 모음의 발화 위치에 가깝게 만듦으로써 조음의 편이성을 위해 경구개음에 해당하는 ㅈ,ㅊ으로 조음위치가 바뀌는 동화현상이다. 인터넷 통신 언어의 소리나는 대로 표기 하는 특성을 고려하면 자질이 다른 두 소리가 같아지거나 어느 정도 비슷한 자질로 닮아가는 구개음화와 같은 동화 현상이 많이 일어날 것 같지만 이와는 반대로 역구개음화와 같은 이화현상이 종종 일어난다. 인터넷 통신언어에서의 역구개음화 현상은 (6)에서 볼 수 있듯이 구개음화 현상이 역으로 나타나는 현상이다. 이 역구개음화 현상은 일상 언어에서는 일어나지 않는 인터넷 통신 언어만의 독특한 현상이라고 볼 수 있다. (6)에서 보는 바와 같이 인터넷 통신언어에서는 ㅈ, ㅊ이 ㄷ,ㅌ으로 변이되는 역구개음화와 같은 이화 현상이 일어나는 것이다. 이 역구개음화 현상은 인터넷 통신언어의 재미와 파격을 추구하는 언어 유희적인 측면에서 비롯된 것이라고 볼 수 있다 (전병용2002; 이주희 2010).

(6) 죽음 → 듀금, 우리 → 듀리, 정말 → 뎡말

(이주희 2010: 11)

4.2.2. 탈락과 축약

인터넷 통신 언어의 주요한 음운적인 특성으로 탈락현상을 들 수 있다. 통신언어의 탈락은 크게 음절 탈락과 음소 탈락으로 나누어 분류할 수 있는데 이 탈락현상도 빠른 시간에 많은 정보를 전달하고자 하는 경제성의 원칙(Economy Principle)과 연관이 있다. (6가, 나)의 경우는 '컴퓨터'에서 '컴'으로 하나의 단어에서 음절단위가 떨어져 나가는 경우이고 (6다, 라)의 경우는 예를 들어 '강력추천'에서 '강추'로, '공동구매'에서 '공구'로 둘이상의 단어에서 각각 하나의 음절을 취하여 음절 탈락이 일어나는 경우이다.

(6) 음절 탈락

가)컴(컴퓨터), 방(대화방)

나) 범생(모범생), 스펠(스펠링)

다) 강추(강력추천), 공구(공동구매), 성모(정기모임), 비번(비밀번호)

라) 폰팅(폰 미팅), 눈팅(눈 채팅), 방장(대화방 장)

(이주희 2010: 13)

(7) 멜(메일), 겜(게임), 울(우리), 담(다음), 설(서울), 짱(짜증)

(이주희 2010: 13)

음운의 탈락 현상은 (6)의 경우처럼 음절의 탈락이 일어나는 경우 외에 (7)에서처럼 음소가 탈락되는 경우도 있다. '멜'과 '겜'과 같이 'ㅣ'와 같은 모음이 탈락되는 경우와 '짱'과 같이 자음과 모음이 동시에 탈락되는 경우도 있다. (이주희 2010: 13) 이와 같이 인터넷 통신언어는 언어 사용에 있어서 경제성의 원리가 적용되고 화자들간의 재미와 유희를 위한 언어사용이 우선시되기 때문에 기존의 언어의 규범의 파괴가 일어나는 것이다.

4.2.3. 첨가

인터넷 통신 언어의 음운 탈락 현상이 제한된 공간과 빠른 시간내에 최대한의 정보를 전달하고자 하는 커뮤케이션 과정에서의 경세싱의 원칙(Economy Principle)이 적용된 것인 데 반해 음운 첨가 현상은 시간이나 타자수를 줄이려는 경제성의 원리와는 무관하다. 오히려 인터넷 통신 언어의 화자들의 커뮤케이션 과정에서의 재미나 오락을 추구하는 유희적 욕구에 의해 생겨난 현상이라고 볼 수 있다 (이주희 2010: 14).

(8) 마눌과 같이 등산을 ...갔다.

마눌! 아고 힘들어 작!... 나 업어줘 응?...

남자체면에 할수 없이 업었다

그란디 등에 업힌 마눌이 허는 말 **여봉**-나 **무겁징**?^^

그러자 남푠왈~구럼 무겁징!

얼굴은 철판, 머리는 돌, 간은 **부었징**, 그러니 **마니무겁징**!!

(원주 섬강회 카페)

(이주희 2010: 15)

위 (8)의 '여봉', '무겁징', '부었징'에서처럼, 인터넷 통신 언어에서는 공명음인 'o'이 종종 첨가된다. 공명음은 비공명음에 비하여 부드럽고 친근한 느낌을 주기 때문에 재미와 상호 작용을 중요하게 여기는 인터넷 공간에서 친근함이나 귀여움 혹은 재치를 가미하기에 적당한 음소이다. (9가)에서 보는 바와 같이 모음을 첨가하여 음절의 수를 늘리는 경우도 있다. (이주희 2010) '자알~'의 경우처럼 'ㅏ'라는 모음을 첨가하여 재미를 추구 할 뿐만 아니라 음절의 수를 늘림으로서 억양과 같은 입말의 요소를 글말에 첨가하여 인터넷 통신 화자들간의 좀 더 생생한 상호 작용을 가능하게 할 수 있다.

(9) 모음 첨가

가) 막낸이들끼리 **자알**~논다소녀시대 서현과...다른이...막둥이들끼리

자알~ 논다ㅋㅋ ㅋ (BKonereroom의 카페)

나) 우수회원이네여~~~~~~~

캄수아합니다~ ㅠㅠ (이지혜 팬 카페)

(이주희 2010: 16)

인터넷 통신언어에서 경제성의 원리에 어긋나는 음절이나 음운의 첨가 현상이 탈락현상에 비해 선호되지는 않는다. 하지만 (9나)의 '캄수아합니다'처럼 인터넷 통신언어의 이용자들은 재미를 추구하고 전달하고자 하는 표현의 의미를 강조하기 위해 음절이나 음운을 첨가하기도 한다. (이주희 2010)

4.3. 인터넷 통신언어 청자 경어법

인터넷 통신의 커뮤니케이션은 메시지의 수신자 즉, 청자의 나이, 지위, 성별 등의 정보를 모르는 상태에서 이루어지는 것이 대부분이다. 일부 상황에서 특정한 사람을 청자로 지정하고 대화를 하는 경우도 있지만 대부분은 불특정 다수를 대상으로 커뮤니케이션을 하는 경우가 더 많다. 인터넷 통신언어에서 청자 경어법의 6단계인 하십시오체, 해요체, 하오체, 하게체, 해체, 해라체가 모두 쓰인다. 6단계의 청자 경어법 중 가장 공손한 하십시오체는 (10)에서 보는 바와 같이, 잘 모르는 다수의 청자를 대상으로 대화를 진행하는 것이라서 공손함을 더하기 위해 쓰인 것으로 여겨진다. (이정복 2004: 223-224)

(10) 하십시오체

가. 따님 수줍어 하는 폼이 너무 **귀엽습니다**.

나. 질문 1: 환삼덩굴 두번째 사진의 정체는 **뭡니까**?

다. 날마다 행복한 시간들 **되십시오**.

다~1. 다른 갤러리에서 본 기억은 있는데 치매가 심해서... 좀만 기다려 **보시지요***^^*

라. 하지만 디지털 아트와 디지털 사진은 분명히 틀립니다. 만약 이것이 필카라고 해 **봅시다**. 필카에도 분명 원본에 손을 대는 암실 기법은 여러 가지 존재합니다.

(이정복 2004: 224)

(11)의 해요체 형식도 인터넷 공간에서 빈번히 사용되고 있으나 일상어와의 차이는 보이지 않는다. (12)의 하게체 형식은 인터넷 통신 언어에서는 거의 쓰지 않는다고 해도 좋을 정도로 낮은 빈도를 보였다. (12)의 경우는 나이가 상대적으로 많은 연장자가 본인보다 어리거나 젊은 이용자들을 나무라거나 올바른 행동을 권하는 의미로 하게체의 명령문 형식을 취한 것이다. (이정복 2004: 226)

(11) 해요체

가. 부인되시는 분 인상이 참 **좋으세요**

나. 조리개 1.8에 저런 사진이 **가능한가요**?

다. 두분의 웃음이 너무 행복해 보이시네요. 계속 **행복하세요**~~~

라. 비행접시행 뤼하~ ㅋ z 대략 나중에 같이 **쌔워보아요**~!

(이정복 2004: 224-225)

(12) 하게체

윗 글을 보니 정말 예의 없는 사람들도 있구려... 어려서 그런 것인지. 부모 사랑 못받아서 그런 것인지... 하여튼 어르신들 참 멋지시고요, 악성리플은 자제들 하시게나...

이봐 젊은 친구들! 마음의 넉넉함을 가져보게나. 삶의 구도를 가져보라구...

(이정복 2004: 226)

(13)의 해체도 인터넷 통신에서 높은 빈도를 보이는 형식이다. '-아/-어'와 함께 '-네', '-을래' 등의 표현이 많이 쓰이며, 해체의 경우 일상어와 특별히 다른 화용적인 의미를 갖는 용법은 없다. 해라체는 빈도수가 높진 않지만 (14가)에서처럼 독백적인 글이나 (14나-라)에서 보는 바와 같이 상대방에 대한 비판이나 비난을 할 경우에 많이 쓰이는 것으로 드러났다.(이정복 2004: 227-228)

(13) 해체

가. 지가 가르키면 말 자알들을**꺼야**... 이리온

가~1 여기서도 글쓰고 올리고 보니깐 수늬 **밀렸네**

가~2 난 주저선수 **할래**! 흐흣. 낼 보자구!

나. 야~ 똥글래미 두 개... 니 먼데 여서 **욕해**?

다. 가서 일회용 카메라 사다써..;; 글고 이런데 **오지마**- -

라. 햄버거님 나두 마찬가지야.. **힘내자구**..; ㅁ;

(이정복 2004: 227)

(14) 해라체

가. 이젠 정말 **징하다**...뽀삽뽀삽... 쿨갤반성해야 **한**다..

나. 어르신들 사진과 글에 악플 달면 잼**있냐**? 응?응?

다. 대략.. 좆치않다..개빼다구..방법당하기 전에.. **자방해라**...

라. 극장에서 졸면 낭패인데 암튼, 우리 삼 솜 **쿨이사**

(이징복 2004. 227)

인터넷 통신 언어의 청자 경어법의 말 단계 형식들의 빈도를 통계적으로 분석한 결과 하오체가 아주 활발하게 쓰이고 있는 것으로 드러났다. 일상어에서 하오체 형식의 빈도수가 낮은 것과는 달리 인터넷

통신 공간에서 하오체의 빈도수가 높은 점은 주목할 필요가 있다. 인터넷 공간에서 일부 화자들이 일종의 유행으로 여기고 하오체를 쓰는 경우도 있다. 하지만 다수의 화자들은 (15)의 경우에서 볼 수 있듯이, '하오체'가 상대방, 즉 청자를 높여 대우함과 동시에 화자 자신을 낮추지 않는 형식이기 때문에, 화자의 힘과 권위를 강하게 표현하기 위하여 쓰는 것이다. 또한 청자 경어법의 가장 공손한 형식인 '하십시오'체보다 언어 경제성 면에서 유리한 간결한 형식이기 때문에 인터넷 공간에서 많이 사용하고 있다. (이정복 2004: 245-246)

(15) 하오체

가. 우리 와이프와 닮았다길래 찍어보았소

가~1 잘만 소화 한다면 이쁜 옷이오

가~2 대충봐도 자세히봐도 졸라 말안듣게 생겼구려

나. 그전에 올라왔던 사진 아니오?

다. 말 안듣게 생긴 그 마누라 다른 사진도 좀 쌔워주시오.

다~1 메타데이더 운운하시는 분들 어디 뽀샵으로 이런 사진 만들어 보슈

(이정복 2004: 225)

4.4. 인터넷 통신언어의 도상성(iconicity)

인터넷 상에서 감정 표현은 면대면 의사소통과는 달리 화자의 태도나 감정을 전달하는 언어와 그에 동반되는 제스츄어나, 얼굴 표정, 억양등과 같은 시각적, 청각적 정보를 나타내는데 어려움이 있다. 이런 부분을 보완하기 위해서 인터넷 화자들은 구두점이나 다양한 이모티콘을 이용한다. 이 이모티콘, 즉 그림기호(pictorial sign)와 같은 그래픽적인 요소는 의사소통에 사용되는 입말과는 반대되는, 손으로 쓰

거나 컴퓨터에 입력하거나, 혹은 인쇄된 텍스트의 개념을 포함하는 글말의 측면을 가지고 있다. 또한 '그래픽'으로 컴퓨터의 화면에 나타나는 타이포그래피(typography)나 그래픽 디자인은 글말의 문법 및 어휘적인 특징, 그리고 철자, 구두점등과 같은 철자체계의 특징을 포함하고 있다 (Crystal 2001). 따라서 이 장에서는 이와 같은 인터넷 통신 언어의 그래픽적인 특징 중에서 특히 그림 기호(pictorial sign)의 사용이 어떠한 의미를 나타나는지 파악하고 이러한 기호의 사용이 인터넷을 사용하는 화자의 감정이나 태도, 그리고 사용자의 관점에 따라 어떠한 의미를 나타내고 어떠한 역할을 하는지 파악하고자 한다.

통신언어에서 한글의 자음(ㅎ, ㅋ)을 이용해서 웃음을 나타낸다. 자음 ㅋ은 '크'라는 음성을 나타내는데 '큭큭'이라는 웃음소리를 모방한 것이고 자음 ㅎ은 '하' 혹은 '히'와 같은 음성을 나타낸 것으로 '하하' 혹은 '히히'와 같이 좀 더 크게 웃는 소리를 모방한 것이다. 이와 같은 긍정적인 감정을 나타내는 지표들은 인터넷 통신 언어에서 일반적으로 사용되고 있으며 ㅎ, ㅋ과 같은 웃음을 나타내는 지표 사용으로 인해 다소 딱딱할 수 있는 문어에 생동감을 불어 넣을 수 있는 것이다. ㅋ와 ㅎ의 의미상의 차이를 살펴보면 아래 예문 (16-19)에서 보는 바와 같이 ㅋㅋ은 조금 당황스러움을 담은 웃음을 나타낼 때 쓰고 ㅎㅎ은 자랑스럽게 혹은 긍정적인 내용을 이야기 할 때 쓴다.

(16) A: 잘 살긴 하지만 너네 부모님이 너 쌀 만 먹으냔 살 산나면서 빕만 피주면 좋겠냐

B: 과일 먹다가 노나주고 그래라

C: 조까셈 ㅋ 배합사료에 든거 안든거 없이 다 들었는데 먼 개소리야ㅋ 배합사료지

D: ㅋㅋㅋ 먹이고 싶으면 먹이는 거지. 남이 논 쓰는 섯 갔고 이래라 지대라

말 많네

E: 이 사료 외에 또 뭘 더 먹이고 싶으면 다른거 주면 됨... 난 평소엔 알곡 혼합된거랑 할란, 건조밀웜, 이갈이로 칡, 오가피, 사과나무 정도 주다가 가끔씩 과일이 생기면 과일 쬐~~끔 떼서 먹이고

(디시 인사이드 댓글)

(장경현 2013: 176)

(17) 키는 안 큰데 옆으로 좀 퍼짐ㅋㅋ 오동통함 ㅋㅋㅋ 긔엽긔 색은 단조로워도 살찐 비둘기 상이라 무지 긔엽긔. 말은 3대 앵무 중 젤 잘함 분양비도 쌈 조영한편이구[그나마!!!!!] 근데 엄청 똑똑해서 조금만 소홀해도 자해크리 주인 자주 바뀌어도 자해크리. 파우더 쩔음

(디시인사이드 게시물)

(장경현 2013: 181)

(18) 전 절대로 수목드라마인 미인이시네요를 보고 하는 하는 말이아니라요 ㅎㅎㅎ (혹기 아실랑가 모르겠군요. ㅋㅋㅋ 그 유명한 뽑뽀+오바이트 씬 ㅋㅋㅋㅋ)그냥 정인님이 확!!!!! ㅋㅋㅋㅋㅋㅋㅋ 물론 저는 경호님이 하시는게 더 좋지만......(난.. 난 쿨한녀자다. 난쿨한녀자다.난쿨한녀자다)ㅎㅎㅎ 여튼 러브라인 기대함니다.. ㅎㅎㅎ

(정경호 펜카페)

(이주희 2010: 15)

(19) ...

A　만약 이글을 읽어주신 햏자님들이 계시다면 감사하오...

A-1 사진 좋네요~^^ 멋집니다~ 모델님도 이쁘시구요~ ㅎㅎ

A-2 크아... 너무 멋진 기행사진이었습니다... 그녀님과의 인연 너무 조아요...

B　사진 퍼가도 되나요? 님의 닉넴이랑 출처밝힐께요

B~1 좋은 말씀들 감사합니다.^-^ 여러님들의 의견대로 악플햏들의 리플에 일일이 답변 필요없는드 합니다.^-^ㅋ

(이정복 2004: 236)

이와같이 감정을 나타내는 지표를 인터넷 대화창에서 사용함으로써 대화 참여자들이 상호간 감정이나 태도를 더 잘 표현 할 수 있게 된다. 그로 인해 글로써의 의사소통, 즉 문어의 의사소통을 좀 더 구어와 유사하게 만들 수 있는 기능을 하게 된다. 다시 말해 인터넷에서 글을 쓰는 화자는 다양한 이모티콘을 이용함으로써 자신을 구어 담화에서의 화사처림 생동감있게 자신의 감정이나 태도를 전달할 수 있다.

인터넷상에서의 의사소통을 좀 더 실제 구어 담화와 같은 효과를 갖도록 하기 위해서 음성을 본 딴 웃음 지표 (ㅎ, ㅋ)의 이용 뿐만 아니라 예문 (20-21)에서 보는 바와 같이 구어의 억양을 모방하기위해서 물결표(~)를 이용하기도 한다. 물결표(~)는 상대적으로 긴 조음시간의 길이를 공간적 길이로 대치한 것으로 유사성에 기초한 도상성(iconicity)이라고 할 수 있다.

(20) 가 부인되시는 분 인상이 참 좋으세요

나. 조리개 1.8에 저런 사진이 가능한가요?

다. 두분의 웃음이 너무 행복해보이시네요. 계속 행복하세요~~~

(이정복 2004: 224)

(21) ㄱ. 그때까지만 해도 들어보지도 못한 책이었고, 표시 좀 보시오.

그림이 그리 정이 간다거나 훌륭하다고 하긴 솜 그렇너이다. 떨내미가 골랐으니 이런 책을 빼왔지, 엄마가 골랐으며 표지만 보고 비로 제외당했을

책이었소. 딸내미가 골라온 정성을 생각해거 읽어줬는데 의외로 내용이 감동적인 것이오..(중략)

ㄴ. B: 와~그림 예쁘오~ 명작에 목말라 있어서 전집 질러야 하나 고민 중인데.. 이런 멋진 단행본 소개 반갑소~

→A: 정말 좋소만, 단행본 몇 권만 사면 중고 전집 값이라 가슴이 쫌 아리는 것 같소.

C: 너는 특별한단다 좋아요^^ 지금은 안하는데 공연도 좋아요~
다섯 살 우리 딸램들 책도 놓아하고 공연도 좋아하고^^

→ A: 공연도 있군요. 시골에 산다는 건 공연 문화에 어두워진다는 단점이 있습다.

(네이버 카페 그림책 읽어주는 엄마)

(장경현 2013: 185)

인터넷에서 대화 참여자들은 그들의 감정을 나타내기 위해서 음성을 본 딴 웃음 지표 (ㅎ, ㅋ)나 구어의 억양을 모방하기위해서 물결표(~)를 이용 할 뿐만 아니라 예문 (22-25)에서 보는 바와 같이 다양한 감정지표(이모티콘)를 사용한다. ^^, *^^*는 웃는 얼굴을 표현하기 위해 사용하는 이모티콘이다. 한글 모음 ㅜ, ㅠ를 이용한 ㅜㅜ, 혹은 ㅠㅠ는 우는 얼굴을 나타낸다. ㅜㅜ 나 ㅠㅠ는 웃음 소리를 모방한 ㅎㅎ 혹은 ㅋㅋ와 달리 우는 모습을 모방한 것이다. 이 웃음 소리를 모방한 ㅎㅎ 혹은 ㅋㅋ, 우는 모습을 모방한 ㅜㅜ 혹은 ㅠㅠ 또한 유사성에 기초한 도상성(iconicity)을 나타낸 것이다.

(22)

가. 어르신 참으로 젊고 여유롭게 지내시는 것 같아 감히 리플 남기게 되는 군요.

가~1 허허 부럽소이다...소행 그 연세가 되어도 과연 그만큼 사랑할 수 있을

지...세상이 선생이 살아온 것과 많이 다를거라 어찌 해야 할지 난감하오.

가~2 인생은 지나고 보면 너무 짧소.. 환님에 얼굴에서 나타나오..

나. 야생 선배님 전문가 말씀 감사드립니다*^^*.

나~1 우리 주변에 그런 사람들도 많은 것 같은데, 시민 운동가인 정광모 여사님의 빨간 자킷 보셧죠?

다. 물음표 있는 것들은 식겔 아줌아찌들이 설명해 주시리라 생각됩니닷...

다~1 우리 앞집에 사는 아주머니가 제게도 서너알 주셨는데 주시면서 그러더군요

다~2 저두 아버님 생신때 남원 시골 휴농지에서 보구 왔지요

라 형님.. 무지 더운데 어케 지내세요???^^;;

라~1 아따 그라게.. 우리 이쁜 누나한테 내가 아자씨라고 하겄어!

라~2 이힝...~ 후후훗-q-힘내 언니야!!!!

(이정복 2004: 242)

(23) A: 검은머리는 백만원대까지 내려왔더라귀 ㅋ ㅋ ㅋ 근데 문제는 노랑둥이 카이큐...

얘네들은 아직도 값떨어질 생각을 안함 ㅠ 개체수도 적고 애가 워낙 애교가 많고 이쁜짓만 하니 보내는 분들도 별로 없으시고... 원래 귀한 애들은 부르는게 값이긴 하지만 중형 중에서 아마 몸값 제일 비쌀득 ㅠㅠ

B: ㅜㅜ 카이큐의 애교를 보고싶다

A: 어디 사시긔? 조류원 함 다녀오시라긔~

(디시인사이드 댓글)

(장경현 2013: 180)

통신언어에서 장음, 세기 등의 운율이나 비언어적 요소를 표현하는 부호들 또한 그 원래의 형상과 닮아 있다. 즉 모방적 도상성(imitative iconicity)을 나타내고 있는 것이다. (24-25)에서 물음표(?)나 느낌표(!)를 여러 개 사용하여 의문과 감탄의 정도를 표시하고 있는데 이는 소리의 세기나 정서적 감정의 크기를 양으로 표시한 것이다.

(24) A: 안락사 ㅋ z rid 방생해버려

B: _ _ 방생? 안락사?? 진심 왠만하면 자기가 거뒀음 끝까지 키워라

B: 할수있을 만큼 최선을 다해보는게 맞다고생각함 ㅇ ㅇ

C: 앞으로 2년이면 아직 애기한 거야?

D: 아직너무 아가라서 딱딱한거 못먹는거 아니야?

E: 분유사멱여

F: 그냥귀찮은거 같은데..이해는하겟지만 다른방법도 많지않나

I: 근데 EKrEKr한거 목갉는거 레알임?무른음식만줘서 안갉는게아니고??

I: 햄스터 몇 살임??:

(디시 인사이드 댓글)

(장경현 2013: 177-178)

(25) 가. 앗.. 역시 쿨갤 드셨구료..^^;; 축하하옵니다.

가~1. 애벌레이 이어서 또 쿨!!! 역시역시!!!1%님 감축드리옵니다*^^*

나. 행복하게 백년해로 하소서

다. 낡은 아파트도 내부만 잘 꾸미면 새집 같습죠

라. 제가 구하고 싶은 바지입니다요.

마. 아저씨 고마하이소.

(이정복 2004: 228)

(26) 술고래님은 연세가? 30세이상이면 좆치안타!!!! 농담 ㅎㅎㅎ

(이정복 2004: 238)

5. 맺는 말

새롭고 획기적인 커뮤니케이션 매체인 인터넷의 출현은 새로운 장르의 탄생을 가능하게 하였다. 입말과 글말의 성격을 함께 갖고 있으며 언어적인 요소와 비언어적인 요소가 통합되어 화자들간의 상호작용을 가능하게 하는 새로운 장르, 즉 '인터넷 통신'이 등장하게 된 것이다. 인터넷 통신 언어는 언어 사용에 있어서 경제성의 원리가 적용되고 화자들간의 재미와 유희를 위한 언어사용이 우선시되기 때문에 연음 및 소리나는대로 적기 등과 같은 기존 언어의 규범의 파괴가 종종 일어난다. 또한 인터넷 통신언어의 이용자들은 재미를 추구하고 전달하고자 하는 표현의 의미를 강조하기 위해 음절이나 음운을 첨가하기도 한다.

인터넷 상에서 감정 표현은 면대면 의사소통과는 달리 화자의 태도나 감정을 전달하는 언어와 그에 동반되는 제스츄어나, 얼굴 표정, 억양등과 같은 시각적, 청각적 정보를 나타내는데 어려움이 있다. 이런 부분을 보완하기 위해서 인터넷 화자들은 구두점이나 다양한 이모티콘을 이용한다. 음성을 본 딴 웃음 지표 ㅎ, ㅋ의 이용 뿐만 아니라 구어의 억양을 모방하기위해서 물결표(~)를 이용하기도 한다. ^^, *^^*는 웃는 얼굴을 모방한 이모티콘이고 한글 모음 ㅜㅜ, 혹은 ㅠㅠ는 우는 얼굴을 나타낸 것이다. 이와같이 웃음 소리나 웃는 모습혹은 우는 모습을 모방한 감정그림기호(이모티콘)나 상대적으로 긴 소음시간의 길이를 공간적 길이로 대치한 물결표(~)는 유사성에 기초한 도상성(iconicity)과 연관이 있다. 또한 인터넷 통신 언어에서 의문과 감탄의 정도를 표시하기 위해 물음표(?)나 느낌표(!)를 여러 개 사용하는 것은 소리의 세기나 정서적 감정의 크기를 양으로 표시한 것으로 모방적 도상성(imitative iconicity)을 나타내고 있는 것이다.

인터넷 통신언어에서 감정그림기호(이모티콘)와 같은 그래픽적인 요소는 의사소통에 사용되는 입말과는 반대되는 글말의 특성을 지니고 있다. 인터넷에서 글을 쓰는 화자는 다양한 이모티콘을 이용함으로써 자신을 구어 담화에서의 화자처럼 생동감있게 자신의 감정이나 태도를 전달할 수 있다. 웃음소리, 혹은 울음소리를 모방한 이모티콘은 언어의 서로 다른 방식, 즉 구어와 문어 형식을 혼합한 인터모댈러티(intermodality)와 연관이 있다. 인터넷상에서의 의사소통에서 음성을 모방한 이모티콘을 사용함으로써 문어에 구어의 음성이 결합된 것이다. 감정을 나타내는 그림 기호는 감정을 나타내는 이미지를 자극함으로써 화자 자신의 감정을 인터넷에서 나타낼 수 있고 의사소통에 참여하고 있는 상대방의 감정 또한 표현 할 수 있도록 하는 상호주관적인 기능을 하게 된다.

참고문헌

김순자. 2011. 통신언어에 나타난 말줄임표의 의미와 기능. *한국어 의미학* 35, 1-21쪽.

박영준. 2006. 매체언어론. 세종출판사.

전병용. 2002. 통신언어의 음운론적 특성에 대한 연구-대화방 언어를 중심으로. *한국언어문화* 21, 251-274쪽.

안태형. 2010. 인터넷 토론 게시판 댓글의 유형 연구. *우리말연구* 26, 311-333쪽.

안태형. 2011. 인터넷 토론 댓글의 방어 전략과 전략 선택 요인. *배달말* 49, 71-94쪽.

양명희. 2011. 토론 댓글의 텍스트언어학적 연구-다음 아고라의 토론 댓글을 중심으로. *텍스트언어학* 30, 161-186쪽.

이선웅. 2009. 대중 매체 언어 연구의 현황과 과제-신문, 방송, 인터넷 통신 언어에 대한 최근 연구를 중심으로. *어문학* 103, 117-142쪽.

이정복. 2003. *인터넷 통신 언어의 이해*. 월인.

이정복. 2004. 인터넷 통신 언어 경어법의 특성과 사용 전략. *언어과학연구* 30, 221-254쪽.

이정복. 2011가. 트위터의 소통 구조와 통신 언어 영역. *인문과학연구* 37, 235-270쪽.

이정복. 2011나. 인터넷 통신 언어와 사회언어학-'한다요체'를 중심으로. *우리말연구* 29, 5-40쪽.

이정복. 2011다. 트위터 누리꾼들의 호칭어 사용에 대한 사회언어학적 접근. *어문학* 114, 143-174쪽.

이정복. 2013가. 누리소통망과 새말의 형성. *새국어생활* 23-1, 34-52쪽.

이정복. 2013나. 사회적 소통망(SNS)의 지역 차별 표현. *어문학* 120, 55-83쪽.

이정복. 2014. 대중 매체 언어 연구의 목적과 방향. *어문학* 124, 67-101쪽.

이주희. 2010. 통신언어의 표기와 음운적 특성. *언어연구* 27, 1-18쪽.

장경현. 2013. 인터넷 언어의 종결어미 회피 현상 연구. *언어사실과 관점* 31, 171-194쪽.

정한데로. 2010. '형식명사+-요' 구성에 관한 소고(小考)—인터넷 통신 언어를 중심으로. *언어와 정보 사회* 13, 37-65쪽.

조국현. 2011. 정치인 팬 커뮤니티 분석-박사모를 중심으로. *텍스트언어학* 31, 279-309쪽.

허상희. 2011. 의사소통 도구로서의 트위터(Twitter)의 특징과 소통 구조에 관한 고찰. *우리말연구* 28, 259-283쪽.

허상희. 2013. 대학생들의 전자편지에 대한 화용론적 분석. *한민족어문학* 64. 155-189쪽.

Crystal, David. 2001. *Language and the internet*. Cambridge: Cambridge University Press.

Crystal, David. 2008. *Texting: The Gr8 Db8*. Oxford: Oxford University Press.

제7장
장르의 상호규정성

제7장 장르의 상호규정성

– 일제말 잡지를 중심으로

김은정

1. 들어가기

『朝光』은 문학적 면모는 물론 대중성까지 갖추었을 뿐 아니라 총독부의 정책에 적극 호응하는 친일적 성격까지 두루 체현하고 있었다. 이러한 사실이 말해주듯 『朝光』은 특정한 이념을 근저로 삼고 있지 않았다. 『朝光』은 특정 이데올로기가 아닌 대중의 욕망과 소비생활을 바탕으로 한 대중지였다.

그럼에도 잡지 『朝光』은 일본총독부의 황국신민화정책에 호응하여 대중적 공유성의 확보를 통한 '국민' 대통합 및 전시체제 하의 거국적 국민동원을 목표로 삼았던 대중잡지로 파악되어 있다. "대중(mass)이라는 용어는 관동대지진 이후 일반화되기 시작했지만 일제의 거대한 프로젝트에는 신민과 국민만이 존재할 뿐 대중은 없었다. 그럼에도 당시의 사회적 분위기와 달리 대중을 표방한 잡지들이 출간되기 시작하였는데 그 하나가 대중종합지인 『조광』이"였기 때문이다.

현재 진행되고 있는 『朝光』에 대한 연구는 『朝光』의 문학 부분 기사들을 장르, 작가별로 정리하거나 잡지 기사 목록을 제공하고 있는 서지적 연구[1])와 이 잡지의 친일성과 대중성 고찰에 집중되고 있다. 대체적으로 『朝光』을 '이념'의 중심에 두고 있거나 목차나, 표지, 광고를 중심으로 대중성을 살피려한 연구[2])가 그것이다. 이러한 연구들은 그 자체로 특별한 의미를 지니지만, 『朝光』의 양상을 총체적으로 살펴보는 데는 한계가 있다. 뿐만 아니라 기존의 연구는 1930년대 후반을 사회주의 이데올로기의 쇠퇴, 이데올로기 종언의 시대, 허무주의를 기반으로 하는 새로운 신세대 문학의 등장, 식민지 도시 경성을 중심으로 한 대중문학, 통속문학의 발달의 시대로 보고, 이것이 1940년대의 국민

1) 하동호, 「<조광> 서지분석-작자중심(문학부문)」, 『동양학』16집, 단국대 동양학연구소, 1986, 169-204쪽.
김근수, 『한국잡지사연구』 한국학연구소, 1992.: 김근수, 『韓國 잡지개관 및 호별목차집』, 중앙대학교, 1973.
이용성, 「잡지사의 시대구분에 관한 연구」, 『출판잡지연구』2호, 출판문화학회, 1993. 77-97쪽.
최덕교, 『한국잡지백년』(전 3권), 현암사, 2004.
김치수, 『일제강점기 일본어 잡지 자료집』, 보고사, 2004.
최수일, 「잡지 『조광』에 대한 서지적 고찰 ; 종간,복간,중간의 문제를 중심으로」, 『민족문학사연구』49, 민족문학사학회, 2012, 317-338쪽.

2) 정혜영, 「1930년대 종합대중잡지와 "대중적 공유성"의 의미 -잡지 『朝光』을 중심으로」, 『현대소설연구』35, 현대소설학회, 2007, 139-155쪽.
강영결, 정혜영, 1930년대 대중잡지를 통해 본 식민지 조선의 "대중": 잡지『조광』을 중심으로, <Comparative Korean Studies> 20권3호 (2012), 국제비교한국학회, 157-184쪽.
이용성, 「잡지사의 시대구분에 관한 연구」, 『출판잡지연구』2호, 출판문화학회, 1993, 77-97쪽.
차승기, 「전시체제기 기술적 이성 비판」, 『상허학보』23, 상허학회, 2008, 13-46쪽.
최수일, 「1930년대 미디어 검열에 대한 독법의 문제 - 『조광』의 '비문자표상(목차, 표지, 화보, 광고)'을 중심으로」, 『민족문학사연구』51, 민족문학사학회, 2013, 86-111쪽.
김은정, 「일제강점기 위생담론과 화류병 : 화류병 치료제 광고를 중심으로」, 민족문학사학회, 『민족문학사 연구』49호, 2012.8, 291-316쪽.
김은정, 「일제말 총동원체제와 일상의 거리-『조광』에 실린 미용제품 광고를 중심으로」, 『세계문학비교연구』42호, 세계문학비교학회, 2013.3, 193-218쪽.

문학으로 이어지고 있다고 보고 있다. 즉 기존의 연구는 1930년대 후반의 문학과 1940년대 문학을 단절'의 관점에서 보고 있다고 할 수 있다. 그러나 이 연구는 1930년대 후반의 문학과 1940년대 문학을 '단절'의 관점에서 보지 않는다. 물론 그렇다고 '연속성'의 관점에서 보는 것도 아니다. 오히려 1930년대 후반의 문학과 1940년대 후반의 문학을 문학공간의 재구성이라는 관점에서 파악하고자 한다. 이는 단절이나 연속성과 같은 직선적인 시간성의 논의에서 벗어나고자 하는 것이다.

이 연구는 문학 공간의 재구성 혹은 문학담론장의 재형성이라는 관점에서 『朝光』을 바라보고자 한다.[3] 『朝光』에 의해 이루어지는 문학공간의 재구성은 카프 해산과 이데올로기적 문학의 쇠퇴로 일련의 '문학적' 모색이 끝나는 자리에서, 새로운 문학공간을 구성해내고 있다는 점에서 의미가 깊다. 어쩌면 1935년 카프의 해산으로 문학적 근대의 모색의 한 과정이 마무리되었다고 할 수 있다.

『朝光』의 등장과 이를 통한 문학 공간의 재구성은, 기존의 문학들 사이에 내재해 있던 분리선들, 계급문학 사이에서의 분리선, 또는 대중문학과 본격문학의 분리선, 그리고 문학과 문학 아닌 것 사이의 분리선들의 전면적인 재구성이라고 할 수 있다. 그러나 일제 말기 문학연구에서는 문학 담론과 비문학 담론들을 포함한 전체 담론장을 살피려는 시도가 없었다.

이를 위해서는 문학 담론과 비문학 담론의 상호규정성에 주목하여 문학 담론과 비문학 담론과의 상관관계 속에서 일제 말 문학담론의 변화 과정을 파악하고, 『朝光』이 만들어낸 상식의 담론장 속에서 문학이 어떻게 확장되고 재배치되는가를 살펴볼 필요가 있다. 그 일환으

3) 1930년대 후반 『朝光』에 의해 문학공간이 재구성되고 문학담론장이 재형성되기 이전에 이미 몇 번의 재형성과 재편의 과정이 있었음을 전제로 하고 있다.

로 이 연구에서는 먼저 문학담론을 살피려 한다. 그리고 문학담론 가운데 '설문(設問)'을 중심으로 문학 공간의 재구성에 대해 살펴보려한다.

『朝光』의 문학은 시, 소설 등의 이른바 '순(純)문학'을 중심에 두고 문학으로 가공되기 이전의 에피소드 수집 등의 탐방이나 인터뷰, 설문 등의 원(原)문학, 소화·야담·만담·영화소설·오락소설·유모어 소설 등으로 변용된 범(凡)문학, 문학과 영화·연극과 레코드·문학과 연극·만담과 레코드·사진 등 장르와 장르 사이의 간(間)문학으로 확장되어 있다. 그렇다고 경제·정치·생활·문화·광고 담론 등 문학 담론을 둘러싸고 있는 비문학 담론들이 단순히 문학 담론의 '배경'이나 '밑그림'이였던 것은 아니다.[4] 즉 순문학을 정점으로 하여 여타 주변 장르를 우/열의 수직적 배열이 아닌 대등한 수평적 배열을 보인다. 문학의 원체험에 해당되는 개개인의 경험과, 주변을 구성하는 다양한 읽을거리로서의 범문학, 여타 장르와 습합과 혼용이 발생하는 사이의 간문학에 이르기까지 수평적 공간 안에서 재배열되는 이들 문학 공간이 재구성되고 있다는 전제하에 논의를 전개하려한다.

이 연구는 문학의 원체험에 해당되는 개개인의 경험인 문학으로 가공되기 이전의 탐방이나 인터뷰 등의 원(原)문학에 해당하는 '설문'에 대한 것이다. 뿐만 아니라 "『朝光』이 대중을 위한 잡지인가?"에 대한 논의를 원(原)문학을 중심으로 살피려한다. 이를 위해 먼저 『朝光』을 중심으로 1930년대 문학의 재편에 대해 검토하려 한다.

---

4) 김은정, 「근대적 포털 사이트(portal Site)의 탄생 – 잡지 『朝光』을 중심으로」, 『세계문학비교연구』51, 세계문학비교학회, 2015, 71쪽.

2. 문학공간의 재구성

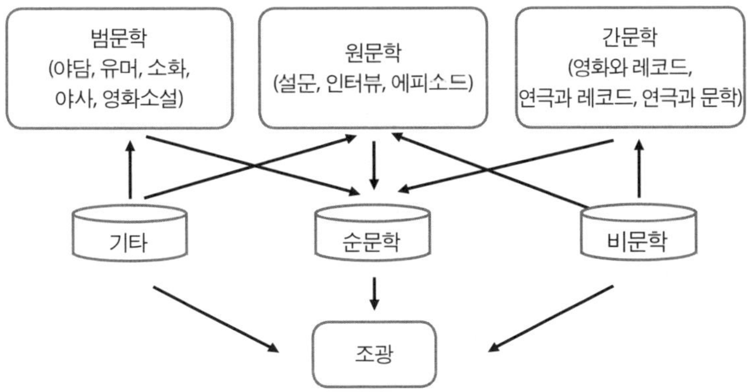

그림 1. 문학공간의 재구성

『朝光』이 여타 잡지와 구별되는 점은 당대 발간된 문학, 야담과 코믹, 학술, 시사 등 모든 종류의 잡지가 목표하는 내용은 물론 신문과 지배당국의 정책까지도 모두 포괄하는 명실상부 당대를 종합하고 있다는 점이다. 당대 여타 잡지들이 재정난과 검열, 종이의 배급 조달 등에서 차질이 발생하여 단명하거나 결호가 발생했지만 『朝光』은 1호에서 110호까지 매달 발간되었고 1945년에 들어와서도 2·3월 합병호, 4월호, 5·6월 합병호 등 최소한 3호가 발간되었음은 '특별한 사건'이다. 뿐만 아니라 친일적인 논조로 판단할 수 없는 시사적인 글이 다수 있음에도 불구하고 여타 잡지와는 달리 검열로 큰 부침을 겪지 않았다는 것도 매우 독특한 점이다.

『朝光』은 '상식조선(常識朝鮮)'과 '상식적 인간'의 주조를 위해 문학공간을 재구성[5] 한다. 『朝光』의 문학공간의 재구성은 기존 잡지와 차별성을 보인다.

---

5) 김은정, 앞의 책, 67쪽.

먼저 홍미 위주의 정보를 제공하고 있다.

기존 잡지에서 세계사적 사건이 교양의 한 주제였다면 『朝光』은 '이탈리아의 에티오피아 침공'과 같은 세계사적 '사건'을 가십처럼 취급하고 있다.[6] 1941년 10월호에 실린 함상훈의 「英米會談과世界戰略」이나, 고원섭의 「蒙古軍의莫府政略」, 최원행의 「印度千一夜話」[7] 등 세계 전선에 관한 기사나, 역사와 세계사 역시 홍미 위주의 정보를 제공하는 수준이다.

둘째, 베스트셀러를 만드는 광고 형태이다.

『朝光』은 기존의 여타 잡지와는 달리 자사의 출판사에서 출간된 작품을 집중 선전하는 마케팅을 구사한다. 1937년 조광사에서 출간된 春園의 『그의 自敍傳』 광고는 1937년 7월호부터 『朝光』에 게재되기 시작한 이후 한 호당 최소 1회에서 최대 4회까지 실리고 있다. 『朝光』(1937.09 3-09호 통권23호)에는 『그의 自敍傳』의 광고가 4회나 실려 있다. 이것은 같은 호에 1회만 게재된 이기영의 『서화』 광고와는 대비되는 대목이다.

이외에도 잡지 『여성』이나 『현대조선여류문학선집』, 『세계걸작동화집』에 대한 광고도 이광수의 책과 비슷한 노출 빈도수를 보이고 있는

6) 역사적 인물 소개도 시류에 맞춰 이루어지고 있다. 1935년 10월 무솔리니의 침공으로 에티오피아 황제 하일레 셀라시가 예루살렘으로 망명한 것을 침공 아닌 정변으로 보고 있다. 이글의 논조를 볼 때 일본잡지 번역 후 수정한 것 같다. 흑발인, 「에디오피아皇帝」 「하일레·쎄라시에」, 『朝光』(1935.12, 1-2호(통권2호), 75-77쪽.

7) 『朝光』(1941. 10, 7-10호(통권72호), 함상훈, 「英米會談과世界戰略」, 34쪽; 고원섭 「蒙古軍의莫府政略」, 122쪽; 최원행의 「印度千一夜話」, 140쪽.

데, 이것은 『조광』이 판매에 주력하고 있는 서적임을 보여준다. 이에 대한 것은 『朝光』(1938.11, 4-11호 통권 37호)에서 확인 할 수 있다.

함대훈은 「創刊三週年史」에서 春園의 『그의 自敍傳』이 1938년 1월초에 재판(再版)을 찍을 만큼 판매부수가 높은 것을 작품성 때문인 것으로 평가하면서 단행본의 중요성[8]을 강조하고 있다. 함대훈의 창간 3주년사와 『조광』에서 나타나는 『그의 自敍傳』 광고의 노출 빈도수는 베스트셀러를 만드는 광고 형태와 다르지 않다. 그리고 이광수가 당대의 인기 있는 문사이기도 했지만 함대훈의 글에서 확인할 수 있듯이 집중 선전 전략은 일정 정도 적중했던 것으로 보인다.

셋째, 계절, 이슈 등 시류를 추종하는 구성 전략을 선택하고 있다.

『朝光』은 당대의 풍조나 경향을 반영하기 위해 당시의 이슈나 특집기사[9], 상식, 정보[10], 달마다 계절과 관련된 표지, 사진, 그림, 설문, 편지, 수필, 시 등이 실렸다. 이러한 체제의 변화는 문학공간에도 변화를 가져왔다. 문학공간의 변화는 문학공간의 재구성으로 나타난다. 문학공간의 재구성이란, 문학 '현상'의 맥락의 변화를 전제로 한다. 『朝光』은 '상식 조선'이라는 새로운 맥락을 구성하면서 문학공간을 재편한다. '논설'이 앞으로 오고, '문학 작품'은 맨 뒤에 실리는 기존의 잡지 구성과는 달리 글의 배치에 있어 『朝光』은 위계성을 해체하고 있다. 논설, 정치 경제관련 기사, 사설 등도 다른 글들과 마찬가지로 상식 인

8) 함대훈, 「創刊三週年史」, 『朝光』(4-11호 통권 37호), 23쪽.

9) 특집기사는 내문호나 국내 작가의 서거나 탄생일인 달 인물 특집으로 구성되거나, 상인의 자세가 어떠해야 하는가를 제시한 '상도덕' 특집이나, 중학교·전문학교, 여학생, 졸업생, 직업인, 배우, 영화, 시사, 여행, 연애, 난제(나치스), 사건, 교육, 풍속 등으로 구성되고 있다.

10) 요리, 운동, 연애상식, 세계동향.

에서 재배치되면서 '상식의 다양한 영역의 하나인 글쓰기'가 된다.

넷째, 문학을 '오락'으로 재정립하는 새로운 기획을 구사하고 있다.

1) 원(原)문학으로 문학의 원체험에 해당되는 광범위한 수기, 탐방, 사건 기사 등 게재된다. 이와 더불어 작가/예술가/ 운동선수 등의 스타 소개, 전문적 토론이나 정보보다 시종일관 신변잡기적인 질문과 답변, 각종 설문, 주거지 탐방, 직접 인터뷰 등은 오늘날의 대중지 인터뷰 방식과 다르지 않다.
2) 역사 일화, 야담, 전설, 소화 등을 게재하면 문헌 자료의 문학화가 시도된다. 『朝光』에는 시, 소설 등 기존의 '순문학' 장르 외에도 다양하고 새로운 장르들이 포함되어 있다. 대중소설에 포함되는 탐정소설이나 추리소설 등이 함께 게재되었으며, 문학이라 하기 어려운 소화, 유머, 야담, 야사 등이 고정적으로 배치되어 있었다. 이와 같은 범(凡)문학은 문학의 확장을 가져왔다.
3) 기존 문학/작가의 작품에서도 오락성이 강조된다. 영화소설, 만담, 유머소설의 등장이 그것이다. 이 오락성은 기존 문학장에서의 엄혹한 시절의 현실을 김규택의 『모던심청전』처럼 즐길 거리로 삼음으로써 생존과 생활을 가능케 하는 미적 전략인 것이다.

이처럼 문학의 오락/소비성이 강화되면서 문학 장르의 경계가 확대된다. 이 외에도 영화소설과 같이 새로운 미디어를 포섭해가는 작품도 있다. 연극과 레코드·문학과 연극·만담과 레코드와 같은 간(間)문학은 문학과 여타 장르의 융합한다. 이처럼 『朝光』은 다양한 문학 장르를 포괄하고 있었을 뿐만 아니라, 문학장의 변동을 주도하고 있었다고 볼 수 있다.

『朝光』은 거대담론이 떠난 자리에서 새로운 생활과 소비의 이념, 교양과 상식의 가치를 호출하고 이를 담보하는 새로운 시각과 그룹의 성장을 견인하였다. 『朝光』의 탄생과 성장의 일대기는 일제 말 문학공간의 재구성 혹은 문학담론장이 새형성되는 과정을 압축적으로 보여준다.

3. 내러티브적 엿보기

설문(設問)은 인터뷰 기사와 함께 『朝光』의 특징을 보여주는 예 가운데 하나이다. 『朝光』은 기존 잡지의 인터뷰 기사와는 달리 '명성 있는' 인사(人士)들에 한정되지 않았다. 기생이나 여차장과 같은 '흥미 있는 직업' 여성과 같은 존재가 아닌 사람들의 인터뷰 또는 탐방 기사가 초기의 『朝光』에는 많이 실리고 있다. 그리고 이러한 인터뷰는 문학의 새로운 원천으로서 작동하고 있다. 예를 들어 『朝光』1권2호(1935.12)에 실린 탐방 인터뷰 기사 「세궁민이 두드리는 눈물의 門 -, 布簾을들치고보는 世相(一)」 에 실린 "검은 포렴의 전당포"[11]는 조선인 전당포는 경매에서 이익을 보기 때문에 손해를 봐도 물건을 맡긴 사람들의 편의를 봐 준다는 내용을 볼 때 학생의 외투를 경매로 팔아 이익을 챙겼다 고소를 당 한 후 유랑길에 오르는 김동인의 단편소설 「벗기운 대금업자」(1930) 의 전당국 주인 삼덕이를 연상시킨다. "布簾을들치고보는 世相(二) 누른 포렴의 복덕방"[12]은 십이 서울에서는 두기의 대상이나 시골에서는 사는 공간이라는 점에서 이태준의 『복덕

11) 一記者, 「세궁민이 두드리는 눈물의 門 -, 布簾을들치고보는 世相(一) 검은 布簾의 典當鋪」,『朝光』1권2호 (1935.12), 44-47쪽.

12) 一記者, 「세궁민이 두드리는 눈물의 門 , 布簾을들치고보는 世相(二) 누른 布簾의 福德房」,『朝光』1권2호 (1935.12), 48-49쪽.

방」(1937)을 떠올리게 한다.

이런 민중들의 이야기가 인터뷰 기사를 통해 '의미 있는' 것이 되고, 동시에 문학의 새로운 원천으로 작동한다면, 이와는 반대편에 놓여 있는 것이 '설문 조사'이다.

설문조사는 "사람들의 인지-태도-행동 등을 측정하기 위해 오랜 기간 널리 사용된 조사방법이다. 고대 이집트에서 영토 관리를 위한 인구 조사가 실시된 기록이 있을 정도로 설문조사의 역사는 오래됐다. 하지만 조사가 표집틀(sampling frames)[13], 확률표본추출(probability sampling)[14], 구조화된 설문지(structured questions)[15], 표집오차(sampling error)[16] 등을 바탕으로 과학적으로 실시된 것은 100년이 채 안 되는 것"[17]으로 알려져 있다. 앙케트(enquête)로 불리는 설문(設問)은 표준국어 대사전에 의하면 "조사를 하거나 통계 자료 따위를 얻기 위하여 어떤 주제에 대하여 문제를 내어 물음. 또는 그 문제"[18]로 설문은 어떤 과제를 수행하기 위하여 조사를 하는 과정에서 이미 일정한 정보·지식·경험을 갖고 있는 것으로 생각되는 일반인·전문

13) 통계에서 추출견본의 틀로 견본을 뽑기 위한 구성 및 전략이다. Carl-Erik Särndal; Bengt Swensson; Jan Wretman, *Model assisted survey sampling*, 2014, Springer. 9–12쪽.

14) 확률표본추출은 무작위(random)적인 방법을 통해 표본을 추출하는 방법이다.

15) 객관식형 설문지를 지칭한다.

16) 표본을 추출하는 과정에서 발생하는 오차로 모집단을 대표할 수 있는 전형적인 구성 요소를 선택하지 못함으로써 발생하는 오차를 말한다. 이러한 표본오차는 편의(bias)와 우연(chance)에 의해 발생한다. 네이버 지식 백과 행정학 사전: http://terms.naver.com/entry.nhn?docId=78322&cid=42155&categoryId=42155, 검색일 2015.10.26.

17) 신동호. 이종혁, 「인터넷 뉴스 매체 이용 행태와 설문 응답 간 차이 비교- 선택적 노출과 내집단 편향을 중심으로」『한국방송학보』(2014) 28권 4호, 한국방송학회. 166쪽.

18) 국립국어원 표준국어대사전 http://stdweb2.korean.go.kr/search/List_dic.jsp, 검색일 10월 26일.

가 등 답변자에 대하여 질문을 하고, 그 결과를 통합하여 조사의 목적을 달성하려는 방법 중의 하나이다.

'설문'은 문답(問答), 좌담(座談)에 비해 시간적, 공간적 제한에서 비교적 자유로울 수 있다. 매체 발달로 현재의 설문조사는 방문, 전화 조사, 인터넷, 모바일 기기 등 다양한 방식으로 진화하고 있으며 구조화형이 많지만 당시의 설문은 질문과 답변 형식의 자유 응답형으로 수필 또는 수기에 가까웠다.

1920년대 설문과 1930년대의 설문에 답하는 형식의 차이는 뚜렷하게 드러나지 않으나 여타 잡지와 『朝光』의 설문은 사뭇 다르다. 한 예로 1920년대의 설문으로 『사상운동』 제3권 제1호 (1926년)에 실린 「質問欄-프롤레트컬트에 對한 問答」이나 『개벽』에 실린 「各地 靑年團體에 對한 現代名士의 要求」[19] 등은 카프 해체 이후의 『朝光』의 설문과는 무게감이나 내용에 있어서 사뭇 다르다.

> "신현상의 一되는 각지의 청년단체와 如함은 그 各地이라는 또는 청년단체이라는 점에서 일반의 囑望이 多한 동시에 또 一面으로는 주의가 甚하다. 이러한지라 어떠한 일을 실천하여가야사 그 期望에 副答하며 또한 어떠한 태도로써 局에 當하여야 可할가 함은 청년단체된 자신으로서 專意討究하여야할 것은 물론이며- 적어도 우리의 압길을 생각하는 人士로서는 여긔에 대한 夙素의 의견이 업지 못할 것이다. 이에 본사는 右題의 下에 여러 人士의 高見을 하야 감히 친애하는 형세와 너불러 喜憂를 난우고저 하노니 이깃이 現下의 청년단체를 위하야 일종의 잠고가 되엇스년 幸甚이라하녀 아울러 여러 가지로 倥偬하신 중에 득히 高見을 주신 여리분에게 향하야 감시의 意를 표히노라."[20]

19) 「各地 靑年團體에 對한 現代名士의 要求」, 『개벽』開闢 2권 6호(1920년 12월), 25 44쪽.

20) 앞의 책, 25쪽.

선각자인 청년과 청년단체는 신사상, 신도덕, 새로운 미풍양속과 교육, 경제문제에 대해 고민할 것이며 민중들을 깨우쳐야한다며 선각자인 청년들이 지녀야할 자세 당부하고 있는 이 이 설문은 설문이라기보다는 논설 또는 선언문에 가깝다.

> "問題 1.만일 내게 모든 制度를 뜨더 고칠 能力이 잇다 하면 家庭, 結婚, 離婚 等에 關한 制度를 어떠케 할까. 2. 妓生制度 撤廢의 可否와 그 理由"[21]

위의 인용은 1931년 『동광』에 실린 설문으로 20년대 설문과 30년대 설문의 차이와 당대 남녀 명사(名士)들과 지식인들의 결혼관, 생활관, 제도에 대한 인식을 엿볼 수 있다. 이 설문은 응답자가 명사(名士)들에 편중되어 있지만 개인적 경험이나 개인적 선입견 그리고 감정과 기억 등이 호출된다는 점에서 사회 인식의 변화와 여론을 엿볼 수 있다.

『朝光』에는 기획주제에 대한 편집진의 질문과 이에 대한 답변의 형태로 이루어진 기사가 허다하다. 이는 간단하게는 설문조사의 형태를 띠고 있고 좀 더 규모 있는 방식으로는 '나와 ○○', '나의 ○○○'의 형태로 연속되는 시리즈로 등장한다. 더 흥미로운 것은 "○○에 대해 질문을 받았지만 나는 그에 대해 아무 생각이 없다"는 식의 답변도 빈번하다는 것이다.

『朝光』은 더 이상 독자를 계몽하려 하지 않고 설문과 같은 기획기사를 통해 대중을 '직접적으로' 호출하며, 대중에게 행위자 주체로서 자신들의 이야기를 하게한다. 즉 설문은 『朝光』이 대중을 호출하는 방식 중 하나로 볼 수 있다. 『朝光』에 실린 이 같은 다양한 질문과 답변의

---

21) 諸氏, 「性에 關한 問題의 討論(其二), 理想的 家庭制 妓生撤廢」, 『동광』 제28호 (1931년 12월), 39-43쪽. 이들의 생활관과 결혼관은 각기 다르게 나타나지만 기생제도가 철폐되어야한다는 입장은 동일했다.

형식은 설문, 만문만답, 에피소드와 같은 형태로 나타나며 이러한 기획 속의 명사들의 대답은 개인적 호기심 자극은 물론 명사들의 성격, 세속적인 세계관을 볼 수 있는 기회를 제공하고 있다.

『朝光』(1939.08 5-08호 통권46호)에 실린 명사들의 어린 시절 꿈을 묻는 '나는 무엇이 되려고 했나'등이 한 예가 될 수 있다.

이 설문에는 변호사 소완규[22], 화가 길진섭[23], 불교학자 권상로[24],

---

22) 소완규((蘇完奎)는 1902년 8월19일에 익산군의 지주의 아들로 태어났다. 1930년 니혼(日本)대학 법률과를, 1932년에는 메이지(明)대학 연구과를 졸업하였다. 나혜석의 정조 유린 위자료 청구소송 담당변호사로 알려져 있으며, 1933년부터 변호사 개업을 하였다. 일제 강점 말기에 국민동원총진회와 조선임전보국단 등의 친일단체에서 활동했다. 한국전쟁 중에 실종되어 생사를 알 수 없다. 한국사 데이터 베이스 참조: http://db.history.go.kr/item/level.do;jsessionid=F0FEF8EAF2BA26FDC59F14DAF7B8659B?levelId=im_107_00429 검색일 : 20017년 1월 26일

23) 길진섭(吉鎭燮, 1907~1975) 1907년 평양에서 출생하였다. 3·1운동 민족대표 33인 중의 한 사람인 길선주(吉善宙) 목사의 아들로 서울에서 미술 수업을 받았다. 1932년 일본 동경미술학교 서양화과를 졸업한 뒤 서울에 정착하여 활동하면서 1930년대 미술운동을 주도하였다. 1939년 창간된 문예지 『문장』의 디자인 편집위원을 담당했다. 1946년 서울대학교가 개교되자 미술학부 교수로 취임하였고, 미술계 움직임에도 적극 참여하여 조선조형예술동맹 부위원장, 조선미술동맹 서울지부 위원장 및 중앙위원장을 지내면서 미술계의 좌파를 이끌었다. 1948년 8월 해주에서 남조선인민대표자대회가 열릴 때에 남한의 미술계 대표로 밀입북하여 참가하였고 제1기 대의원으로 피선되었다. 이 시기 북한에 정착하여 평양미술학교(뒤에 대학으로 승격) 교원, 조선미술가동맹 중앙위원회 부위원장 등을 역임하였다. 한국민족문화대백과http://terms.naver.com/entry.nhn?docId=551601&cid=46660&categoryId=46660 검색일 : 20017년 1월 26일

24) 권상로(權相老, 1879. 2. 28~ 1965. 4.19) 1879년 경상북도 문경에서 출생했다. 1906년 서울로 상경해 불교계 최초의 신식학교인 명진학교(明進學校)에 입학했으나 3개월 후 자퇴했다. 1911년 문경 대승사(大乘寺)의 주지가 되었다. 1912년 조선불교월보사 편집인 겸 발행인으로 취임해 『조선불교월보』를 발행했으며, 1917년 9월 불교시찰단원으로 일본을 시찰했다. 1918~1922년 김룡사 경흥학교와 상주 보광학교 강사를 거쳐1924~1931년 불교사 사장으로 취임해 잡지 『불교』를 발간했다. 1931~1944년에는 중앙불교전문학교(1940년 혜화전문학교로 변경, 1946년 동국대학으로 승격) 교수로 재직했다. 1935년부터 조

시인 김안서(金岸曙), 사회주의 언론인 이여성[25], 소설가 이효석, 국어 학자 이극로, 최영수, 성악가 이인선, 영화감독 박기채, 학자 양주동, 만담가 신불출[26] 등이 종교, 정치, 문학, 학술, 예술 등 다양한 분야에서 활동하던 인물들이 참여하고 있다. 이들은 '대학자', 문장 이태백, 영웅, 호렵도 주인공, 비행가, 방랑객, 곡예사, 음악가, 제갈공명, 찰리 채플린, 글짓는 사람' 등 다양한 자신의 꿈을 소개하고 있다. 그 중 하나를 살펴보면 다음과 같다.

> 곰곰이생각하니 우숨이 나옵니다. 才能이없으면서도 재능을 갖인척하였고 얼골이 못낫을면서도 얼골이잘난척만하였고 아무것도 할줄을 모르면서도 모다할수있을줄만 아렀기 때문에 어떠고 어변지 좌리좌푸링가튼사람이 되리라하고꿈을 꾸었읍니다만 커가면서 거울을보니 아무리하여도 상통이배우되기는 틀었고 하기에 좌푸링이되는 것을 단염하야버리고 대체 영화라는 것을 어떻게만드난가 하는 대호기심을 갖게되여뜬 것이 영화감독의 존재를알게되었습니다. 었지하던지 영화감독이 되리라고하면 소년시절의꿈이 그대로실현될것입니다만 생각하

선총독부에서 전개하던 심전개발운동에 연사와 필자로 참여했다. 해방 후인 1946년 4월 동국대학교 교수로 취임했고, 1949년 5월 반민족행위특별조사위원회에 체포됐으나 기소유예 처분을 받았다. 1952년 동국대학교 학장을 거쳐 1953년 2월 초대 총장직을 맡았다. 1955년 국사편찬위원회 위원을 지냈으며, 1962년 동국대학교에서 명예철학박사 학위를 받았다. 같은 해 8월 대한민국 문화포장을 받았다. 한국민족문화대백과: http://terms.naver.com/entry.nhn?docId=550151&cid=46648&categoryId=46648, 검색일 : 20017년 1월 26일

25) 이여성(李如星, 1901년 12월 29일 ~ 미상) 정치가. 언론인이자 화가 그리고 사회주의 운동가로 1901년 12월 29일 경상도에서 태어났다. 본명은 이명건(李命鍵)이다.

26) 신불출(申不出, 1905~) 본명은 신흥식이다. 경기도 개성(開城)에서 태어났다. 어린 시절이나 성장 과정에 대해서는 잘 알려져 있지 않다. 천민 출신으로 보통학교를 졸업한 후 상경해서 양백명(梁白明)이 이끄는 극단에 가입하고 연극을 시작하였다.

면 모다가 맹랑하고허무한 꿈이었습니다.[27]

위의 인용은 찰리 채플린이 되고자했다는 박기채[28]의 대답이다. 박기채는 배우이자 감독인 찰리 채플린은 되지 못했지만 영화감독이 되었다. 신불출은 "「글」을 지어서 세상을 위해 일깨주니 사람이 되려고 했드니 「말」을 팔아서 나만 먹고 사는 사람같은 사람이 되었습니다."[29]라고 답하고 있다. 재밌는 것은 응답자들이 찰리 채플린이 되고자했다는 박기채처럼 자신의 꿈을 완벽하게 이루지는 못했지만 근접한 업종에 종사하거나 성장 배경 속에서 이러한 답이 나왔음을 알 수 있다.

설문 '나는 무엇이 되려고 했나'는 아래 <그림 2>와 같이 박스 형태로 전 권에 흩어져 실려 있다.

이와 같이 박스 형태나, 설문에 대한 답을 전권에 흩어 놓는 형식이 『朝光』 초기에서부터 나타난 것이 아니다. 이렇게 기사를 흩어 놓는 것은 지면의 문제로 보인다. 초기에는 설문에 대한 명사들의 대답이 실린 단답형 또는 단문으로 된 설문이 논설이나, 사설, 경제 기사 등 다소 딱딱한 글들에 박스 형태로 실려 독자들의 지루함을 해소하

---

27) 「나는 무엇이 되려고 했나」, 『朝光』(1939.08 5-08호 통권46호), 295쪽.

28) 박기채(朴基采, 1906년 7월 24일 ~ ?)는 영화감독, 각본가로 전라남도 광주에서 태어났다. 1927년경 일본 도시샤 대학(同志社大学)에서 수학했다. 1930년, 교토(京都) 시에 있는 동아키네마에 의탁생으로 입사하여 본격적으로 영화 촬영을 공부했다. 1935년에 같은 영화사에서 일했던 양세웅과 함께 귀국한 뒤 유명한 문예인들이 대거 발기인으로 참가한 《춘풍》을 연출해 데뷔했고, 다음 작품으로는 이광수의 소설 《무정》을 영화화해 주목 받는 신진 감독이 되었다. 1937년 조선 영화 주식회사를 창립했으며, 《나는 간다》(今ど我は行)(1942년)와 《조선해협》(1943년) 등의 친일 영화를 감독했다. 광복 직후 결성된 조선문화건설중앙협의회 영화 부문과 조선영화건설본부에 참여했으며, 1945년 말에 조선프롤레타리아영화동맹과의 통합으로 발족한 조선영화동맹의 중앙집행위원도 맡았다. 한국 전쟁 중에 납북되어 이후 행적은 알 수 없다.

29) 「나는 무엇이 되려고 했나」, 『朝光』(1939.08 5-08호 통권46호), 321쪽.

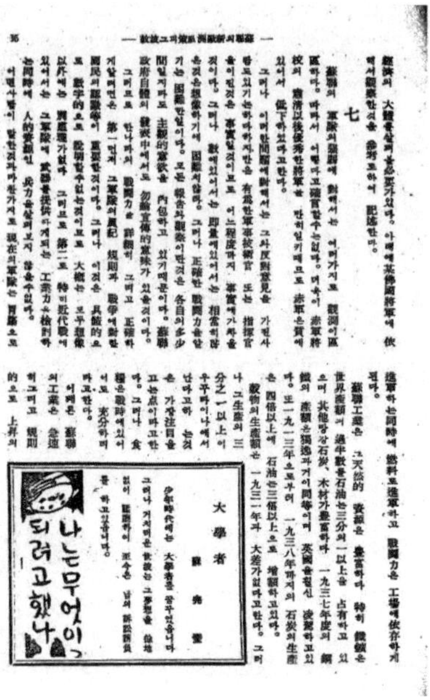

그림 2. [나는 무엇이 되려고 했나?]
소완규, 대학자

기 위한 의도성이 보이나 『朝光』(1939.08 5-08호 통권46호)에 실린 '나는 무엇이 되려고 했나' 와 같은 박스 형태의 설문 기사는 단편소설이나, 단편 소설 안에 배치되어 오히려 소설의 집중력을 저하시키고 있는 것을 볼 때 설문기사를 분산 시키는 것이 흥미를 끌기 위한 의도성도 있지만 지면의 영향도 받았던 것으로 보인다.

다음은 『朝光』(1939.08 5-08호 통권46호)에 실린 설문 「나를 가장 놀라게 한 사건」에 대한 응답자의 답변 리스트이다. 이 설문에는 유자후[30], 권상로, 고유섭, 홍난파, 최봉칙[31], 김원근[32], 김문식 등이 설문에 참여했다.

30) 유자후 (柳子厚, 1895~?) 1895년 서울에서 태어났으며, 이준(李儁)열사의 사위이다 저술가·한학자로 한국전쟁 때 납북된 것으로 알려져 있다.

31) 최봉칙은 1896년 평안북도에서 태어났으며, 문필가로 활동했다. 교육자로 인천 사범 학교(현 경인 교육 대학교)의 교장을 역임했다.

32) 김원근(金元根, 1886.10.10 ~ 1965.12. 23) 1933년에는 세계 대공황에 대규모 무역 등으로 큰 자산가가 된 경주 출신의 육영사업가이다.

표 1.『朝光』(1939.08 5-08호 통권46호), 300-311쪽.

응답자	설문내용과 답변
유자후	[나를 가장 놀라게 한 사건] 활빈당과 의병소요
권상로	[나를 가장 놀라게 한 사건] 선혈의 산로
고유섭	[나를 가장 놀라게 한 사건] 선죽교변
홍난파	[나를 가장 놀라게 한 사건] 캔사스역의 봉변
최봉칙	[나를 가장 놀라게 한 사건] 여사감 선생과 불량중학생
김원근	[나를 가장 놀라게 한 사건] 설야의 호랑이
김문식	[나를 가장 놀라게 한 사건] 괴담1막

단답형의 설문에서 탈피하여 아래의 <그림 3>에서 볼 수 있듯이 설문의 수필화를 보여주고 있다.

301 —件事한게라놀장가를나—

—件事한게라놀장가를나— 300

活貧黨과 義兵騷擾

柳 子 厚

그림 3. 유자후, [나를 가장 놀라게 한 사건]활빈당과 의병소요

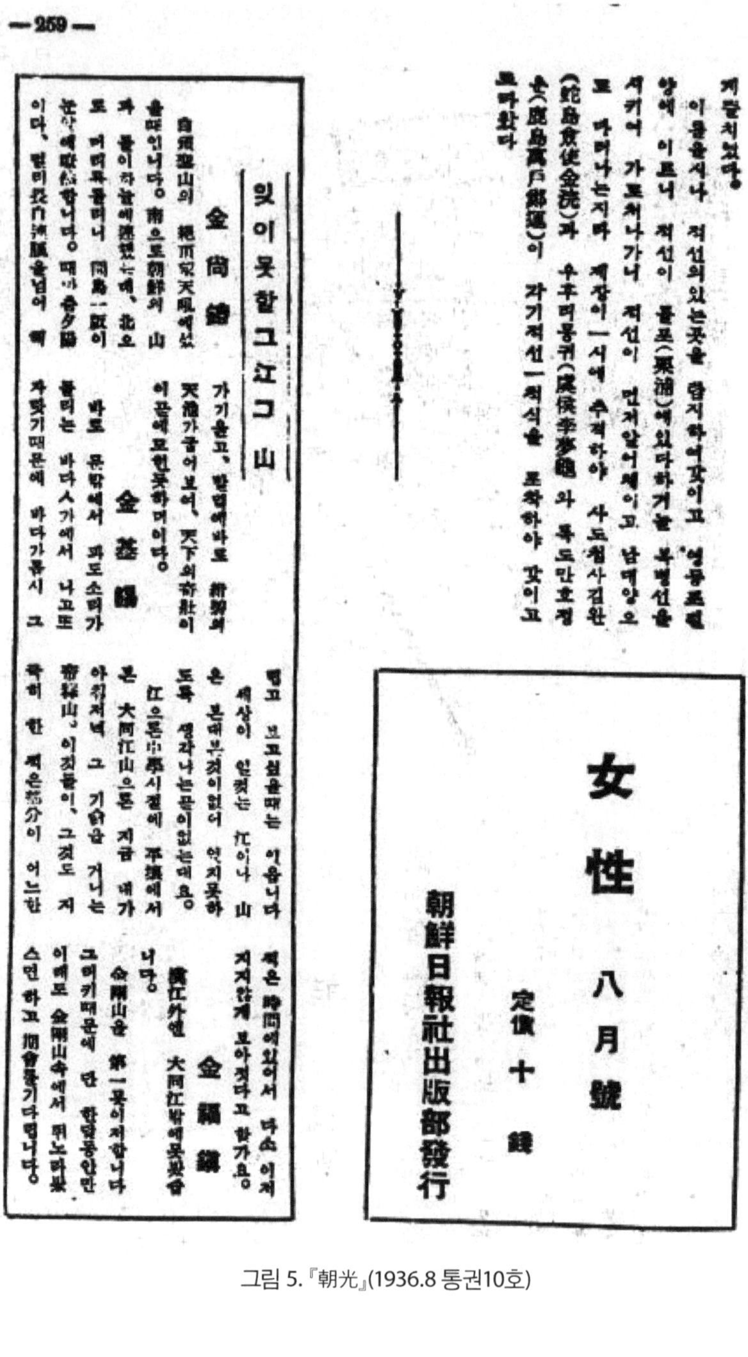

—259—

계달치봤다。

이름을시나 저선의있는곳을 탐지하여갖이고 영문조련양에 이르니 저선이 율포(栗浦)에있다하거늘 부병선을 시키어 가로처나가니 저선이 먼저알어채이고 남[illegible]양으로 따러나는지라 제장이一시에 수작하야 사도첨사김완(蛇島僉使金浣)과 우후리몽귀(虞候李夢龜)와 녹도만호정운(鹿島萬戶鄭運)이 각기저선一척식을 포착하야 갖이고 도라왔다

잊이못할그江그山

金尙鎔

自[illegible]山의 絶頂[illegible]에섰을때인니다。 南으로朝鮮의 山과 물이하늘에[illegible]했는데、北으로 머리를돌리니 [illegible]島一[illegible]이 눈앞에[illegible]합니다。 때마[illegible]夕陽이다、[illegible]을넘어 해가기울고、발앞에바로 [illegible]의 天[illegible]가굽어보여、天下의奇壯이 이끝에모힌듯하며이다。

金[illegible]鎬

바로 문밖에서 파도소리가 들리는 바다ㅅ가에서 나고또 자랐기때문에 바다가름시 그렵고 보고싶을때는 이웁니다 [illegible]은 [illegible]에있어서 [illegible] 이제 세상이 일컷는 江이나 山 지지않게 보아졌다고 할가요。

金[illegible]

[illegible]은 본대부것이없어 연지못하도록 생각나는곳이없는데요。 江으론[illegible]시절에 [illegible]에서 나왔。

[illegible]江外엔 大同江밖에못봤습니다。 大同江山으론 지금 내가 [illegible]山을 第一못이저합니다 아침저녁 그 기슭을 거니는 그이키때문에 단 한달동안만 [illegible]山、이것들이、그것도 지이때로 [illegible]山속에서 뛰노라[illegible] 흑히 한 [illegible]은[illegible]分이 어느한스면 하고 [illegible]기다렵니다。

女性 八月號
定價十錢
朝鮮日報社出版部發行

그림 5.『朝光』(1936.8 통권10호)

『朝光』(1935.12, 1권2호 통권2호)에 실린 「음식천국」[33]이나 <그림 5>의 「잊이못할 그江과 그山」[34]은 개인의 음식취향을 통해 음식을 소개하고 있으며, 명사들의 추억과 취향을 통해 여행지나 가 볼 곳에 대한 정보가 소개되고 있는 점에서 『朝光』이 상품으로써의 잡지임을 보여주고 있다.[35] 『朝光』은 로맨스, 계절, 시간(고향), 장소(여행, 관광), 음식, 취미, 인물, 독서 등의 일상을 통해 “추억팔이”를 하고 있는데 이는 상품화되어 소비되고 있는 현재의 예능 콘셉트와 다르지 않다. 이처럼 『朝光』의 평범해 보이는 일상에 대한 설문 조사는 거꾸로 ‘명망 있는’ 사람들을 ‘일반인’과 같이 취급하고 있다.[36] 이렇게 ‘명망 있는’ 명사(名士)와 보통의 일반인들 사이에 존재하는 위계성을 파괴한다는 점에서 인터뷰 기사와 설문조사는 동일한 목표를 향하고 있다.

그림 4. 名士漫問漫答

이 외에도 옆의 <그림 4>에서 볼 수 있듯이 “『朝光』(1938.12, 4-12호 통권 8호)에 실린 「名士漫

33) 「설문조사, 음식천국」, 『朝光』(1935.11, 1권2호 통권2호), 257쪽.

34) 「잊이못할 그江과 그山」, 『朝光』(1936.8 통권 10호), 154쪽, 202쪽, 259쪽, 281쪽, 390쪽에 걸쳐 총 22명의 명사들이 자신들이 좋아하는 산과 강을 밝히고 있다.

35) 그러나 자본력을 동원한 잡지의 상품화가 곧 대중화는 아니며 대중잡지를 뜻하지는 않는다. 이러한 요소들이 대중 유인책이 될 수는 있지만 대중화로는 볼 수 없기 때문이다. 설문의 주가 되는 내용이 첫사랑, 음식, 명승지나 자연으로 당시의 대중들의 일상과는 괴리감이 있기 때문이다.

36) 이 설문들은 매일 네이버의 블러그씨가 블로그 작성 아이템을 주기 위해 질문을 하는 것과 유사하다.

問漫答」에서는 '유언, 첫사랑을 한 나이, 첫사랑이 어디에 있는지 알고 있는지'에 대한 질문을 하고 있다. 이러한 질문에 첫사랑의 생사를 모른다는 사람도 있지만 어디에 있는지 정확하게 알고 있는 문인들도 많다는 점이다. 이것을 우스갯소리로 넘어 갈 수 있지만 그들의 대답은 문인들의 기질을 보여주는 단적인 예이다."

『朝光』에는 내가 가진 귀중품은 무엇이며, 취미, 좋아하는 색깔, 기호 식품, 음식, 첫사랑, 연애, 어린 시절의 장래희망, 감명 깊게 읽은 책, 좋아하는 작가, 좋아하는 여행지, 좋아하는 동식물, 유언, 가훈 등등 신변잡기에 대한 질문이 많았는데 이에 대해 작가 또는 명사들은 단답형으로 설문에 응하지 않았다. 그들은 질문에 대해 상당히 성실하게 배경과 추억 등을 소환하고 있으며, 답에 대한 이유를 상세하게 기술하면서 자기에 대한 이야기를 하는 장이 되고 있다.

이처럼 수필화된 설문은 쉽게 만날 수 없는 '명망 있는' 사람들의 신변을 기자나 다른 사람의 입이나 손을 거치지 않고 소상히 알 수 있는 통로가 되었으며, '명망 있는' 사람들은 좀 더 쉽게 자신을 노출하고, 이미지화할 수 있는 장이 되었다. 대중들의 관심을 끌만한 '명망 있는' 인물들의 사생활이나 일상을 엿볼 수 있는 질문을 통해 『朝光』은 호기심과 즐길 거리를 제공함으로써 대중을 유인하려 했던 것 같다. 당시의 설문은 관음증적 욕구를 해소시키는 내러티브적 엿보기의 한 방식이기도 했다.

특히 문인들에게 청탁한 각종 설문형 수필[37]은 한국 문학장의 재편

37) "車船中서 매저진 로-맨스"(『朝光』, 1936.06 2-06호 통권 9호)에서 안회남은 이 청탁형 설문에 다른 사람들은 창작해 가져다 주었다는 말을 들었다고 폭로하며 자신의 연애 대상은 '아내"라고 적고 있으며, 김유정은 차안에서 들은 이야기를 써냈다. 이외에도 "자연의 전당 대경성의 풍경"(『朝光』, 1935.11 1-01호 통권 1호), " 잊을 수 없는 크리스마스 선물"(『朝光』, 1935.12 1-02호 통권 2호), " 나의 스승"(『朝光』, 1936.01 2-01호 통권 4호),"사건이 있는 해변 풍경" ·

과정에서 문학의 원천이 되고 있다. 이처럼 『조광』은 다양한 문학 장르를 포괄하고 있었을 뿐만 아니라, 문학장의 변화를 가져올 수 있는 가능성들도 내포하고 있었다.

하지만 중일전쟁 발발이후에도 '상식'의 기조를 유지하던[38] 『朝光』은 1939년 9월호(통권 47호) 이후 완전한 전시체제로 바뀌면서 변화가 나타난다. 『朝光』(1939.01, 5-01호(통권39호)부터 동식물이었던 표지가 인물로 바뀌고, 『朝光』(1939.02, 5-02호(통권40호)에는 천황 사진이 실린다. 그리고 신변잡기에 관한 설문조사는 지면에서 사라진다. 그렇다고 설문이 완전히 사라진 것은 아니다. 소재가 빈곤할 때 간혹 설문이 등장하기는 하지만 전시체제에 맞게 총후와 관련된 주제로 전환되었다. 그러나 1940년 이후에는 이마저도 자취를 감춘다.

『朝光』은 '신인류'인 상식적인 인간을 창조하기 위해 설문이나 인터뷰 등을 통해 '명망 있는' 사람들의 일상과 생각을 수집하여 정보와 즐길 거리를 함께 제공하였던 것이다. 이것은 20년대 이념으로서의 문학장이 30년대에는 대중과 소통, 공감으로 발전 대중적 수준으로 전락하고 있는 것으로도 보인다. 그러나 자본력을 동원한 잡지의 상품화가 곧 대중화는 아니며 대중잡지를 뜻하지는 않는다. 이러한 요소들이 대중 유인책이 될 수는 있지만 대중화로는 볼 수 없기 때문이다. 설문의 주가 되는 내용이 여행, 음식, 명승지나 자연으로 당시의 일반대중들의 삶과는 괴리감이 있기 때문이다. 『朝光』의 대중성을 이야기하면서 기존의 연구는 『朝光』의 목차나 광고를 제시하고는 있지만 호출하는 사람들의 정체성이 없어 이것만으로는 대상으로 설정한 독자를 파악하기 어

" 범죄가 있는 노회풍경"(『朝光』, 1939.08 5 08호 통권 46호), "내가 영향을 받은 외국작가"(『朝光』, 1939.03 5-03호 통권 41호) 등 1939년까지 청탁형 설문이 많았다.

38) 중일전쟁 발발 4개월이 지난 1937년 11월호에 와서야 전시체제를 반영한 듯 「황국신민서사」가 실리기 시작한다.

렵다. 외국상품의 소개 광고를 볼 때, 『朝光』이 상정하고 있는 대중은 순수한 의미의 문화를 소비하는 대중은 아니었을 것이다. 당시 조선은 대중문화의 소비기반이 없었기 때문이다. 결국 상식적인 인간으로 지칭되었던 『朝光』이 기획한 대중은 결국 독자로 귀결되는데 이 잡지의 독자는 한글만을 해득할 수 있는 계층부터 고도의 지식을 지닌 엘리트 계층까지 걸쳐 있다. 이는 『朝光』에 잡지를 구매할 능력과 의사가 있는, '생활과 소비의 실체'로서의 모든 대중이 포괄되고 있음을 말해 준다. 특정 계층이나 관심 그룹을 독자로 삼고 있는 것이 아니라 불특정 대중을 독자로 호출한다는 기획 자체가 『朝光』을 독특한 존재로 만든다. 『朝光』이 설정한 대중은 1920년대 계몽 대상으로서의 '독자'와는 다르며, 수평적이고 대등한 차원에서 정보를 획득하고 요구하는 소비 주체이기도 하다. 따라서 『朝光』은 "상식조선"의 기치 아래 대중들의 소비기반의 구축자 역할을 담당하는 것을 목표로 삼았던 것으로 보인다.

즉 『朝光』의 독자층이 이 시기 생활의 실질적인 주체로서의 대중이었다. 이 시기의 대중은 20년대 방식의 일방적 계몽이나 이념의 선전선동만으로는 조직할 수 없었다. 이들을 체제 내로 끌어들이는 방법은 20년대식의 엘리트 교육문화가 아닌 대중적 교육문화방식으로만 가능했다. 즉 이념의 교육을 통한 생활의 이데올로기화가 아니라 생활의 이념화를 통한 체제 내로의 유입 방식이다. 『朝光』이 순수문예지가 지녔던 문학적 면모는 물론 잡지 표지를 미인화로 대체하면서 대중성까지 두루 갖추고자 했던 점이나 총독부의 정책에 적극 호응하는 친일적 성격까지 두루 체현하고 있는 사실은 잡지 『朝光』이 특정한 이념을 근저로 삼고 있지 않았음을 보여준다. 『朝光』은 이념이 아닌 대중의 욕망과 소비생활을 바탕으로 한 대중지였다는 사실은 이로써 증명된다. 그리고 대중의 욕망과 소비생활을 부추기는 방식 중의 하나가 내러티브적 엿보기였던 것이다.

4. 나오기

지금까지 잡지 『朝光』을 문학 공간의 재구성 혹은 문학담론장의 재형성이라는 관점에서 검토하였다. 1930년대~1940년대 문학 공간의 재구성을 살피는 일은 문학 담론과 비문학 담론의 상호규정성에 주목하여 문학 담론과 비문학 담론과의 상관관계 속에서 일제 말 문학담론의 변화 과정을 파악하고, 『朝光』이 만들어낸 상식의 담론장 속에서 문학이 어떻게 확장되고 재배치되는가를 파악하기 위함이다. 그 일환으로 원문학을 중심으로 살펴보았다. 그 과정에서 조광의 다음과 같은 특징을 발견할 수 있었다.

『朝光』이 기존 잡지에서 교양으로 다루었던 주제를 가십으로 활용하고 있는 점이다. 교양의 주제였던 역사적 사건이나, 인물 등이 『朝光』에서는 가십거리처럼 취급되고 있다. 즉 『朝光』이 표방한 상식은 교양이 아닌 소비되는 상식이었던 것이다. 둘째, 광고를 통해 문학작품을 베스트셀러를 만드는 전략을 쓰고 있다. 셋째, 계절, 이슈 등 시류를 추종하는 구성전략을 선택하고 있다. 넷째, 문학을 '오락'으로 재정립하는 새로운 기획을 구사하면서 글 배치의 위계성을 해체하고 있다. 또한 순(純)문학, 원(原)문학, 범(凡)문학, 간(間)문학 다양한 문학장르를 포괄하고 있었을 뿐만 아니라, 문학장의 변동을 주도하고 있었다고 볼 수 있다.

『朝光』이 대중을 호출하는 방식 가운데 하나가 자기에 대한 이야기를 하는 방식인데 자신의 이야기를 하는 방식 가운데는 수필, 기행문, 수기, 편지 등이 있다. 그 가운데 『朝光』은 설문을 적극적으로 활용하고 있다. 명사(名士)들의 기호, 취미 등의 신변잡기에서부터 현실 인식과 세계관을 엿볼 수 있게 하는 설문을 통해 수필이나 기행문에서는 볼 수 없는 이야기를 끌어내려 한 것이다. "명망 있는" 사람들이 '사기

이야기'를 하는 방식인 설문 즉, 그들의 생활 엿보기를 통해 대중의 관심을 끌려 했던 것으로 보인다. 수필형 설문이나 만문만답식 설문이 전시체제로 돌입하고 나서도 한동안 지속되었던 것과 그 이후에도 소재가 빈곤할 때 간혹 설문을 청탁한 것을 보면 설문을 포기하지 못하는 『조광』의 갈등이 엿보인다.

잡지 『朝光』에 대한 연구는 지배이데올로기로서의 '신체제론'이나 '내선일체' 등을 먼저 상정하고 당대 대중의 생활 속에서 이 이념의 파편적 증거를 찾는 방식이어서는 안 된다. 이러한 방식은 이념의 확립-생활 속 증거 발견-이념의 확인이라는 원점회귀식 방법을 넘어 설 수 없게 한다. 오히려 당대 대중의 일상적 생활 속의 최고의 관심과 대중적 문화 속에서 어떤 방식으로 이념이 조직되는가 그리고 지배계층 및 지식인들이 내건 이념이 대중들의 생활 속에서 어떤 양상으로 소모되고 소비되는가 그 양상에 주목해야 한다. 일상, 생활 자체가 어떻게 이념화되는지를 잘 보여주는 잡지가 바로 『朝光』이기 때문이다.

이 연구는 문학공간의 재배치가 이루어지는 한 부분만을 대상으로 하고 있어 문학장의 변동에 미친 영향이나 『朝光』의 '상식조선'의 기획이 어떻게 변화/변질되는지까지는 나아가지 못했다. 실상 이 연구는 개인연구로는 어렵기 때문이다. 앞에서도 언급했지만 『朝光』 전모를 파악하기 위해서는 문학 담론과 비문학 담론과의 상관관계 속에서 일제 말 문학담론의 변화 과정을 파악하고, 『朝光』이 만들어낸 상식의 담론장 속에서 문학이 어떻게 확장되고 재배치되는가에 대한 파악이 필요하다. 이 연구가 선행된 후에 『朝光』의 '상식조선'의 기획이 어떻게 변화/변질되는지 파악이 가능해지기 때문이다.

제8장

서사의 위기와 소설

제8장 서사의 위기와 소설

최성욱

1. 서론

소설의 위기가 근대의 대표적 문학장르인 소설의 종말을 의미하는 것은 아니다. 이미 헤겔이 『예술철학강의Vorlesungen über die Ästhetik』에서 '예술의 종말'을 예언했을 때, 그것이 예술이 사라진다는 것을 의미한 게 아니라 예술의 전통적 기능이 변하게 되었다는 것을 의미한 것처럼, 소설의 위기 역시 역사적 조건이 변함에 따라 전통 소설의 기능이 새로움을 추구하게 되었다는 것을 의미한다. 예컨대 벤야민(Walter Benjamin)이 『기술복제시대의 예술Kunstwerk im Zeitalter seiner technischen Reproduzierbarkeit』(1936)에서 언급했듯이 카메라의 등장이 회화의 기능변화를 추동했던 것처럼 영화의 등장은 소설에 기존의 스토리텔링과는 다른 서사방식을 요구했다. 이런 맥락에서 소설의 위기란 서사의 위기이자 화자의 위기라 할 수 있다.

이 글은 서사의 위기를 규명하고 그것이 소설이라는 장르의 형식변화에 어떤 영향을 미쳤는지 살펴볼 것이다. 이를 위해 우선 벤야민과 루카치(Georg Lukács)의 소설이론을 중심으로 서사시에서 근대소설로의 발전과정을 서사의 관점에서 역사철학적으로 규명해보고, 그 다음 무질(Robert Musil)의 소설론을 중심으로 현대소설이 겪고 있는 서사의 위기와 이것이 소설의 형식변화에 어떤 영향을 미쳤는지 알아볼 것이다.

2. 소설의 역사철학적 발전과 서사

발자크, 스탕달, 톨스토이 등 고전 리얼리즘 소설에 익숙한 독자들에게 조이스, 프루스트, 되블린, 무질 같은 현대소설가의 작품은 난해하기 그지없다. 그것은 이들 현대소설가의 작품에는 전통적인 서사구조나 이야기구조가 없기 때문이다.

이런 형식변화는 소설이 화자, 즉 이야기꾼이 자기 경험을 이야기 형식으로 풀어내는 장르라는 측면에서 소설의 위기를 나타낸다. 이미 아도르노는 『동시대 소설에서 화자의 현주소Standort des Erzählers im zeitgenössischen Roman』라는 글에서 현대소설이 겪고 있는 위기의 원인을 화자의 무능함에서 찾았다. 그에 의하면 "소설의 형식은 이야기를 요구하지만" 현대소설의 화자는 "더 이상 이야기할 능력이 없다."(Adorno 1989, 41) 벤야민 역시 1936년 러시아 작가 니콜라이 레스코프(Nikolai Lesskow)의 작품을 비평한 글 『이야기꾼Erzähler』에서 이와 비슷한 입장을 견지하는데, 그는 "이야기하는 기술"과 "이야기꾼"의 종언을 선언한다.

벤야민은 이 글에서 이야기와 소설, 이야기꾼과 소설가를 구분하면서 대표적인 서사장르인 소설에서 어떻게 이야기가 사라지게 되었는지를 역사철학적으로 규명한다. 소설과 이야기의 차이는 이야기가 구전문화나 집단주의 문화의 산물이라면 소설은 본질적으로 책과 개인주의 문화에 의존한다는 데 있다. 이것은 소설이 18세기 시민계급의 부상이나 출판시장 형성 그리고 전업 작가의 등장에 힘입어 책 보급이 확산되면서 비약적으로 성장했다는 사실에서도 알 수 있다.[1] 원래 소설은 이야기에서 출발했지만, 동화나 전설 그리고 민담과 같은 서사문학과는 달리 구전문화의 전통에 들어가지 않는다. 이런 점에서 소설과 이야기의 분리는 근대 초기 소설의 전성기에서부터 시작되었다고 볼 수 있다.

이야기꾼이 풀어내는 모든 이야기의 원천은 입에서 입으로 전해지는 경험이다. 예컨대 그리스 최초의 이야기꾼인 헤로도토스(Herodotos)는 페르시아 전쟁의 이야기를 쓰기 위해 소아시아 지역을 여행하면서 현지인들이 구술해 준 경험담을 듣고 그 기억에 의지해 『역사』를 썼다. 하지만 헤로도토스의 『역사』가 서양 최초의 역사서가 될 수 있었던 것은, 그가 자신이 들었던 사건을 단순히 나열(편년체적 역사서술)한 것이 아니라, 사건의 인과관계를 밝혀내는 이야기구조를 택했기 때문이다. 이 점에서 역사history는 역사가가 자신의 경험을 이야기 식(plot)으로 풀어낸 것이라 볼 수 있다. 역사가가 이처럼 자기 기억을 서사형식에 따라 기술한다는 점에서 역사가도 이야기꾼이다.[2]

---

1) 노발리스(Novalis)는 낭만주의적 삶의 감정이 언제 새로운 표현형식과 묘사형식을 고안했는가라는 질문에 "소설이 책의 형태로 삶을 표현했을 때"라고 대답한다. 그에 따르면 소설은 책이 나오기 전에는 사실상 존재하지 않았다. 다시 말해 근대적 삶이 소설이라는 형식을 발견할 수 있기 전에 인쇄술이 먼저 발명되어야 했다. (Vgl. Arno Schrokauer: Bedeutungswandel des Romans. In: Zur Poetik des Romans. Hrsg.v. Volker Klotz Darmstadt, 1969. S.15)

2) 역사와 이야기의 공통점은 둘 다 이야기의 서사구조를 가지고 있다는 것이다. 이와 관련하여 영어의 역사를 뜻하는 history는 그(his)의 이야기(story)이고, 독일어의 역사를 뜻하는 단어 Geschichte는 동시에 '이야기'를 의미한다는 점에 주목할 필요가 있다.

여기서 기억은 이야기꾼의 가장 중요한 서사능력이 된다. 그래서 그리스인들은 기억의 여신 므네모시네(Mnemosyne)를 서사시의 뮤즈로 여겼다. 서사가 기억을 기록한 것을 의미한다면, 그 서사 형식의 가장 오래된 문학 장르인 서사시에는 '이야기'의 요소와 '소설'의 요소가 동시에 포함되어 있었다고 볼 수 있다. 그러다 수 백 년이 지나 소설이 서사시의 품에서 떨어져 나오기 시작했을 무렵 책에 기록된 소설의 기억과 구전에 기반한 서사시의 기억은 전혀 다른 성격을 띠게 된다.

인간이 이야기를 만들고 전달하는 이유는 인간의 유한성과 영생을 누리고자 하는 욕망 때문이다. 인간은 누구나 죽는다는 사실을 알고 있기에 자신의 자랑스러운 업적이나 소중한 경험을 후대에 남겨 이를 통해 후손의 기억 속에서 영생을 누리고자 한다. 호머의 서사시는 이처럼 구전을 통해 그리스인의 기억 속에 전승되어온 트로이 전쟁의 위대한 영웅들의 이야기를 문자화한 것이다.

소설가는 이 기억이라는 유산을 물려받긴 했지만, 그 속에는 멜랑콜리가 짙게 베여있다. 그의 기억은 이야기꾼의 기억과는 전혀 다른 역사 철학적 환경 속에 있기 때문이다. 루카치(Lukács)는 『소설의 이론Die Theorie des Romans』에서 소설가의 이런 멜랑콜리를 역사철학적으로 규명한다. 그에 따르면 서사시가 "규범적인 어린아이의 형식"이라면 소설은 "성숙한 남성의 형식이자 어릴 적 희망이 사라진 멜랑콜리의 형식"이다.(루카치 1993, 91) 여기서 분명히 드러나고 있는 것은, 루카치가 소설과 서사시의 시대를 나누는 역사적 기준이 인간의 이성 사용능력이라는 것이다. 서사시의 시대가 인류의 유년기인 이유는 인류의 이성이 아직 성숙하지 못해 모든 것을 외부의 절대적인 존재인 신의 조언(신탁)에 의지했기 때문이다. 서사시의 시대는 아직 나의 생각이나 나의 내면세계가 성숙되지 않았기에 나와 타인, 안과 밖 구분이 없이 세계와 인간은 하나가 되어 평화롭고 행복하게 살 수 있었다. 이를 두고 루카치는 다음과 같이 말한다.

> "별이 빛나는 창공을 보고, 갈 수가 있고 또 가야만 하는 길의 지도를 읽을 수 있었던 시대는 얼마나 행복했던가? 그리고 그 별빛이 그 길을 환하게 밝혀주던 시대는 얼마나 행복했던가? (....) 세계와 자아, 천공의 불빛과 내면의 불꽃은 서로 뚜렷이 구분되지만 서로에 대해 결코 낯설어지는 법이 없었다."(루카치 1993, 29)

하지만 서사시의 주인공은 개인이 아니다. 서사시의 대상이 개인의 운명이 아니라는 것은 서사시의 본질적 특성이다. 왜냐하면 서사시의 시대는 개인의 운명이 공동체의 운명에 전적으로 의존하던 시대였기 때문이다. 서사시의 세계를 규정하는 가치체계의 완결성은 너무 유기적 전체성을 만들어내기 때문에 그 속의 어떤 구성요소도 하나의 독자적 인격체가 될 수 없었다. 이런 점에서 서사시의 시대는 아직 개인주의가 무르익지 않았던 집단주의 시대였다.

개인이란 자기 이성을 스스로 사용할 수 있는 용기를 가진 존재, 즉 외부의 권위나 타인의 조언을 그대로 받아들이지 않고 이성을 통해 모든 것을 의심하고 검증하여 받아들이는 독립된 개체이다. 서양 개인주의 시대는 이처럼 인간과 신, 자아와 세계, 내면세계와 외부세계의 불일치를 경험하며 독립된 개체로 성장한 인간이 외부 세계를 향해 자기 내면(자의식)을 강하게 내세우는 시기다. 소설의 이야기꾼이 느끼는 별빛을 잃어버리는 서사시의 이야기꾼이 품었던 희망, 즉 세계와 나의 유기적 총체성, 경험이나 가치의 공유에 대한 믿음을 상실하며 외부세계와 끊임없이 투쟁하는 "문제적 개인"이 되었기 때문이다.

외부세계에 대한 낯섦과 단절로 인해 이야기꾼의 기능이 변하게 되었다고 보는 점에서 벤야민도 루카치에 동의한다. 벤야민 역시 자기 삶의 경험을 노래로 듣는 이에게 조언(노래, 삶의 지침)을 하는 것을 이야기꾼의 본질적 기능으로 본다. 그런데 근대사회에서 이 이야기꾼이 몰락하게 된 것은 경험의 전달가능성이 줄어들었기 때문이다. 그에 따르면 이야기꾼의 능력이란 객관적이며 동시에 모든 사람들에게 흥미를 끌 수 있는 이야기를 할 수 있는 단순한 능력이다. 이를 통해 이야기꾼의 이야기에 듣는 이가 완전히 동화되어 그것을 기억 속에 저장해야만 이야기는 존속될 수 있다. 그런데 이 능력은 인간내면의 순수한 개방성과 결부되어 있다. (벤야민 2012, 482) 하지만 소설을 읽는 문제적 개인이 품고 있는 의심은 소통의 문제를 야기한다. 그의 마음은 더 이상 타인의 이야기를 그대로 받아들이지 않고, 타인과 공동체의 이야기에 귀를 기울이기 보다는 오로지 자신의 사적 공간의 확보에만 열을 올린다. 벤야민이 『아케이트 프로젝트Passagen-Werk』에서 논증한 것처럼 근대사회는 개인이 공적 영역에서 사역영역으로 도피해 그 내면을 꾸미기 시작한 시대이기도 하다.(벤야민 2005, 549~582) 그는 더 이상 자기 생각을 타인에게 모범적인 예로 조언하지도 않으며, 다른 사람의 조언을 받아들이려 하지도 않는다. "소설을 쓴다는 것은 이처럼 인간의 삶을 서술할 때 타인과 공유할 수 없는 것das Inkommensurable을 극단화해서 표현하는 것"이다.(벤야민 2012, 423) 이런 맥락에서 소설의 산실은 '개인의 고독'이다. 왜냐하면 소설은 사람들이 자기 삶의 문제들을 점점 사적인 관점에서 바라볼 수 있게 한 장르이기 때문이다. 그러므로 서사시에서 소설로의 형식변화는 우리 모두의 삶에서 사적인 것이 점점 확대되고, 개인 간의 접촉이 점점 원자화, 파편화되는 역사철학적 발전과정에서 필연적으로 일어난 현상이다.

3. 현대소설과 서사의 포기

전통 소설, 즉 근대 리얼리즘 소설이 주체의 자의식과 함께 성장했다면, 전통 소설의 위기도 주체의 위기와 함께 찾아온다. 세기말 인간(개체)을 세계의 중심으로 보았던 개인주의(자유주의) 문화가 산업화와 자본주의에 밀려 그 뿌리까지 흔들리게 되면서 전통 소설의 위기도 시작된 것이다.

원래 '인간성의 고양', '인간 내면의 고유성 강조', '인간 존재의 총체성 발견' 등과 같은 이상들은 서구 개인주의 문화의 기본가치였다. 부르주아 계급은 이를 통해 자기 외에 그 어떤 다른 목적을 위해 이용될 수 없고, 그 자체로 무한한 가치를 지닌 '자기 목적적 존재'라는 자의식 속에 살았다. 소설은 사실상 부르주아 계급의 이런 자부심을 표현한 부르주아 계급의 문학 장르다.

하지만 산업혁명 이후 대두된 기능주의적 인간관과 물질주의적 가치관은 부르주아 문화를 위기에 빠트린다. 찌마P.V.Zima는 당시 부르주아 계급의 보편감정을 '공포Angst'와 '등가성Gleichgültigkeit'으로 규정한다. 여기서 공포가 급속한 사회변화와 돈의 지배가 점점 위세를 떨치고 있는 시대에 맞서 자신을 자율적 개체로 주장하려는 개인이 자신의 몰락을 예감하면서 느끼는 감정이라면, 등가성은 인간중심적 가치관이 이제 매우 불확실하게 되었다는 걱정을 의미한다. (Zima 1978, 61) 요컨대 이것은 부르주아 문화의 위기이자, 자본주의나 과학기술문명에서 느끼는 개인의 위기감이다.

이처럼 개인의 위기와 함께 전통 소설의 위기도 찾아온다. 이와 연관하여 로타 후버Lothar Huber는 전통적 인간상의 와해나 탈인간화Entmenschlichung는 현대문학이 필연적으로 걸어가야 할 길이라고 본다. 그에 따르면 현대 문학에서 인간은 '사물' 혹은 '이름 없는 존재'

로 추락한다.(Huber 1973, 92) 예컨대 발자크의 『고리오 영감』처럼 전통소설의 주인공에게는 고유한 이름이나 성격이 부여되었고, 그 성격을 반영하는 외모나, 그 성격과 얼굴을 규정하는 어떤 과거가 있었다. 성격과 이름은 달리 대체될 수 없는 특수성을 그에게 부여해 주고, 그의 행동을 규정해 주며, 그로 하여금 개개의 사건에 미리 결정된 방식으로 행동하게 만든다. 그리고 이런 그의 성격 때문에 독자는 주인공을 심판하고 사랑하고 증오한다. 반면 무질의 『지빠귀』[3]나 카프카의 『성』 등 현대소설의 주인공은 이런 규범을 따르지 않는다. 카프카의 『성』의 주인공 K로 말하자면, 그는 머리글자 하나로 만족한다. 그는 아무 것도 소유하지 않으며, 가족도 없고 얼굴표정도 없다. 어쩌면 그는 측량기사가 아닐지도 모른다.(로브그리예 1992, 37)

무질은 에세이 「소설의 위기」(1931)에서 소설이 위기에 처한 원인으로 집단주의(대중문화)에 의한 개인의 필연적 해체를 든다. 그에 따르면 현대소설의 특징은 개인의 운명을 예전처럼 중요하게 다루지 않는다는 것이다. 오늘날 세계의 운명은 어떤 한 개인의 절대적 힘에 더 이상 의존하고 있지 않기 때문이다. 이 글에서 무질은 서사시에서 (전통)소설로의 전이가 소설 발전의 첫 단계라고 한다면, 전통소설에서 현대소설로의 전이는 소설 발전의 두 번째 단계로 본다. 이 두 번째 단계의

3) 이 소설의 주인공의 이름은 A1, A2로 불린다. 무질에 따르면 개인의 특수성보다는 보편적 규범이나 표준이 중시되는 사회에서 개인은 예전에 누렸던 세계의 지배자의 자리에서 내려와 개별적 특성은 무시당한 채 사회가 부여한 제한된 기능만을 담당하는 꿀벌국가의 구성원으로 강등되거나 A1이나 A2처럼 더 이상 이름을 가질 수 없는 익명의 대중, 즉 '특성없는 인간'으로 추락한다. 왜냐하면 현대사회를 지배하는 합법칙성과 계산가능성은 개인의 고유한 체험인 탄생, 사랑, 슬픔, 기쁨조차도 획일적으로 똑같이 만들어버리기 때문이다. 누구나 똑같은 곳에서 똑같은 방식으로 태어나고, 비슷한 주거형태에서 비슷한 음식을 먹으며 동일한 스타일의 옷을 입다가 똑같은 방식으로 세상을 떠나는 사회에서는 더 이상 고유명사로 불리는 개인은 존재할 수 없기 때문이다.

특징은 '서사의 포기'다.(Kaiser, Wilkins 1962, 91) 그렇다면 현대 소설은 왜 서사를 포기해야 할까? 이에 대해 무질은 삶 자체가 비서사적 unerzählerisch으로 변했기 때문이라고 한다. 그에 따르면 인간의 삶과 현실 자체가 비서사적으로 변했기 때문에 소설은 서사를 포기해야 한다.

그렇다면 삶은 왜 비서사적으로 변했을까? 위르겐 슈람케Jürgen Schramke는 『현대소설의 이론』에서 소설이 서사할 수 있는 조건으로 '개인이 구체적인 경험을 직접 체험할 수 있는 세계', '개인이 자신만의 고유한 삶(운명)을 영위할 수 있는 세계'를 든다.(슈람케 1995, 57f.)그에 따르면 전통소설은 개인의 체험이나 운명이 이야기의 중심을 이루고 있으며, 화자는 이것을 중심으로 이야기를 펼쳐나간다. 요컨대 전통소설의 서사는 개인이 자신의 고유한 감정이나 행위동기를 통해 자기 운명에 도달할 수 있다는 믿음이나 개인의 내면이 무언가를 분명히 해 낼 수 있다는 믿음이 있을 때만 가능한 것이다.(Adorno 1989, 42)

하지만 상품뿐만 아니라 개인의 기호나 생각, 경험, 행위까지도 관리되고 대량생산되는 현대 산업사회에서[4] 개인은 더 이상 이야기의 중심이 될 수 없다. A씨가 B양에게 키스를 하고 약혼을 하며 또 파혼을 하는 자세한 상황이 서사될 수 있기 위해서는 이 사건이 충분한 의미나 가치가 있다는 것이 전제되어야 한다. 하지만 시장에 의해 개인의 가치가 정해지는 사회, 즉 시장의 필요에 의해 언제든지 교체 가능

4) 마르쿠제는 모든 것이 관리되고 표준화되어 더 이상 자신만의 고유한 생각이나 개성을 가진 인간이 존재할 수 없는 획일화된 사회를 '일차원적 사회'라 본다. 니체 역시 집단주의화된 현대문화를 비판하면서 남과 다른 나만의 고유성을 토대로 주체로 살지 못하고 무리나 집단으로서만 살 수 있는 현대인을 인류 역사 붕괴의 마지막 단계에 있는 '최후의 인간der letzte Mensch'이라 본다.(Vgl. Herbert Marcuse: Der eindimensionale Mensch. Berlin. 1967)

한 부속품으로 추락한 개인은 더 이상 서사의 가치를 누릴 수 없다. 이 때문에 "한 인간의 운명을 폭 넓게 그려나가는 것"은 현대 소설가에게 "더 이상 참을 수 없는" 것이 되고 만다.

소설에서 인간의 직접적인 체험은 매우 중요한 기능을 담당한다. 그것은 소설이 주인공의 체험을 통해 세계를 점검하는 장르이기 때문이다. 구체적으로 체험은 주인공이 개별 사건에서 의미나 중요한 통찰을 얻게 할 뿐만 아니라 주인공의 성격을 변화시키고 그의 삶에 일정한 방향성을 부여해 주기도 한다. 하지만 무질은 현대 사회에서 개인의 고유한 행위나 체험은 불가능하다고 본다. 현대인의 개인적 특성이나 삶은 그 자신에게 속한 것이 아니라 그를 둘러싸고 있는 '담론체계'에 의해 미리 규정되기 때문이다. 또한 산업사회의 토대가 되는 노동분업도 더 이상 개인이 독립된 개체로 살아가는 것을 허용하지 않으며, 점점 다른 사람에게 의존하며 살도록 강요한다. 이로 인해 개인의 삶과 체험은 점점 타인의 영향을 받거나 타인에게 규정당할 위험에 처한다. 다시 말해 개인이 자신의 것이라 확실하게 주장하는 고유한 삶이나 체험이 있다고 할지라도, 그것은 외부에서 부여 되었거나 타인에 의해 미리 규정된 것에 불과하다. 매스미디어가 발전된 현대사회에서 자기 체험이 다른 사람들과 무관한 순수한 것이라고 말할 수 있는 사람이 얼마나 있을까? 오늘날 많은 사람들이 나의 체험에 관여하고, 나보다 그 체험을 더 잘 이해하고 있는데 누가 감히 자신의 체험을 순전히 자기 것으로 주장할 수 있겠는가? 그래서 오늘날 세계는 엄밀히 말해 "체험한 당사자가 없는 체험으로 이루어진 세계"이다.

이런 맥락에서 『특성없는 남자』 1부 1장의 제목 <그곳에서는 언급할 만한 일이 전혀 일어나지 않는다>는 이 소설이 장르론적으로 매우 중요한 문제의식을 담고 있음을 보여준다. 그것은 이 제목이 '개인의 실존적 위기로 인한 서사의 포기'라는 소설이 처한 역사철학적 위기상황을 잘 암시하고 있기 때문이다. 게다가 무질은 이 소설 제 2부의 제목을 <그와 동일한 일이 일어나다>로 정함으로써 1부에서의 문제의식을 2부까지 계속 이어가는데, 여기서 '그와 동일한 일'이란 개인의 고유한 체험과는 무관하게 도식적이고 경직되며 습관적이고 진부하게 구성된 일상이 반복되는 것을 의미한다. 이런 삶은 개인의 구체적인 체험과는 무관하기에 그에게는 공허하고 무의미하기 짝이 없다. 그래서 이런 일이 벌어지고 있는 세계는 개인에게 아무 일도 일어나지 않는 것과 같다. 아무 일도 일어나지 않는데 어떻게 서사할 수 있겠는가?

어떤 일이 늘 일어나는 방식으로 한 치의 오차 없이 반복된다면, 우리는 그것을 '사건'이라 부르지 않는다. 우리가 뭔가 사건이 일어났다고 부를 수 있기 위해서는 그 일에 일상성을 탈피한 특별함이 묻어 있어야 한다. 그래야 그것이 개인에게 특별한 사건으로, 언급할만한 가치가 있는 사건으로 체험될 수 있는 것이다. 요약하자면 우리가 어떤 일에 대해 하나의 사건으로 이야기하기 위해서는 그 속에 뭔가 의미를 부여할 수 있는 특별함(예외성, 낯섦)이 있어야 한다. 하지만 현대사회는 우리에게 프로크루스테스의 침대처럼 틀에서 벗어난 예외적인 일이나 특별한 체험을 허용하지 않는다. 이처럼 '언급할만한 일이 전혀 일어나지 않는' 곳에서 화자는 더 이상 아무것도 서사할 수 없게 된다. 그러므로 이 소설 1장의 제목은 현대소설이 처해 있는 역설적 상황을 다시 한 번 확인해 준다. 소설의 형식은 화자에게 이야기를 요구하지만, 화자는 더 이상 아무 것도 이야기할 수 없다.

4. 무질과 서사의 아포리아

현대인이 빠져있는 허무주의나 실존적 소외는 소설의 형식과 직접 연관된다. 『특성없는 남자』[5] 제 1권 끝부분에서 주인공 울리히(Ulrich)는 겨울 밤거리를 걸어가면서 문득 자신이 삶이라는 갤러리를 통과하다가 숨어들어갈 액자를 찾지 못해 방황하고 있는 유령 같다고 느낀다. 그는 지금까지 자신과 완전히 하나가 되는 삶을 누리고 있다고 생각해 본 적이 없기 때문이다.

무질은 '특성없는 남자'라는 용어를 통해 현대인의 이런 위기를 적절하게 개념화하고 있다. 전통 인간관과는 달리 무질은 개인의 성격이나 특성은 인간 자신에게 속한 것이 아니라 외부에서 강요된 "인간외적인 힘"들이 작용한 결과로 여긴다. 즉 무질에게 '특성없음'이란 개인이 자신의 고유성을 상실하고 자기와는 무관한 보편적 구성요소로 해체된 상태, 개인의 성격이나 특성이 내면의 고유성 속에 있는 것이 아니라 껍데기(직업, 신분)에만 붙어 있어 그 허구적 가면을 한 꺼풀 벗겨내면 아무 것도 남지 않게 되는 상태를 말한다.(Belobratow 1984, 117)

> "이 땅의 거주민들은 최소한 9가지 성격을 가지고 있는데, 그것은 직업, 국가, 계급, 지리, 성별, 의식, 무의식 그리고 아마 하나 더 사적인 성격일 것이다. 그는 이 모든 것을 자체 내에 합일시키고 있지만, 그것들이 그를 해체시킨다"(1.34)

이 때문에 특성없는 남자 울리히는 자기 내면의 고유성과 삶의 불일

---

5) Robert Musil: Gesammelte Werke in 9 Bänden. Hrsg. v. Adolf Frisé. Reinbek b. Hamburg 1978. 앞으로 무질의 인용은 이 전집에 의거하여 권수와 페이지만 표시한다.

치를 느끼고 자기 고유성을 찾아 절망적으로 계속 떠돌아다닌다.[6]

현대의 오디세우스인 그는 고향(집)을 찾아 안식을 되찾고자 한다. 그런데 그의 방황은 자신의 무질서한 삶을 질서정연하게 정리하여 서사할 수 있을 때만 끝날 수 있다. 그것은 다양한 삶의 체험(개인의 다양한 변신)을 한 줄로 정리하여 설명하고, 그 안에서 하나의 통일된 의미를 찾아낼 수 있을 때만 우리는 각자의 삶의 주인이 될 수 있기 때문이다. 그래서 우리가 갈망하고 있는 삶의 법칙은 "서사적 질서의 법칙"과 다르지 않다. 이야기란 자기 정체성을 의심하게 만드는 균열을 극복하고 자기 삶에 동일성을 보장해 주는 자기 확인 수단이기 때문이다.

이런 맥락에서 무질에게 개인의 위기는 화자의 위기, 즉 어떤 한 개인이 과거에 직접 경험한 일에 내해 더 이상 전통적인 방식으로 이야기할 수 없게 되었다는 것과 관계있다. 『지빠귀』의 주인공 아츠바이(A2)는 지난 시절을 정리하고 가벼운 마음으로 새 인생을 출발하기 위해 학교를 졸업하고 오랜만에 만난 친구에게 그동안 자신이 살아왔던 이야기를 해주려고 한다. 하지만 그는 자기 삶의 서사에 실패한다.

---

6) 이점에서 울리히는 오디세우스와 비교된다. 하지만 울리히의 여행은 좀 더 성숙한 인간이 되고 부자가 되기 위해 출발한 오디세우스의 여행과는 다르다. 울리히는 모험을 통해 자신을 찾고 자신에게 되돌아오기 위해 여행을 떠난 것이 아니다. 즉 헤겔의 주체가 모험을 통해 운명적으로 만난 타자의 경험을 통해 좀 더 성숙한 개인으로 성장하는 것을 목적으로 한다면, 울리히의 여행은 끝도 없고, 결코 고향으로 돌아올 수 없는 유목민이 유랑(Nomadentum)과 비교된다. 그는 끊임없이 극단을 향해 걸어가며, 경직된 자기 존재로부터 탈주하여 자신을 새롭게 구성한다. 이 과정에서 자아는 자신의 본성을 변화시켜 또 다른 자아가 되기 위해 끊임없이 자신을 내던져 버린다. 이로써 그는 미래를 위해 끊임없이 자신으로부터 달주하는 존재, 즉 특성없는 남자가 된다. Vgl. Claudio Magrid: Hinter dieser Unendlichkeit: Die Odyssee des Robert Musils. In: Beiträge zur Musil Kritik. Hrsg.v. Gudrun Brokoph-Mauch, Bern:Frankfurt/M. 1983, S.60

"만약 내가 그 의미를 알았다면, 너에게 이 이야기를 해 줄 필요도 없었을 거야. 하지만 이 이야기들은 소곤소곤 속삭이는 작은 소리나 나뭇잎이 살랑거리는 소리를 들을 때처럼 그 의미를 분간할 수 없는 것들이야."(7.562)

흔히 '전통적 화자의 위기'라 부르는 이 위기가 찾아온 이유를 아도르노는 "지금까지 화자의 활동을 보장해 주었던, 그 자체로 지속적이며 분명하게 표현될 수 있었던 삶이나 체험의 동일성이 와해"(Adorno 1989, 129f.)되었기 때문이라 본다. 여기서 "표현될 수 있는 삶이나 체험의 동일성"은 화자가 기억을 통해 자기 과거 행적을 분명하게 재현함으로써 '과거의 나'와 '지금의 나' 사이의 동일성[7]을 보증해 줌을 의미한다. 그러므로 기억은 끊임없이 변하는 인간의 삶 속에서 불변의 정체성을 구성해 주는 기능을 한다. 자아는 기억의 사슬을 통해 구성되기에 기억의 질서와 연속성은 개인의 정체성을 위해 없어서는 안 될 요소이다. 그러나 무질의 주인공들은 자기 과거를 시간적 연속성에 따라 이야기할 수 있는 "서사적 회상능력"(3.982)을 상실하고 있다.

"그에게 떠오른 생각은 우리가 갈망하는 삶의 법칙이란 서사적 질서의 법칙과 다르지 않다는 것이다. 이 단순한 질서의 본질은 '이것이 일어나자 저것이 일어났다'고 말할 수 있는 것이다. 이것은 일련의 사건의 단순한 연속, 삶의 다양성을 제압하여 일차원적으로 모사하는 것, 시간과 공간에서 일어나는 모든 사건을 그 유

7) 데이비드 흄에 따르면, 자아의 관념이란 인격의 동일성에 관한 관념을 의미한다. 자아는 우리 삶의 전 과정을 통해 불변하며 동일한 것으로 지속되는 어떤 것이다. 따라서 자아의 존재가 입증될 수 있으려면, 우리 삶의 전 과정을 통해서 항상적이고 불변하는 인상이 존재해야 한다.(황설중 2012, 64)여기서 A2가 왜 A1에게 자기 과거 이야기를 해야 했는지 분명히 드러난다. 합리주의 시대를 살고 있는 그는 합리주의적 질서에서 이탈한 3번의 예외적 사건을 서사하여 이것들을 다시 질서(동일성) 속으로 불러들임으로써 자기 정체성을 되찾으려 한 것이다.

> 명한 <서사의 실>로 꿰어 배열하는 것이다. 아마 이 실에서 우리는 <- 할 때>, <-하기 전에>, <-한 후에>라 말할 수 있을 것이다. 유모가 아기를 달랠 때 사용하는 서사의 이 영원한 기법, 이 확실한 오성의 원근법적 축약이 삶 그 자체에 속해 있지 않다면, 그것은 이해하기 어려울지도 모르겠다. 대부분의 사람들은 자기 자신과의 관계에서 화자이다. 그들은 사실들을 앞뒤로 질서정연하게 배열하는 것을 좋아한다. 그것이 필연성과 동일해 보이기 때문이다. 그들은 자신들의 삶이 어떤 궤도를 따라 일정하게 계속 진행된다는 인상을 통해 자신들이 현재 처해 있는 혼란 속에서도 안전함을 느낀다. 울리히는 이런 원시적 서사가 이제 더 이상 자기에게 존재하지 않음을 알았다."(2.650)

아리스토텔레스에 따르면, 모든 이야기는 시간의 통일성과 연속성의 토대 위에서 이루어진다.(Aristoteles 1972, 38) 여기서 통일성이 이야기의 여러 구성부분들의 유기적 연관성을 의미한다면, 연속성은 사건이 시간적 질서나 매듭에 따라 선형적으로 구성되어야 한다는 것이다. 무질은 이것을 "서사의 실"이라 부르는데, 전통 소설의 화자는 <-전에>, <-할 때>, <-한 후에>와 같은 시간 접속사를 이용해 세계에서 벌어진 모든 사건을 하나의 실처럼 연속적으로 배열한다. 하지만 무질의 주인공들은 하나같이 자기 기억을 연속의 원칙에 따라 연대기적으로 정리할 능력을 상실하고 있다. (Wolf 2010,343)

전통소설의 '원시적 서사성'에 대한 무질의 이런 메타-내러티브적 문제의식은, 삶이 고도로 추상화 되어가고 사회가 복잡하게 구조화되어 있는 현대사회는 이런 단순하고 소박한 서사방식으로 더 이상 완전히 재현될 수 없다는 데 있다. 여기에는 동시대 문학 경향에 대한 무질의 비판적 입장이 반영되어 있다. 이런 경향은 외적 사건을 피상적으로 서사하는 데 그칠 뿐 그 아래 숨어 있는 현실의 무한 잠재성(가능성)과 시시각각 변화하는 현실의 변화가능성을 무시하기 때문이다.

복잡한 현대사회에서 매일 체험한 사건의 원인이 무엇인지, 또 그 원인이 하나인지 우리는 분명하게 말할 수 없다. 그럼에도 전통소설 기법은 복잡하게 얽혀 있는 사건을 주체의 관점에서 하나로 가지런히 정리하여 쉽게 이야기하려한다. 무질이 "오성의 원근법적 축약"이라는 개념으로 비판하고 있는 전통 서사기법은 옛날 우는 아이를 달래기 위해 유모가 사용한 이야기 기법처럼 모든 것을 화자의 관점에 따라 축약하여 하나의 분명한 의미를 가진 재미있는 이야기로 만들어낸다. 하지만 이런 이야기는 현실의 겉면만을 보여줄 뿐 그 아래 숨어 있는 현실의 여러 다른 가능성들을 무시한다. 무질에게 소설가는 대낮의 밝은 빛이 비치는 똑바른 거리를 보면서도, 그것이 똑바르지도 않고 밝지도 않다는 것을, 그 아래에 비밀과 수수께끼로 가득 찬 지하통로, 숨겨진 감옥, 묻혀진 교회가 각각 여러 갈래의 길을 따라 숨어 있다는 것을 감지하고, 이것을 모두 표현하고자 하는 사람이다.(Mulot 1977, 74f)

현실을 불변의 진리로 받아들이지 않고 그 안에 또 다른 가능성이 숨어 있는 하나의 가설로만 받아들이는 무질은 우리가 지금까지 분명한 사실로 여기고 있는 것도 환경의 변화에 따라 그 의미가 변해왔고 앞으로도 계속 변할 여지가 있다는 '가능성의 사유'를 한다. 무질의 소설은 이 '가능성의 사유'를 문학적으로 형상화한 것이다.(Nusser 1967, 72) 이에 따르면 하나의 사건의 원인은 끊임없이 변하고 무수히 많기 때문에 이것을 하나의 원인으로 축약하는 '오성의 원근법적 축약'은 현실을 왜곡할 수밖에 없다. 따라서 무질은 데리다가 '차연' 개념을 통해 잘 정리한 것처럼, 현실을 하나의 궁극적 의미로 확정하지 않고 계속 열어두면서 아이러니[8]를 통해 현실의 새로운 가능성을 계

8) 아이러니 개념의 핵심요소인 유동성과 부유함은 현대의 개방미학의 핵심이 된다. 이와 연관하여 콘라트 파울 리스만은 아이러니를 "어떠한 것도 확정하

속 탐색한다. 이 때문에 그의 소설은 '서술되는 시간 erzählte Zeit'이 '서술시간Erzälzeit'(Lämmert, 1972, 83)보다 훨씬 긴 전형적인 현대 소설의 형식을 띤다.

요컨대 무질은 삶의 다양성과 모순성을 제거하고 사실을 일직선으로 늘어놓는 일차원적 서사를 추구하지 않는다. 그는 사건을 시간관계나 인과관계 접속사를 통해 선형적으로 엮어내는 미메시스 소설을 추구하지 않는다. 이런 피상적 소설은 불완전하거나 거짓된 환영만을 만들어 낼 것이기 때문이다. 그가 추구한 소설은 화자가 부여해 준 궁극적 의미를 독자가 그대로 따라오는 쉬운 글이 아니라, 독자들이 그 의미의 이데올로기성을 간파하고 새로운 가치나 의미를 스스로 찾아보도록 생각하게 만드는 "지적 소설"(2. 349)이다. 그래서 그에게 중요한 것은 삶의 카오스적 상황을 하나의 의미로 간명하게 정리하는 전통적 서사가 아니라 이런 카오스를 정리하지 못하는 화자의 혼란을 그대로 보여줌으로써 독자로 하여금 이런 화자의 위기상황을 새롭게 성찰하게 만드는 것이다.

> "원래 고유한 의미에서 소설의 서사성은 일차원적 평면을 구성하는 것, 구체적인 그림을 그려주는 것, 변화가 아니라 상태로 머무는 것, 실을 짜는 것, 읽기 쉽

지 않는, 모든 것에서 어떤 다른 것을 유희하면서 선택할 수 있도록 열어두려는 전략"이라고 설명한다.(Vgl. Konrad Paul Liessmann, Philosophie der modernen Kunst. Wien,1999. S.48) 요약하자면 아이러니는 영원한 부동성과 무한히 가득 찬 카오스를 분명히 의식한 작가가 조화를 이루어 멈추려는 노력이나 예술을 통해 완성을 이룰 수 있다는 생각에서가 아니라 해결될 수 없는 모순을 인식하는데서 나오는 글쓰기 원칙이며 분열과 상대성, 미완성을 예술적으로 형상화해 보려는 실험이다.(Vgl. Friedrich Schlegel, Kritische Ausgabe, Bd.2. Paderborn, Wien,Zürich. 1967 S.263) 그 밖에 아이러니와 모더니즘 문학의 연관성에 대해서는, 에른스트 벨러(이상훈.신주철 역): 아이러니와 모더니즘 담론. 동문선.2005 참조할 것

게 쓰는 것이다. 이것은 독자의 귀와 눈을 멀게 하고, 사유의 폭을 제한하며, 무아경에 빠지게 만들거나, 독자적으로 생각할 수 있는 능력을 포기하게 만들고, 숨도 쉬지 않은 채 완전히 어리석게 하나의 이야기를 쫓아가게 만든다. (...) 좀 더 지적이고, 사고의 폭을 더 넓히며, 좀 더 유연하고, 보다 큰 그림을 그릴 수 있는 능력, 즉 소설을 다른 문학 형식에 비해 탁월하게 만드는 더 크고, 시대에 더 적합한 정신적 재능인 소설의 고유성은 이런 의미에서 비서사성이다."(9,1676)

이로써 그의 소설은 서사될 수 없는 것을 서사하라는 패러독스한 요구에 직면한다. 이런 의미에서 그의 소설은 서사의 아포리아에 빠진 현대소설의 특징을 보여준다.

5. 『특성없는 남자』: 에세이 소설

무질에게 서사의 포기는 개인의 위기뿐만 아니라 소설의 서사 대상인 현실이 위기에 처했기 때문이기도 하다. 우리가 흔히 모더니즘 문학을 '위기 시대' 혹은 '비판 시대'의 담론으로 규정하는 것은, 그것이 전통 이데올로기에 대한 불신과 회의에서 출발하여 새 시대에 어울리는 새로운 가치를 찾아 패러다임의 전환을 이루려 했기 때문이다. 여기서 모더니스트들의 비판은 좌우를 가리지 않고 모두 헤겔을 향해 날카로운 창끝을 겨눈다. 그들은 이성의 체계를 통해 현실의 확실성을 보장받으려 했던 헤겔의 현실관을 비판하며 현실을 모순과 이율배반으로 가득 찬 무질서의 공간으로 재규정한다.

헤겔에 따르면 "이성적이지 않은 것은 진리가 아니고, 이성으로 파악되지 않는 것은 존재하지 않기"(Hegel 1973, 404) 때문에 우리는 이성을 통해서 세계를 확실히 정립할 수 있다. 하지만 현실은 헤겔이 주장한 것처럼 모든 것이 이성적 질서 속에 완결된 공간이 아니라 오히려 부조리와 모순이 공존하는 곳이다. 예컨대 우리는 성서를 따르면서도 인류를 절멸시킬 살인 무기를 개발하고, 병균을 퍼뜨리면서도 이를 고칠 치료제 개발에 열을 올린다. 이처럼 우리 삶에는 이성의 질서에서 벗어난 예외적 사건이 늘 일어나지만, 이성은 이에 대해 아무런 해명도 하지 못한다.

> "불충분이유율의 법칙 (....) 우리 현실에는 늘 합당한 이유를 가지지 않는 일이 일어납니다."(1. 134)

이처럼 이성의 타자가 이성과 나란히 존재하고 있다는 것은 '세계이성'의 균열을 의미하고, 이는 그동안 이성에 의지해 자기 존재의 토대를 굳건히 다졌던 현실의 위기를 의미한다.

무질이 헤겔을 비판하는 이유는 우리 삶에는 이성의 질서를 일탈한 사건(현실)이 분명히 존재하고 있음에도 헤겔이 이것을 이성의 체계로 강제로 편입시키려 하고, 그것이 여의치 않을 경우 무의미한 것으로 치부해 현실에서 추방해 버렸기 때문이다. 그래서 무질에게 헤겔의 합리주의적 현실관은 너무 경직되어 우리가 경험하고 있는 현실을 다 담아낼 수 없는 거대서사였다. 그래서 이성에 의해 추방된 비현실세계를 찾아와 총체적 현실을 구성하는 것이 무질 문학의 중요한 사명이 된다.

> "우리는 비현실을 되찾아 와야 합니다. 현실은 더 이상 의미가 없으니까요."(2. 575)

현실보다는 현실에 의해 억압된 비현실에 더 큰 의미를 부여하는 현실의 이런 전도는 모더니즘 소설이 이룩한 중요한 패러다임의 전환이다. 지금까지 현실은 형이상학적 세계원칙에 따라 이루어진 불변의 것이었다. 이에 따르면 현실은 우리 의지와 무관하게 주어져 있고, 우리보다 먼저 존재하는 것으로 운명처럼 받아들일 수밖에 없는 것이었다. 그래서 전통적으로 소설가의 임무는 이 현실을 의심하지 않고 그대로 모방하면 되었다.

그러나 망치를 들고 세계의 형이상학적 토대를 허물어버린 니체 이후 세계의 근원은 초월적 세계에서 인간의 수중으로 떨어진다. 이제 세계는 인간에 의해 기획되고 정립되며 창조될 수 있는 것으로 변한다. 다시 말해 지금까지 현실이 확정적이고 불변하는 것이었다면, 이제 이것은 인간에 의해 얼마든지 창조될 수 있는 가변적인 것으로 그 성격이 변한 것이다. 이를 두고 위르겐 페테르젠(Jürgen Petersen)은 지금까지 세계는 "그러하고 다를 수 없는 So-und-nicht-anders"것이었다면, 오늘날의 세계는 "그러하거나 다를 수 있는 So-oder auch-anders"것으로 변했다고 말한다.(Petersen 1991, 17) 동일한 맥락에서 한스 블루멘베르크(Hans Blumenberg) 역시 현실개념의 변천사를 논하면서 플라톤 이래 중세 스토아 학파에 이르기까지 받아들여졌던 '궁극적 현실' 개념은 현대에 와서 부정되고 '콘텍스트로서의 현실'(Blumenberg 1969, 11)만이 인정된다고 말한다. 이 구성주의적 현실관에 따르면 현실은 절대적인 것이 아니라, 항상 새롭게 변하는 것이고, 미래를 향해 열려있는 수많은 가능성일 따름이다. 그래서 현대 소설가는 현실을 궁극적인 불변상수로 받아들이지 않고, 다양한 주체들의 원근법적 입장이 반영되어야 하는 간주관적인 것으로 받아들인다.

현실이 이처럼 관점에 따라 상이하며 상황에 따라 언제든지 변화 가능한 것이라고 한다면 우리는 총체적 현실을 체험하는 것이 아니라 세계의 일부만을 체험할 수 있을 따름이다. 이 때문에 우리는 다른 체험의 콘텍스트와 연결된 세계를 배척할 수 없다. 우리가 체험한 세계가 그 완결성을 상실하는 순간 세계는 모든 가능성의 총괄체가 되고, 현실은 가설로 추락하기 때문이다. 무질은 실험조건이 바뀌면 그 결과도 바뀌는 가설처럼 현실도 외적인 조건에 따라 얼마든지 변화 가능한 잠재태로 본다.

> "아마 신도 세계에 대해 가정법을 사용하며 잠재태로 말하고 싶어 했을 것이다. 신이 세계를 창조할 때, 그것이 다르게 될 수 있으리라 생각했기 때문이다."(1. 19)

이처럼 삶과 세계가 불확실하고 가변적인 것으로 변한 상황에서 현실을 총체적으로 묘사하려하는 현대 소설가에게는 새로운 임무가 부여된다. 현실이 가설로 추락한 상황에서, 즉 우리가 체험하고 있는 현실이 완전한 진리가 아니라 부분적 진리이고, 그 변화발전이 완성된 상태가 아니고 계속 변화하는 운동 중에 있는 것이라 한다면, 소설가는 자신이 경험한 현실을 단순히 모방하는 데 그치는 것이 아니라, 현실의 변화와 현실 속에 숨어 있는 다른 잠재태들을 모두 묘사할 것을 요구받는다. 왜냐하면 이 잠재태들은 환경조건의 변화에 따라 언제든지 현실이 될 수 있는 가능성이 있기 때문이다.(Jakob 1992. 22)

현실을 단순하게 모방한 리얼리즘 소설이 19세기에 등장할 수 있었던 것은 주체와 현실의 확고부동함에 대한 형이상학적 신념이 있었기 때문이었다. 하지만 20세기에 들어오면서 주체가 위기에 빠지고 현실이 가설로 추락한 상황에서 소설가에게는 현실에서 분명하게 확정된 것이나 해결된 문제로 간주된 것조차도 그 이면에 숨어있는 새로운 의미를 추적할 의무가 부여된다. 이에 따라 현대소설가에게는 전통 리얼리즘의 소박한 현실 모방 기법 대신 현실의 다차원성, 다성성, 개방성,

운동성을 담아낼 수 있는 새로운 서사기법을 실험해 볼 여지가 생긴다. 무질은 자신의 이런 새로운 서사기법을 '에세이적 글쓰기'라 부르고, 이것을 소설 창작의 기본 원칙으로 삼는다.[9] 에세이의 정신은 근본적으로 모든 확정된 의미를 부정하는 반도그마적 태도나 내일이면 더 발전된 인식에 의해 지금의 인식이 포기될지도 모른다는 잠정성의 원칙에 기초하고 있기 때문이다.

---

9) 무질은 단지 가볍고, 무책임하게 써놓은 글을 지칭했던 '에세이'에 '실험'이라는 의미를 추가하여 이것이 단지 자의적인 글이 아니라 현실을 실험하고 엄격하게 검증할 수 있는 형식임을 강조한다. 그에 따르면 삶이 불확실하고 세계가 알 수 없는 것으로 판명된 상황에서 모든 것은 가설이 되고 동시에 실험이 된다. 이 실험의 전제는 어떤 원칙도 확실하지 않고 모든 것은 쉼 없이 일어나는 변화과정에 있다는 것이다. 그래서 그의 소설의 주인공들은 이 실험을 피할 수 있는 절대적 가치나 입장을 인정하지 않는다. 무질은 자기 소설의 주인공들이 "가설적으로 살며" 자기가 경험한 모든 현실을 의심하며 엄격하게 실험하고자 하는 이런 삶의 태도를 에세이즘(Essayismus)이라 부른다. 이로써 에세이즘은 '반도그마적 태도antidogmatische Haltung'와 모든 확정된 의미를 부정하는 '부정의 원칙ein negatives Prinzip', 그리고 여러 의미들 사이의 중간영역에서 진리의 가능성을 엿보는 잠재적 태도로 규정된다. 에세이즘의 잠재성은 무질이 에세이를 "운동하는 정신적 실체die bewegte geistige Substanz" (Tb.552)라 정의한 것에서도 드러난다. 즉 에세이즘은 아마 내일이면 더 발전된 인식에 의해 지금 원칙이 포기될지도 모른다는 잠정성의 원칙과 불확실성의 원칙에 기초한다. 그러므로 이것은 삶의 문제에 '완전한 해답'이나 '확정되고 보증된 결과'가 아니라 '부분적 해답'만 제시해 줄 따름이다. 이에 따르면 에세이주의적 인간이란 완전한 형상을 갖출 미래를 위해 항상 현재로부터 탈출할 마음의 준비를 하는 개방형 인간, 언제나 도상에 머물러 있는 인간이다. 그리고 에세이주의적 태도란 살아있는 사유, 살아있는 진리를 추구하며, 생명력 유지를 위해 변화를 두려워하지 않는 태도, 실험을 통해 사유와 감정의 경직성에서 해방되어 자신만의 고유한 삶의 진리를 발견하려는 태도, 삶을 창조적 생명력으로 그리고 합리적으로 고정되거나 개념을 통해 매개될 수 없으며 오로지 고유한 체험과 영감을 통해서만 이해할 수 있는 '마르지 않는 다양성'으로 파악하는 실존주의적 태도이다.(이에 관해서는 Vgl. Dieter Bachmann: Essay und Essayismus. Stuttgart 1969, S. 187. Vgl. Joseph Sturz: Der Mann ohne Konzessionen. Essayismus als poetisches Prinzip bei Musil und Altenberg. In: Robert Musil. Essayismus und Ironie. Hrsg. v.Gudrun Brokoph-Mauch. Tübingen 1992, S.138)

원래 에세이는 '인간은 지성으로 신을 파악할 수 있는가'처럼 답을 구하기 어려운 문제를 탐구하기 위해 '간담론의 원칙'(Moser 1980, 170f.)에 따라 다양한 담론들을 모아둔 글을 의미했다. 에세이의 시조인 몽테뉴는 우리가 신을 파악할 수 있는가 하는 문제를 해결하기 위해 다양한 문헌을 인용했다. 그는 이처럼 계속적인 인용을 통해 개별 인용문들의 상호 모순성이나 오류를 보여줌으로써 인간 정신의 불충분성과 우리가 알고 있는 진리의 '부분진리성'을 보여주려 했다. 그러므로 에세이의 목적은 담론들의 상호 보충적 관계를 통해 각 담론의 진리성을 지원하기 위함이 아니라, 이것들의 논리적 오류를 지적함으로써 지금까지 인과론적 배열구조의 선형적 글쓰기에 의해 파악되지 않았던 새로운 현실 영역을 끊임없이 개척하는 것이다. 예를 들어 전통소설의 이야기구조는 발자크나 스탕달의 소설에서 볼 수 있는 것처럼 사건을 인과관계에 따라 일직선으로 늘어놓는 서사방식이었다. 페터 지마가 통사적 연결이라 부르는 이 일차원적 서사방식은 서사 대상을 하나의 거대한 체계 속에 가지런히 정리하여 사건을 자명하게 서사할 수 있긴 하지만 인과관계의 형성을 위해 개별 사건의 다의적 가능성을 희생시킬 수 있다. 예컨대 전통소설의 화자는 소설에서 벌어진 사건의 원인과 결과를 전지적으로 연결한다. A씨가 B양과 결혼한 이유가 여러 가지 있을 수 있지만 전통 소설의 화자는 자신이 마치 신이나 된 것처럼 한 가지 이유로만 설명하고, 그 밖에 다른 가능성들은 묵살한다. 하지만 현대 소설가에게 이것은 불가능하다.

> "소설을 쓸 때 작가들은 마치 자기가 신이라도 된 것처럼 한 인간이 살아온 이야기를 위에서 꿰뚫어보며 파악할 수 있고, 신이 이야기하는 것과 똑같이 어디서나 중요한 것을 명명백백하게 서술할 수 있는 척 한다. 하지만 어떤 작가도 그렇게 할 수는 없다."(Hesse 2015, 7)

헤르만 헤세에 따르면 현대 소설가는 예전 이야기꾼들처럼 타인의 삶이나 생각을 완전하게 서사할 수 없다. 개체적 삶을 살아가는 현대인은 자기만의 깊은 심연에서 출발하여 각자 자신만의 고유한 목표를 향해 나가기 때문이다. 현대인은 서로를 이해할 수는 있지만 누구나 오로지 자기 자신만을 해명할 수 있을 따름이다.

그러므로 인간의 삶을 총체적으로 서사하겠다는 무질의 목표는 처음부터 불가능한 것인지도 모른다. 하지만 이를 위해 그가 시도한 문학적 성찰이나 글쓰기 실험은 현대소설의 서사기법에 매우 중요한 의미를 지닌다. 무질은 이미 『특성없는 남자』 1권 84장에서 자기 예술의 목표를 "인간의 총체적 삶"을 묘사하는 것이라고 분명히 밝힌다. 양가성과 모순성이 지배하는 현실[10]에서 그는 사건을 일렬로 늘어놓는 통사적 서사구조로는 더 이상 자신의 예술적 목표를 성취할 수 없다는 판단 아래 여러 가지 변화가능성을 열어주고, 계속적인 운동가능성을 포착할 수 있는 계열적 서사구조의 에세이 소설을 시도한다. 즉 그의 소설은 서사 대상을 일직선으로 나란히 배열하여 그 변화가능성을 전혀 열어주지 않았던 통사적 서사방식과는 달리 대상에 대한 서사를 아래로 나란히 배열하여 상황변화에 따라 언제든지 교체할 수 있게 한다. 이로써 그의 소설은 하나의 대상을 여러 각도에서 다양하게 비춰줄 수 있는 열린 구조를 취한다. 예컨대 『특성없는 남자』는 형식상 기승전결의 인과관계를 이루어 총체적 환영을 만들어내는 완결된 형식의 소설이 아니다. 1권 123장, 2권 38장으로 이루어진 이 미완성 소설 전체가 각각 한편의 에세이처럼 독립된 장으로 구성되어 느슨하게

10) 무질은 양가성과 모순성을 현대소설의 기본특징으로 본다. "인간적 현상들이 제한 없이 서로 경계를 넘나들 수 있다는 확신, 도덕적으로 대립되어 보이는 제반 가치들이 뿌리 깊은 친화성을 지니고 있다는 것, 이런 점들이야말로 바로 이전 시기와는 구분되는 현대문학의 특징이라 할 것이다."(9, 1682)

연결되어 있다. 그래서 이 소설을 읽는 독자는 반드시 처음부터 차례대로 이야기를 따라가며 이 소설을 읽을 필요도 없고, 아무 장에서나 읽기 시작해도 무방하며, 심지어 몇몇 장은 그냥 뛰어 넘어도 될 정도로 각 장이 인과관계 없이 나란히 병렬되며 무한한 대리보충관계를 이루고 있다. 무질에게 삶과 세계는 멈추지 않는 운동이자 끊임없이 변화하며 부유하는 것이었다. 그의 문학은 삶의 이런 총체성을 표현하는 것이었기에 그의 글쓰기는 끝날 수 없는 것이었다. 그가 느끼는 글쓰기의 어려움은 '무언가를 종이에 쓸 수 없다는 것'이 아니라 그 반대로 무언가를 써 놓았지만 그래도 '여전히 쓸 것이 남아 있다'는 데 있다. 그가 『특성없는 남자』를 위해 작가로서의 삶 대부분을 바쳤지만, 작품을 끝내지 못했던 이유는 문장과 문장을 배열하는 데 힘들었기 때문이 아니라, 항상 머리에 새로운 계획이 떠올랐기 때문이다. 그의 글쓰기의 가장 큰 특징이자 문제는, 그가 줄거리를 서사하는 글쓰기를 하지 않으며, 자신에게 계속 변화하는 생각들을 정리하는 방식으로 소설을 쓴다는 데 있다. 이 때문에 그는 자신이 본질적으로 중요하다고 여기는 것은 모두 서사불가능하다는 것을 알았다. 왜냐하면 그것은 하나의 서사의 실을 따라 서사될 수 있는 것이 아니라, 무한히 얽힌 평면으로 계속 퍼져나가는 것이기 때문이다. 그가 에세이를 자기 소설 창작의 기본원칙으로 삼은 이유는 여기에 있다. 대상을 완전하게 파악하지 않고 여러 각도에서 비추어 주는 에세이는 그에게 움직이는 정신적 실체와 시시각각 변하고 있는 삶을 표현하기에 가장 적절한 장르였기 때문이다.

6. 결론

무질에게 문학은 경험적 현실을 재현하는 것이 아니라, 우리의 인지 능력이 미치지 못하는 현실을 탐색하려는 노력이고, 완결된 인식을 형상화하는 것이 아니라, 개념을 벗어난 사고를 표현하고자 하는 시도이며, 현실적 삶 속에서도 다르게 생각할 수 있는 방법을 독자들에게 보여주는 것이다. 이를 위해 그는 과학과 예술의 종합을 희망한다. 그에게 예술은 분석적 지식과 상상력의 결합체이다. 이것은 예술에 대한 이성적 접근을 줄이는 것이 아니라, 고도로 이성적으로 접근하는 것, 즉 과학이 다룰 수 없는 삶의 감각적, 비합리적 영역을 평가하는 이성적인 접근을 요구한다. 이를 위해 무질은 소설에 상상과 함께 성찰의 기법을 사용한다. 이를 통해 그는 현실에서 분명한 것으로 확정된 것이나 완전히 해결된 문제로 간주되는 것조차도 그 이면에 숨어 있는 새로운 의미를 추적한다. 그의 소설 개작과정에서 드러난 바와 같이 좀 더 정확한 글쓰기를 위해 이 작업은 한 번으로 끝나는 것이 아니라 끊임없이 반복된다. 따라서 그에게 소설을 쓴다는 것은 과학에 반대하는 것이 아니라 과학을 넘어서는 것이다. 이를 위해 그는 좀 더 실험적인 에세이적 글쓰기를 요구한다.

과학은 인간의 고유한 감정의 개별성을 추상적 개념으로 환원시키기 때문에 너무 비인간적이었고, 예술은 감정의 불합리한 방종에 자신을 맡김으로 너무 철학적이지 않았다. 그가 선택한 것은 그 시대를 양분하고 있었던 과학과 예술을 매개할 수 있는 제3의 길이었는데, 그는 이것을 '에세이'라 불렀다. 개인의 고유한 체험과 객관적 성찰을 합일시키고 있는 에세이는 과학과 예술의 중간지대에 머물면서 개체의 고유성을 체계로 가두어버리는 과학의 결점을 보완하고, 비합리적 몽상에 사로잡힌 채 자신의 미적 세계에 매몰되어 있는 예술의 단점을 메꿀 수 있다. 한마디로 과학과 예술의 잡종인 에세이는 그 방법론은 과학에서 가져오고, 그 소재는 예술에서 가져온 것이다.

폰타나(Oskar Maurus Fontana)와의 인터뷰에서 무질은 당시 작업 중이었던 『특성없는 남자』가 에세이적 성향에 빠져 있다는 비판에 에세이는 감정에 치우친 문학의 균형자로서 생생하게 살아 있는 장면을 창조함과 동시에 환상적 열정을 묘사할 수 있다고 강조했을 때(Fontana 1960, 327), 그에게 에세이적 글쓰기란 지금까지 선형적 글쓰기, 즉 인과적 배열구조를 가지는 서사로는 파악되지 않았던 새로운 현실을 발굴하려는 실험을 의미했다.[11]

그러므로 에세이적 글쓰기는 소설의 서사성을 약화시킬 수밖에 없다. 하지만 이것은 현실에 대한 정확한 인식에 따른 필연적 결과일 따름이다. 소설의 서사대상인 현실이 완전한 현실, 실제적 현실 wirkliche Wirklichkeit이 아니라 '바로 다음 발걸음의 원칙'에 의해 언제라도 부정될 수밖에 없는 '가능현실'이라면, 그리고 오늘날 우리가 확고하게 믿고 있는 현실이 언제라도 바뀔 수 있는 불확실한 것이라면, 이처럼 개방된 세계가 어떻게 서사될 수 있겠는가? 이처럼 모든 것이 언제든지 변할 수 있는 가능성의 안개 속에서 경계를 구분할 수 없을 정도로 윤곽이 흐려진 상황에서 세계는 소설에서 추방될 수밖에 없다. 무질에 의하면 지금까지 우리가 시종일관 자명하고 확실하게 서사할 수 있었던 것은 '오성의 원근법적 축약' 때문이었다. 예전에는 세계를 하나로 모을 수 있는 중심축이 존재했으며, 세계는 주체라 부르는 이 축을 중심으로 가지런히 정리되었다. 우리가 아주 긴 가로수

11) 에세이는 일정한 장르 없이 다양한 특질의 장르들로 구성된 글쓰기 형식으로, 그 중점을 장르에 두는 것이 아니라 담론들의 연관관계에 둔다. 에세이에서 텍스트의 기능은 자신을 모아 주고 조직하는 일정한 틀로부터 완전히 해방되어 담론의 연관관계가 만들어 내는 새로운 세계를 구성하는 것이다. 에세이적 글쓰기의 실험성은 이처럼 장르를 해체하는 반(反)장르적 특성에서 비롯된다.

길의 끝부분을 보면 길 양쪽의 가로수가 서로 만나 그 틈이 사라지고 조화를 이루듯이, 세계의 중심인 주체는 세상과 멀리 떨어져 지성의 성찰을 통해 다양한 모습으로 서로 다투고 있는 현실을 하나의 체계로 확고하게 정리할 수 있었다. 다시 말해 전통적 서사가 가능했던 것은 자아중심적 세계상 덕분이었다. 그 당시 세계는 이와는 다르게 서사될 수 없을 것처럼 작가에게 확실하게 보였다. 하지만 울리히에게는 이런 서사능력이 없다. 왜냐하면 삶을 성실하고 정확하게 관찰하고자 하는 그에게 세계를 하나의 실로 일관되게 꿰어낼 '서사적 질서의 법칙'은 삶 그 어디서도 찾을 수 없었기 때문이다.

전통소설은 사건을 인과관계에 따라 일렬로 배열하는 '통사적 서사구조'를 가지고 있다. 이는 헤겔 체계로 정리된 현실의 실재성을 굳게 믿고 있었기에 가능했다. 하지만 에세이는 헤겔 체계의 위기로 인해 다양한 형태로 어지럽게 얽혀 있는 현실의 다성성, 언제라도 다른 것으로 교체될 수 있는 현실의 변화가능성을 성실하게 담아내기 위해 '계열적 서사구조'를 취한다. 달리 말하면 에세이는 모든 사건을 일렬로 배열하는 일차원적 대서사에 대한 회의에서 출발하여 사물을 완전하게 파악하지 않고 여러 각도에서 비추며 항상 열려 있는 구조를 취한다.

에세이의 열린 구조가 그의 작품 창작의 기본 원칙이었기에 무질은 일관되게 전개되는 줄거리의 통일성을 중시하는 전통소설의 서사원칙과 이별했다. 무질은 끝없는 글쓰기를 했으며, 결코 완결된 작품으로 멈추는 글쓰기를 원하지 않았다. 그에게 글쓰기는 '치환'이자 '변형'이었기 때문이다. 그러므로 그의 글쓰기는 단순히 고전적 작품 개념에서 이탈할 뿐 아니라 이것을 넘어 글쓰기 자체가 안고 있는 문제, 즉 '글'이라는 매체가 안고 있는 문제를 극복하기 위한 시도라고 볼 수 있다. 그는 일직선으로 전개되는 글을 통해서 자신을 표현할 수 없었다.

그는 앞뒤로 차례차례 글을 이어 쓰는 것이 아니라, 위아래로 중첩되게 쓰거나 아래로 나란히 아니면 이것저것 뒤죽박죽 나열한다. 그는 종이에다 문법을 해체하는 창조적 문장을 설계하거나 기존의 문장을 찢어발기며 종종 단어만 던져놓기도 한다.

> "마침표가 있는 문장으로 생각하는 한, 사물에 대해 정확하게 이야기할 수 없으며, 기껏해야 공허하게 느낄 뿐이다."(TB. 53)

그는 자신의 무한한 사유를 유한한 문장으로 표현해야 하는 모순적 상황에서 글을 써야 했다. 그래서 그는 어쩔 수 없이 이미 쓴 글을 다시 고쳐 쓰는 개작의 과정을 거치지 않을 수 없었다. 그리고 이 작업은 끝낼 수 있는 것이 아니었다. 고쳐쓰기는 그의 글쓰기의 본질이며, 이것은 텍스트의 선형성과 정렬성의 구조를 파괴한다.(Pekar 1989, 23) 이를 통해 그는 일차원적 서사가 지배하는 현실 공간 아래 다른 차원의 현실, 제2의 현실이 언제나 잠재해 있음을 암시한다.

이처럼 무질의 문학은 당대 문학의 개방성의 흐름과 접맥되어 일차원적 사유로부터 탈출하려는 실험이다. 달리 말하면 이것은 사유형식의 다원성을 향한 실험으로도 볼 수 있다. 그에게 문학의 과제는 개방성을 완성하는 것, 즉 현실감각의 경직성에 반대하며 가능감각, 즉 다른 삶의 가능성, 다른 사유의 가능성을 주장하는 것이기 때문이다.

참고문헌

1차문헌

Musil, Robert. 1978. *Gesammelte Werke in 9 Bänden*. Hrsg. v. Adolf Frisé. Reinbek b. Hamburg.

Bd.1-5: *Der Mann ohne Eigenschaften*

Bd.6: *Prosa und Stücke*

Bd.7: *Kleine Prosa, Aphorismen, Autobiographisches*

Bd.8: *Essays und Reden*

Bd.9: *Kritik*

Musil, Robert. 1983. *Tagebücher in 2 Bänden*. Hrsg. v. Adolf Frisé. Reinbeck b. Hamburg.

2차문헌

로브그리예. 1992. 누보로망을 위하여. 김치수 옮김. 문학과 지성.

벤야민, 발터. 2005. 아케이드 프로젝트. 조형준 옮김. 새물결.

벤야민, 발터. 2012. 서사, 기억, 비평의 자리. 최성만 옮김. 도서출판 길.

벨러, 에른스트. 2005. 아이러니와 모더니티 담론. 이강훈 옮김. 동문선.

슈람케, 위르겐. 1995. 현대소설의 이론. 원당희. 박병화 옮김. 문예출판사.

황설중. 2012. 인식론. 우리가 정말로 세계를 인식할 수 있을까?. 민음인.

Adorno, Theodor W. 1989. Standort des Erzählers im zeitgenössischen Roman, in: *T.W.A. Notizen zur Literatur*, hrsg. v. Rolf Tidemann, Frankfurt/M.

Aristotels. 1972. *Poetik*. Stuttgart.

Bachmann, Dieter. 1969. *Essay und Essayismus*. Stuttgart.

Belobratow, Alexander W. 1984. Individuum und Gesellschaft in Robert Musils Roman *Der Mann ohne Eigenschaften*. In: *Robert Musil. Literatur, Philosophie*, Psychologie. Hrsg. v. Josef Strutz und Joachim Strutz. München.

Blumenberg, Hans. 1969. Wirklichkeit und Möglichkeit des Romans. In: *Nachahmung und Illusion*. Hrsg. v. R. Jauß. München.

Fontana, Oskar Maurus. 1960. Erinnerung an Robert Musil. In: Robert Musil. *Leben, Werk, Wirkung*. Hrsg. v. Kerl Dinklage. Wien.

Hegel G. W. 1973. *Phänomenologie des Geistes*. Frankfurt/M.

Hesse, Herman. 2015. *Demian. Die Geschichte von Emil Sinclairs Jugend*. Suhrkamp.

Huber, Lothar. 1973. R. Musils Törleß und die Krise der Sprache. In: *Sprachkunst*.

Jakob, Michael. 1992. Möglichkeitssinn und die Philosophie der Möglichkeit. In: Robert Musil. *Essayismus und Ironie*. Hrsg. v. Gudrun Brokoph Mauch. Tübingen.

Kaiser, Ernst & Wilkins, Eithne. 1962. *Robert Musil. Eine Einführung in das Werk*. Stuttgart.

Lämmert, Eberhard. 1972. *Bauformen des Erzählens*. Stuttgart.

Liessmann, Konrad Paul. 1999. *Philosophie der modernen Kunst*.

Wien.

Lukács, Georg. 1988. *Die Theorie des Romans. Ein geschichtsphilosophischer Versuch über die Form der großen Epik*. Frankfurt/M.

Magrid, Claudio. 1983. Hinter dieser Unendlichkeit: Die Odyssee des Robert Musils. In: *Beiträge zur Musil Kritik*. Hrsg. v. Gudrun Brokoph-Mauch, Bern, Frankfurt/M.

Marcuse, Herbert. 1967. *Der eindimensionale Mensch*. Berlin.

Moser, Walter. 1980. Diskursexperiment im Romantext. Zu Musils *Der Mann ohne Eigenschaften*. In: Robert Musil, *Untersuchungen*. Hrsg. v. Uwe Bauer und Elisabeth Castex. Königstein/Ts.

Mulot, Silbylle. 1977. *Der junge Musil. Seine Beziehung zu Literatur und Kunst der Jahrhundertwende*. Stuttgart.

Nusser, Peter. 1967. *Musils Romantheorie*. Paris.

Petersen, Jürgen H. 1991. *Der deutsche Roman der Moderne*. Stuttgart.

Schlegel, Friedrich. 1967. *Kritische Ausgabe*, Bd. 2. Paderborn, Wien, Zürich.

Schrokauer, Arno. 1969. Bedeutungswandel des Romans. In: *Zur Poetik des Romans*. Hrsg. v. Volker Klotz. Darmstadt.

Sturz, Joseph. 1992. Der Mann ohne Konzessionen. Essayismus als poetisches Prinzip bei Musil und Altenberg. In: Robert Musil. *Essayismus und Ironie*. Hrsg. v. Gudrun Brokoph-Mauch. Tübingen.

Wolf, Norbert Christian. 2010. Warum Moosbrugger nicht erzählt. Zur metanarrativen Funktion psychopathologischen Wissen in Musils Mann ohne Eigenschaften. *Jahrbuch der Deutschen Schillergesellschaft* 54.

Zima, Peter. 1978. Krise des Subjekts als Krise des Romans. Überlegungen zur kritischen Theorie und den Romantexten Prousts, Musils, Kafkas und Hesses. In: *Romantische Zeitschrift für Lieteraturgeschichte* 2.

필자소개

필자소개

김요한

한국외국어대학교 독일어과를 졸업하고 같은 대학교에서 디지털 문학에 대한 논문으로 박사학위를 받았다. 현재 한국외국어대학교 세미오시스 연구센터에서 HK연구교수로 재직하고 있다. 주요 논문으로는 「문화콘텐츠로서 이야기의 확대 재생산」, 「같은 소재, 다른 이야기 - 모티프 변형을 통한 문화콘텐츠 스토리 개발」, 「아리아드네의 실 - 신화의 상상력과 미디어의 상상력」, 「괴물열전 - 그리스 신화의 여성 괴물」 등이 있고, 저서(역서)로는 『디지털 시대의 문학하기』, 『침대 밑에 사는 여자』, 『데미안』 등이 있다.

김은정

한국방송대학교 국문과 졸업하였으며, 한국외국어대학교에서 문학박사 학위를 취득하였다. 현재 한국외국어대학교 세미오시스 연구센터에서 HK교수로 재직 중이다. 대표업적으로는 저서 『감정과 문학』, 『강요의 내러티브 - 공익 캠페인을 중심으로』, 『Asian Education System』 등이 있으며, 논문으로는 「A Study on North Korea's Education - Centerring for Middle School」 등이 있다.

김정희

덕성여자대학교 일어일문과를 졸업하고 도쿄대학에서 헤이안 시대(平安時代) 텍스트의 구조와 스토리 전개 방법을 분석한 논문으로 박사학위를 받았다. 현재 한국외국어대학교 외국문학연구소에서 책임 연구원으로 재직하고 있다. 주요 논문으로는 「『백락천』과 조선의 대마도 정벌과의 관련성 – 노가쿠(能楽)와 정치의 관계라는 시점에서」(『한국일어일문학회』, 2014), 「1950년대 시극(詩劇) 운동과 전통극 – 근대 이후 서양문화 수용에 대한 반성」(『일본학연구』, 2015), 「『신쿠로우도(新蔵人)』에마키(繪卷)의 세계 – 섹슈얼리티의 변혁과 종교적 차별의 수용」(『한국일본언어문화학회』, 2016) 등이 있고, 저서로는 『근대 일본의 전쟁과 전쟁영웅』(공저, 단국대학교 출판부, 2014) 등과 역서로는 『그들은 왜 일본군 위안부를 공격하는가』(공역, 휴머니스트, 2014)가 있다.

박여성

고려대학교 및 동 대학원에서 독어독문학 전공, 독일 뮌스터대학교에서 언어학, 철학, 독문학을 수학, 1994년 언어학박사 취득. 현재 제주대학교 인문대 독일학과 및 사회교육대학원 스토리텔링학과 교수. 뮌스터대학교 커뮤니케이션학부 초빙교수, 한국텍스트언어학회, 한국기호학회 회장 역임. 저서로 『Sign Culture – Zeichen Kultur』, 『Gastrologie』, 『한국 텍스트과학의 제과제』, 『신(新)지식의 최전선』, 『기호학과 스토리텔링』, 『응용문화기호학』, 『언어와 소통 – 의미론의 쟁점들』 등이 있고, 『구성주의 문학체계이론』, 『칸트와 오리너구리』, 『사회적 체계들』, 『예술체계이론』, 『사회의 교육체계』, 『괴델, 에셔, 바흐』 등을 번역. 기호학, 텍스트과학, 개념사, 스토리텔링 분야에 다수의 논문. 세계인명사전 『Marquis Who's Who』에 등재.

안미경

한국외국어대학교 영어과를 졸업하고 동대학교 대학원에서 「English causal complex prepositions: A grammaticalization perspective」 논문으로 영어학 박사학위를 받았다. 현재 한국외국어대학교 세미오시스연구센터에서 HK 교수로 재직하고 있다. 주요 논문으로는 「Negotiating common ground in discourse: a diachronic and discourse analysis of – *maliya*」(2013), 「On the development of Korean 'SAY' evidentials and their extended pragmatic function」(2014), 「Evidentiality in interaction: A pragmatic analysis of Korean hearsay evidential markers」(2015), 「Emotion in interaction: A diachronic and pragmatic analysis of the sentence-final particle *-tani* in Korean」(2016) 등이 있다. 주요 저서로는 『Emergence of Causality in Grammar』(2009), 『Semiosis of African American Religion』(2013) 등이 있다.

이윤희

덕성여자대학교 불어불문학과를 졸업하고 고려대학교에서 「활동 기호학의 이론적 토대: 상징적 매개와 대화적 상호작용」에 대한 논문으로 박사학위를 받았다. 현재 한국외국어대학교 세미오시스 연구센터 인문한국(HK)교수로 재직하고 있다. 주요 논문으로는 「여행 내러티브에 대한 퍼스 기호학적 접근: 알랭 드 보통의 <여행의 기술>을 중심으로」, 「A semiotics of creativity and a poetic metaphor: Towards a dialogical relation of expression and explanation」, 「The rhetoric of love and self narratives in the cinema image: A Peircean approach」 등이 있고, 역서로는 『퍼스 기호학의 이해』, 『퍼스 철학의 이해』, 『의미의 이해: 찰스 퍼스와 구소수의, 그리고 문학』이 있다.

조준래

한국외대에서 러시아문학이론으로 박사학위를 수득하고, 한국외국어대학교 세미오시스 연구센터 인문한국(HK) 연구교수를 역임한 후, 현재 한국외대 미네르바 교양대학 조교수로 재직하고 있다. 주요 저역서로는 『러시안 다이어리』, 『죽은 자들의 백과전서』, 『러시아 근대사』, 『혁명의 러시아』(근간) 등이 있고, 러시아와 동유럽 문화에 대한 여러 편의 논문이 있다.

최성욱

한국외국어대학교 독일어과를 졸업하고 한국외국어대학교에서 로베르트 무질에 대한 논문으로 박사학위를 받았다. 현재 한국외국어대학교, 대전대, 백석대, 한신대에서 강의하고 있다. 주요 논문으로는 「무질의 단편 소설 『지빠귀』 연구」, 「광기와 문학」, 「문예학의 개방성 측면에서 본 문화학 담론 수용」 등이 있고, 저서로는 『로베르트 무질』, 역서로는 『유럽 정신사의 기본개념 1 - 행복』, 『사랑의 완성』, 『변신』이 있다.

매체와 장르

초판 인쇄	2017년 6월 23일
초판 발행	2017년 6월 30일

지은이	세미오시스 연구센터
발행인	김인철
총괄 · 기획	가정준 Director, University Knowledge Press
편집장	신선호 Executive Knowledge Contents Creator
도서편집	김민정 Contents Creator
재무관리	김은혜 Managing Creator
마케팅 파트장	백승이 Chief Marketing Creator
마케팅	박종원 Marketing Creator
발행처	한국외국어대학교 지식출판원 02450 서울특별시 동대문구 이문로 107 전화 02)2173-2493~7 팩스 02)2173-3363 홈페이지 http://press.hufs.ac.kr 전자우편 press@hufs.ac.kr 출판등록 제6-6호(1969. 4. 30)
디자인 · 편집	(주)이환디앤비 02)2254-4301
인쇄 · 제본	네오프린텍 02)718-3111

ISBN 979-11-5901-210-5 94080 정가 18,000원
ISBN 978-89-7464-831-2 94080 (세트)

*잘못된 책은 교환하여 드립니다.

HU:NE은 한국외국어대학교 지식출판원의 어학도서, 사회과학도서, 지역학 도서 Sub Brand이다. 한국외대의 영문명인 HUFS, 현명한 국제전문가 양성(International +Intelligent)의 의미를 담고 있으며, 휴인(携引)의 뜻인 '이끌다, 끌고 나가다'라는 의미처럼 출판계를 이끄는 리더로서, 혁신의 이미지를 담고 있다.

매체와 장르